#enkelfähig

für
Greta und Benedikt

It always seems impossible until it’s done.

Nelson Mandela

STEPHAN GRABMEIER

FUTURE BUSINESS KOMPASS

MURMANN | Haufe.

Klimaneutral
Druckprodukt
ClimatePartner.com/12752-1803-1001

Zum Ausgleich für die entstandene CO_2-Emission bei der Produktion dieses Buches unterstützen wir die Erhaltung und Wiederaufforstung des Kibale-Nationalparks in Uganda. Das Projekt trägt zum Klimaschutz bei, indem die Bäume bei der Photosynthese Kohlenstoff aus der Luft binden, es schützt die Biodiversität des tropischen Waldes und sichert 260 Arbeitsplätze.

Bibliografische Information der Deutschen Nationalbibliothek
Die Deutsche Nationalbibliothek verzeichnet diese Publikation in der Deutschen Nationalbibliografie; detaillierte bibliografische Daten sind im Internet über http://dnb.d-nb.de abrufbar.

Print: ISBN 978-3-648-13569-3 Bestell-Nr. 06185-0001
ePub: ISBN 978-3-648-13767-3 Bestell-Nr. 06185-0100
ePDF: ISBN 978-3-648-13570-9 Bestell-Nr. 06185-0150

Stephan Grabmeier
Future Business Kompass
1. Auflage 2019

Satz: G&U Language & Publishing Services GmbH,
www.gundu.com
www.haufe.de
info@haufe.de

Dieser Titel ist ein Produkt der Reihe
Professional Publishing for Future and Innovation
by Murmann & Haufe
Weitere Informationen zum Murmann Verlag finden Sie unter
www.murmann-verlag.de

WIESO KOPFÖFFNER FÜR BESSERES WIRTSCHAFTEN?

Ehrlich gesagt: Der Erde ist es egal, ob wir sie retten. Sie muss nicht gerettet werden. Seit rund 4,6 Milliarden Jahren bewegt sie sich durch den Weltraum. Der Mensch macht in dieser Zeitspanne bisher nur einen kurzen Wimpernschlag aus. Sein Fußabdruck auf dem Planeten ist jedoch eindeutig. Und eindeutig zu groß. Wie wir den Planeten an die nachfolgenden Generationen übergeben, entscheiden wir jetzt. Klimazerstörung, Umweltverschmutzung, Artensterben, Ressourcenausbeutung, mangelnde Bildung, Armut, Korruption, Wirtschaftsskandale, Bevölkerungswachstum, Wasserknappheit, fehlende Ernährungssicherheit, Einkommensungleicheit – die Liste der Herausforderungen ist lang und wird länger.

Ich habe dieses Buch geschrieben, weil ich mir große Sorgen mache, ob wir Menschen den Wandel schaffen. Und weil ich es satt habe. Ich habe es satt, dass wir in einem Wirtschaftssystem voller Egoisten leben. In einem Wirtschaftssystem, das ausschließlich auf Profitmaximierung programmiert ist. Codiert von Wirtschaftswissenschaften, die keine neuen ökonomischen Modelle denken. Beeinflusst von Industrievertretern, die ihr Terrain eisern verteidigen. Regiert von Politikern, die sich in Parteienzwist aufreiben, anstatt alles für die Lösung unserer Probleme zu tun. Ich habe es satt, dass viele zuerst an sich denken und nicht an ihr Umfeld und an die Umwelt. Dass sich zu wenige Gedanken machen, was ihr eigenes Handeln bewirken kann, und sie sich darauf zurückziehen, dass sich zuerst alle anderen ändern müssen und nicht sie selbst.

Ich habe dieses Buch geschrieben, weil ich zwei Kinder habe, die ich über alles liebe. Ich stehe morgens auf und arbeite jeden Tag für sie, kämpfe gegen Widerstände und ringe dafür, dass die beiden eine Zukunft auf dieser Welt haben. Dass sie in Würde leben können, Gerechtigkeit üben und selbst gerecht behandelt werden. Das ersehne ich für meine und für alle Kinder dieser Welt.

Ich habe dieses Buch geschrieben, weil ich fest daran glaube, dass besseres Wirtschaften möglich ist. Es ist möglich, eine lebenswertere Gesellschaft zu formen und einen Planeten zu hinterlassen, den dauerhaft zu erhalten auch für die kommenden Generationen ein lohnenswertes und vor allem machbares Ziel ist. So verstehe ich Enkelfähigkeit – als Rettungsauftrag an uns, die wir heute Verantwortung tragen und (eigentlich) wissen, was wir tun. Und als Dauerauftrag an die nachfolgenden Generationen.

Wir lernen von Kindheit an von Vorbildern. Diese Vorbilder gibt es auch für nachhaltiges Wirtschaften, für kooperative Führung, für Gemeinwohl, für Social Business und Social Entrepreneurship, für ernst gemeinten Purpose, für Aktivisten, für Sinnstifter, für Impact-Investoren, für Kapitalgesellschaften und Familienunternehmer, für Klein- und Kleinstunternehmer, für Genossenschaften und lokale Bürgerbewegungen.

Kurz: Es gibt viele positive Vorbilder – ich nenne sie Kopföffner –, von denen wir lernen können, die andere Menschen inspirieren und die zeigen, wie es anders gehen kann. Menschen, die hoffentlich noch viele andere Köpfe öffnen und zeigen, wo Future Business heute bereits umgesetzt wird.

Ich selbst habe viele Kopföffner, von denen ich lerne. Manche seit Jahren und Jahrzehnten, manche treten neu in mein Leben und ermöglichen mir neue Lerneffekte. Einen dieser Kopföffner möchte ich direkt im Vorwort erwähnen. Es ist Alexander Gerst, der erste deutsche Astronaut, der fast ein Jahr im All verbrachte und seine letzte Mission als Kommandant der internationalen Raumstation ISS im Dezember 2018 erfolgreich beendete. Am 25. November 2018, kurz bevor er wieder zurück auf die Erde flog, schickte er den (ungeborenen) Enkeln dieser Welt eine bewegende Videobotschaft[1] – seine Sicht auf die Entwicklung der Erde 400 Kilometer unter ihm und auf das, was unsere Generation hinterlässt.

Kopföffner-Tipp: Alexander Gersts Video anschauen

Wir können viel von Astronauten lernen. Denn jeder der 500 Menschen, die im All gewesen sind, hat seinen Blick auf die Erde und unser Zusammenleben darauf verändert. Im Weltall bekommt man eine neue Perspektive. Man denkt nicht mehr in Grenzen, denn es sind keine da. Und man sieht nur die eine Erde und keinen Planeten B oder C, auf den wir ausweichen können.

Wir alle tragen eine große Verantwortung für die Enkelfähigkeit unseres Planeten. Ich möchte Sie dafür gewinnen, sich in diesem Buch mit mir auf die Expedition zu machen. Auf die Reise zu Ideen und Ansätzen für Future Business, für besseres Wirtschaften und zur Gestaltung neuer und nachhaltiger Handlungsspielräume für unsere Gesellschaft. Seien Sie mutig. Denken Sie neu. Werden auch Sie Kopföffner für die Zukunft, für Ihr gesellschaftliches Umfeld, in Ihrer beruflichen Rolle und vor allen Dingen als Vorbild für Ihre Kinder. Lassen Sie uns gemeinsam Antworten finden. Und diese tatsächlich umsetzen. Dafür habe ich den Future Business Kompass geschrieben.

---

1 https://www.youtube.com/watch?v=tFW5E9MDJPo

ÜBER DIESES BUCH

Dieses Buch ist für mutige Entdecker. Für Menschen, die sich aufmachen, um etwas zu verändern. Oder sich zu verändern. Ließe sich das überhaupt trennen? Nein, nicht wahr? Wer Dinge verändert, verändert sich selbst mit, entdeckt sich und seine Welt neu. Wer sich aufmacht und Entdecker wird, sieht neu, versteht, begreift. Für den Reisenden in der wirklichen Welt ist diese Tatsache banal, das Erlebnis an sich aber aufregend und spannend. Denn es bedeutet, den Kopf zu öffnen und Neues hineinzulassen. Manche Reise verändert den Reisenden für immer. Man lernt dazu, passt sein Denken und seine Sichtweisen an, verändert vielleicht sogar Vorlieben und Verhalten im Alltag. Und genauso ist es auch für den Business Traveller, der sich aufmacht, sein Future Business zu entdecken.

Was soll das bitte sein: »Future Business«? Geht es hier um das nächste große Ding, die erstaunlichste technische Innovation, den nächsten heißen Scheiß? Ja, auch das, hier und da. Aber es geht um viel mehr. Es geht um die Grundlagen für eine neue Art zu wirtschaften, in der die Versöhnung der wirtschaftlichen Wertschöpfung mit sozialen Fragen und der Ökologie gelingt. Um Grundlagen für eine bessere Wirtschaft, die enkelfähig ist, nachhaltig, sinnstiftend, werteorientiert, gerecht. Klingt gut, aber wie und wo soll die sein, diese bessere zukünftige Wirtschaft? Haben wir nicht schon das beste aller Systeme? Ist nicht schon alles entdeckt? Ja, die Optionen erscheinen begrenzt. So wie es auf unserem Planeten auch nur noch wenige blinde Flecken gibt.

Fest steht: Die Ressourcen des Planeten sind begrenzt. Wir sind auf dem besten Weg, unsere Lebensgrundlagen unumkehrbar zu zerstören. Immerhin verstehen mehr und mehr Gesellschaften, Regierungen, Unternehmen und Einzelne, dass sich Fundamentales ändern muss. Denn immer noch kämpfen, hungern, fliehen, erkranken und sterben viele Menschen. Immer noch schrumpfen die natürlichen Lebensgrundlagen für Menschen, Tiere und Pflanzen rasant. Immer noch stehen Ungerechtigkeit, mangelnde Chancengleichheit und unversöhnliche Ideologien der individuellen Entfaltung und dem Schmieden des Glücks entgegen. All das muss besser werden.

Glücklicherweise kommt Bewegung in die Sache. Im Wortsinn. Mehr und mehr Menschen machen sich auf, suchen Sinn in ihrem Tun, werden Zukunftsentdecker, Neuesprobierer, Anstifter, Bessermacher. Künftiges, neues, besseres Wirtschaften spielt dabei eine entscheidende Rolle. Tektonische Verschiebungen in der Weltwirtschaft sind unübersehbar. Die Signale an Unternehmen, Institutionen und ihre Lenker sind eindeutig: Wenn ihr die Dinge nicht verändert, verändert die Gesellschaft sie für euch. Wenn ihr nicht selbst Entdecker werden könnt oder wollt, ermuntert wenigstens die Entdecker in euren Organisationen und gebt ihnen die nötigen Mittel zur Erneuerung.

Die Frage ist also nicht, ob wir theoretisch neues, besseres Wirtschaften brauchen. Die Frage ist konkret: Wer muss was wie bis wann anders und besser machen? Wo kann man Future Business entdecken, und wie kommt man da hin? Diesen Fragen widmet sich dieses Buch.

MIT KOMPASS AUF KURS

Mutige Entdecker sind keine Hasardeure. Meistens jedenfalls. Sie gehen wohlüberlegt und geduldig an die Vorbereitung ihrer Expeditionen, lesen, was es schon an Berichten und Informationen gibt, und lernen von denen, die unterwegs sind oder schon mal waren. Die Reise vor der Reise führt den Finger über die Landkarte, erträumt das Ziel und malt es aus. Kluge Entdecker bauen auf Wissen und Erfahrung der Community vor Ort, entwickeln die richtige Strategie in und mit ihr gemeinsam. Ohne Sherpas keine neuen Gipfel. So soll es auch beim Future Business sein.

Der erste Teil des Buches beschreibt deshalb das Terrain, die Geografie oder, in Polit- und Wirtschaftssprech, die Rahmenbedingungen für Future Business. Dazu gehören eine kurze makro- und mikroökonomische Analyse der heutigen Zustände und ihrer Ursachen sowie eine Momentaufnahme des laufenden wirtschaftlichen, politischen und gesellschaftlichen Umbruchs: Themen, Programme und Initiativen rund um Purpose und Werteorientierung, nachhaltige Entwicklung und Umwelt, digitale Transformation und New Work, soziale Bewegungen und Kapitalismuskritik, Messgrößen und Steuerungsansätze. Es gilt, Zukunftsräume für Zukunftsträume auszuloten. So entsteht ein Bild im Kopf, in das sich unser Future Business einpasst.

Mutige Entdecker trauen sich etwas zu. Sie finden sich auch in unwirtlichen Gegenden zurecht und navigieren routiniert. Sie behalten stets die Übersicht. Die wichtigste Ausrüstung für kluge Entdecker ist der Kompass. Er hilft ihnen, jederzeit ihren Standort zu kennen und den Weg fest im Blick zu behalten. Mit guter Orientierung geht auf der Expedition niemand verloren. So soll es auch beim Future Business sein. Deshalb stellt der zweite Teil des Buchs, der Hauptteil, Entdecker und Expeditionen in den verschiedenen Kompassfeldern vor.

NORDEN – KOMPASSFELD UNTERNEHMEN

Mehr und mehr Unternehmen, Führungskräfte und Mitarbeiter setzen sich mit ihrer Zweckbestimmung – neudeutsch: Purpose – auseinander. In teils aufwendigen Prozessen stellen sie sich der Frage, welchen Nutzen sie stiften, wie ihre Existenz und ihr Tun legitimiert sind. Darauf gibt es meist recht unterschiedliche Antworten, je nachdem, wer die Frage beantwortet oder für wen sie beantwortet wird: für Eigentümer und Investoren, Führungskräfte und Mitarbeiter, Lieferanten und Kunden, für Politik und Medien und nicht zuletzt für die Gesellschaft im Großen und Ganzen oder auch für die lokale Community. Dass Unternehmen heute weniger von Zielgruppen sprechen und mehr von Bezugs- oder gar Anspruchsgruppen, zeigt ein wichtiges Umdenken über den Kern des Geschäfts – der meistens im Absetzen von Produkten oder Anbieten von Dienstleistungen besteht – hinaus. Zweifellos beginnt die wichtige Öffnung jenseits von Aktionären und

Kunden nicht immer ganz freiwillig. Unternehmer und unternehmerisches Handeln unterliegen rasanten Vertrauensverlusten. Krisen- und skandalgeschüttelt, von Politik und Medien – deren Vertrauenswerte ebenso schnell abschmelzen – angeprangert, hinterfragen sie die Ursachen. Und erkennen, dass Legalität und Legitimität nicht dasselbe sind. Erfolgreiches Future Business orientiert sich deshalb an einer größeren Zahl von akzeptierten Ansprüchen innerhalb und außerhalb des Unternehmens und bringt ökonomische und soziale Wertschöpfung (wieder) in die Balance.

Folgen wir dem Future Business Kompass in diese Richtung, treffen wir DAX-Konzerne ebenso wie Mittelständler und Familienunternehmen. Auch für Start-ups gehört es zur Routine, den eigenen Purpose festzuschreiben – und zwar nicht nur im Zuge der Geschäftsplanung vor Gründung, sondern auch bei wesentlichen Wachstumsschüben und entsprechender Veränderung in Führung und Personal. Je nach Unternehmensgröße und Governance, Top-Management-Antrieb und Mitarbeitereinbindung finden sich ganz verschiedene Formen der Mitwirkung, mithin Legitimation und Verankerung von Zweckbestimmung, Haltung und Werten. Die Erforschung eines häufig auftretenden Deltas erscheint spannend: Wie weit klaffen Anspruch und Wirklichkeit auseinander? Und was lässt sich tun, um dieses Delta zu schließen?

OSTEN – KOMPASSFELD INDIVIDUEN

Ähnlich häufig sind inzwischen auch individuelle Aufbrüche. Eine wachsende Zahl von Menschen stellt sich heute Fragen nach dem Sinn ihres Tuns. Sie sehen und spüren ihn nicht mehr, suchen neue Gründe, morgens aufzustehen und sich den ganzen Tag zu engagieren. Arbeit für Unternehmen und Institutionen, deren Ziele und Zweckbestimmung, Haltung und Werte mit den eigenen Vorstellungen nicht mehr zusammenpassen, führt zu Abwehrreaktionen und häufig zum Ausstieg. Von der vermeintlichen bis zur tatsächlichen Erkrankung, von innerer Kündigung bis zum Arbeitgeberwechsel, von der Gründung eines eigenen Geschäfts bis zum Komplettausstieg aus dem bisherigen Erwerbsleben reichen die Bandbreiten. Irgendwo muss die Sonne wieder aufgehen, das Gras grüner sein. Selbstbestimmtheit ist eine enorme Triebfeder für die individuelle Expedition. Gerade für langjährige Führungskräfte, die ihren bisherigen Alltag als unfrei und ihre Handlungsräume als zu mickrig für echte Alternativen und Neues empfinden. Aber zunehmend auch für die nächsten, jüngeren Generationen, die es gar nicht erst so weit kommen lassen wollen. Sie alle brechen auf und suchen ein Future Business, das ihrer eigenen Haltung und ihren Wertvorstellungen entspricht.

In dieser Richtung lenkt der Kompass zu solchen Menschen und ihren Geschichten. Zu Kopföffnern, die als Aktivisten Menschen und politische Systeme bewegen. Zu Sinnstiftern, die neue Werte in der Gesellschaft etablieren und die Arbeit dafür finanzieren. Zu Unternehmern, die den Weg aus den Fehlentwicklungen kapitalistischer Wirtschaft heraus und hin zu nachhaltigem Wirtschaften gefunden haben. So einzigartig jeder Aufbruch und jede Entdeckungsreise ist, die Kopföffner eint auf ihrem Weg die spürbare Entlastung und gewachsenes Wohlbefinden. Und die Erkenntnis, dass es nun, während und nach ihrer Expedition, viel mehr bei ihnen selbst liegt, ein Delta zwischen Anspruch und Wirklichkeit in ihrem Future Business gar nicht erst entstehen zu lassen. Und das ist nicht so einfach, wie es zunächst klingt.

SÜDEN – KOMPASSFELD BILDUNG

Wer sich aufmacht, weiß: Gute Vorbereitung ist der halbe Expeditionserfolg. Deshalb sind Future-Business-Entdecker Lernende – lebenslänglich. Nicht für die Schule, für das Leben lernen wir, das wusste schon der frühe Bildungspolitiker und -kritiker Seneca. Er plädierte für mehr Praxisnähe und Alltagstauglichkeit der Philosophie. Angesichts rasant fortschreitender technologischer, wirtschaftlicher und gesellschaftlicher Entwicklung ist das daraus entstehende Komplexitätsdickicht nur mit viel Durchblick zu entwirren. Lexikalisches Wissen, auswendig gelernt und nach dem Leistungsnachweis gleich wieder vergessen – völlig zu Recht als Bulimie-Lernen verachtet –, verschafft den nötigen Durchblick nicht. Den Dingen wirklich auf den Grund zu gehen, das bringt weiter. Interdisziplinäre Zusammenarbeit und Perspektivendifferenz sind die Schlüssel für neue Erkenntnisse. Hierauf müssen Bildungspolitik und Bildungsanbieter endlich Antworten finden. Und ihre Türen für alternative Formen des Lehrens und Lernens weiter öffnen.

Auf diesem Weg zeigt der Kompass deshalb auf neues Lernen und Lernende auf allen Alters- und Erfahrungsstufen. Die erfolgreichsten Bildungskonzepte sind anwendungsnah. Sie setzen auf tiefes Problemverständnis und verhindern erfolgreich, dass sich Lernende – kaum dass die Aufgabe gestellt ist – sogleich in den Lösungsmodus werfen. So sinnvoll und attraktiv die kreative Problemlösung erscheint, die besten Ergebnisse entstehen nicht durch das coolste Brainstorming oder die verrücktesten Ideen. Sie entspringen der hundertprozentigen Fokussierung auf das Verstehen eines Problems. Wie gut das funktioniert, zeigen Beispiele aus Initiativen und Programmen für Schüler, Studierende und Professionals aller Erfahrungsstufen. Die meisten derartigen Programme ermuntern obendrein auch zur Umsetzung und regen die Entwicklung von Produkten, Services und Lösungen an. So entstehen inspirierende Future-Business-Gründungen und Erfolgsgeschichten.

WESTEN – KOMPASSFELD GESELLSCHAFT

Wenn sich auf gesellschaftlicher Ebene Strömungen in Richtung Future Business entwickeln, entfaltet sich ungeheure Dynamik für wirkliche Enkelfähigkeit. Derlei Runderneuerung hat so viele Gesichter, wie es Gesellschaften gibt. Patentrezepte Fehlanzeige, denn hier entfalten Geografie (im Wortsinn) und Kultur besonders prägende Kräfte. Und so vielfältig die Gesellschaften, so vielfältig auch die Maßstäbe, die an Verbesserungen angelegt werden und Erwartungen definieren.

Für die einen ist der Schlüssel zur Anpassung die Forschungsfreude – ausgedrückt in Patentzahlen, Forschungsmitteln, Renommee im Hochschulranking. Für andere macht sich Anpassungsfähigkeit an angewandter Forschung fest – Produktinnovationen, Gadget-Coolness, schlanke digitale Services. Nicht wenige suchen nach Wettbewerbsvorsprüngen und Wirtschaftlichkeit – stabile Beschäftigung, menschliche Arbeitsbedingungen, faire Märkte. Wieder anderen steht der Sinn erst einmal nach Zugängen zu Basics – sauberes Wasser, gesunde Lebensmittel, mobile Kommunikationsmittel und genügend Energie im letzten Winkel. Und viele wollen vor allem Zugänge zu immateriellen Gütern – Sicherheit für alle, Bildung für Benachteiligte, Chancengleichheit der Geschlechter. So ziemlich jedes denkbare Bedürfnis kann Antrieb auf der Suche nach Future Business sein. Und bunte Bedürfnismixe sind keine Seltenheit.

Wir sehen aber auch, dass die Willensbildung, wohin die Reise der eigenen Gesellschaft denn gehen soll, komplizierter und konfliktreicher geworden ist. Meinungsspektren werden breiter, die Mitte verliert an Strahlkraft, und extreme Positionen sind en vogue. Dazu kommen enormes Erregungspotenzial und individuelle mediale Reichweite – für jeden im Social Web.

Die Kompassnadel zeigt auf Länder und Gesellschaften, die sich als besonders innovativ und anpassungsfähig, als besonders gerecht und chancengleich oder als besonders nachhaltig erweisen. Es ist unmöglich, die jeweils bestplatzierte Gesellschaft, das anpassungsfähigste Land zu finden. Zu bunt sind die Kriterien, und zu komplex ist oft die Messung des Erfolgs, denn der zeigt sich längst nicht mehr nur in einer einzigen Kennziffer der Volkswirtschaft, dem Bruttoinlandsprodukt. Anregungen sind auch beim zweit- und drittglücklichsten Land, bei der viert- oder fünftplatzierten Gesellschaft im Chancengleichheitsranking und beim Sechsten der Patentweltmeisterschaft zu finden.

OHNE DRUCKSTELLEN AUF TOUR

Mutige Entdecker haben gute Schuhe, passende Kleidung und einen Rucksack, der höchstens halb so schwer wirkt, wie er wiegt. Sie tun alles, um ohne Druckstellen auf Tour zu sein. Qualvermeidung hält bei Laune und erlaubt, gesteckte Ziele auch tatsächlich zu erreichen. Erfolgreiche Expeditionen sind für alle Fälle gewappnet. So soll es auch beim Future Business sein. Deshalb konzentriert sich das letzte Kapitel des Buches auf die Ausrüstung für die Entwicklung von Future Business. Hier geht es um Modelle und Methoden, die ich bereits erfolgreich angewandt habe. Dazu gehören beispielsweise die Logiken der Circular Economy, Purpose Design, Future Room und das Firm-of-Firms-Modell, nicht zuletzt auch Methoden zur Wirksamkeitskontrolle wie die Gemeinwohlmatrix. Für die Implementierung neuer Lösungen zeige ich Wege mit weffect, dem Ideascanner und Eigenland auf. Es gilt, sich bestens ausgerüstet aufzumachen. So entwickelt sich Future Business, das tatsächlich enkelfähig ist.

UND JETZT LOS!

Ob Sie sich als Teil eines Unternehmens oder der Gesellschaft, als Einzelner oder Lernender aufmachen – jetzt geht's los. Der Kompass liegt bereit. Nutzen Sie ihn zur Standortbestimmung, für Diskussionen, zum Aufbruch in Ihre nachhaltige Veränderung, zur Anregung für spannende Ziele und für die Wege dorthin. Das Schöne daran ist, dass Sie jederzeit die Richtung ändern und Ihren Kopf öffnen können, ohne ihn zu verlieren. Behalten Sie den Überblick und finden Sie die richtige Balance – aus kollektiven (Gesellschaft, Unternehmen) und individuellen (Mensch, Lernender) Ansprüchen ebenso wie aus öffentlichen (Gesellschaft, Bildung) und privaten (Unternehmen, Führungskraft und Mitarbeiter) Interessen. Alles hängt zusammen. Wir müssen noch viel besser verstehen, welche Folgen Veränderungen haben und wie sie auf die jeweils anderen Kompassfelder wirken. Der Future Business Kompass unterstützt Sie dabei, Anpassungen in ausgewogener und verträglicher Weise anzustreben, eben ganzheitlich und nachhaltig. So muss Future Business sein.

HIER STEHEN WIR – UND KÖNNEN ANDERS

Zu Beginn eine Standortbestimmung. Damit wir den Weg zum anderen, besseren Wirtschaften finden, müssen wir verstehen, woher wir kommen. Und wie wir hierhergekommen sind. Bei dieser Betrachtung kommt es, wie auch beim Blick nach vorn, sehr darauf an, ob unser Glas halb voll oder halb leer ist. Wer auf wen oder was schaut. Und aus welcher Perspektive. Die folgende Betrachtung der Geografie ist naturgemäß ausschnitthaft, verkürzt, vergröbert, unvollständig. Sie soll einige relevante Rahmenbedingungen, Anlässe und Ansätze für neues und anderes Wirtschaften aufblitzen lassen. Es ist ein Plädoyer für das bewusste Begreifen der Welt als System von Systemen, in denen die Dinge zusammenhängen. Diese Zusammenhänge werden aber manchmal erst bei Änderung des Betrachtungswinkels deutlich. Wenn wir den Wald vor lauter Bäumen nicht sehen, dann ist das Problem nicht der Baum oder der Wald, sondern unser Standpunkt. Um den Future Business Kompass gut einsetzen zu können, müssen wir uns zuerst mit »the lay of the land« beschäftigen, der Lage des Landes. Zoomen wir also heraus und fangen wir mit den größeren Linien an. Bei aller Verklärung und Romantisierung, die sich im Rückblick einstellen: Wer würde in einer anderen Zeit leben wollen als heute? Solange es Fortschritt gibt, ist morgen besser als heute besser als gestern. Richtig ist aber auch: Wir erkaufen unseren Fortschritt zu einem hohen Preis. Gemeint ist nicht nur der Aufwand für Forschung und Entwicklung, sondern auch seine mittelbaren Kosten aufgrund unerwünschter Effekte.

Ein aktuelles Beispiel gleich vorweg. Außer ein paar hartnäckig Bornierten leugnet niemand mehr den Klimawandel. Ihn zu bremsen ist zur vornehmsten Aufgabe der Menschheit geworden. Leider hat sie das spät begriffen – obwohl sie sehr viel über Ursachen, Wirkungen und deren Zusammenhänge weiß. Und das macht die Lösung schwierig. Denn die Komplexität ist enorm, und sie ermuntert dazu, die jeweils eigenen (meist wirtschaftlichen) Interessen zu verfolgen und diese Tatsache möglichst zu verschleiern. So herrscht grundsätzliche Einigkeit, dass fossile Energieträger für die Befriedigung unserer Mobilitätsbedürfnisse keine Dauerlösung sind. Sie sind endlich und schädlich, die Alternativen aber keineswegs simpel umzusetzen. Der Vergleich von E-Autos und solchen mit Verbrennungsmotoren zeigt: Natürlich ist der CO_2-Ausstoß des E-Autos beim Fahren null. Erst einmal.

Wie der Journalist Christopher Schrader in einer lesenswerten Serie in »Spektrum der Wissenschaft«[1] ausführt, muss die CO_2-Bilanz im Lebenszyklus aber die Herstellung des Autos, besonders auch der Batterien, und die Fahrstromerzeugung berücksichtigen. Die CO_2-Hypothek aus der Herstellung des Stromers beträgt je nach Studie und Betrachtungsweise 20, 50 oder sogar 100 Prozent gegenüber dem Verbrenner. Der Fahrstrom wird in Deutschland immer noch und noch lange Zeit überwiegend mit Kohle und Gas erzeugt. Und selbst der konsequenteste Ökostromnutzer ist hiervon nicht frei, wenngleich sein Lieferant mittels entsprechender Zertifikate zumindest für entsprechenden Ausgleich des fossilen Anteils im Strommix sorgt. Wirklich neutral ist also nur der erneuerbare Anteil im Mix.

Ehrliche Bilanzierer berücksichtigen den Nachteil bei der Herstellung und den des Energiemixes und kommen auf eine sechsstellige Kilometerfahrleistung oder etliche Jahre des Fahrens, bis der Stromer die Herstellungshypothek ausgeglichen hat. Dazu kommt die schwer bezifferbare Umweltbelastung bei der Gewinnung von Lithium und Kobalt, die für die Batterien benötigt werden. Für den Abbau des in großen Salzwasservorkommen unter der chilenischen Atacama-Wüste gelösten Lithiums wird extrem viel Süßwasser verbraucht. Der Grundwasserspiegel in der Umgebung sinkt, die Landwirtschaft der indigenen Bevölkerung in der Region wird unmöglich. Zwar zeigen sich die Batterie- und Automobilhersteller bemüht, sauber und transparent sind ihre Lieferketten bislang aber nicht.

LANGFRISTIG ÜBERWIEGEN DIE VORTEILE – ODER DOCH NICHT?

Das Sauber-Image des Stromers bekommt bei genauerem Hinsehen also deutliche Kratzer. Elektroautos deshalb wieder einzumotten wäre natürlich Unsinn. Denn mit seiner Durchsetzung im Massenmarkt werden die Herstellungsprozesse effizienter. Für die Batterieherstellung werden wir zunehmend auf recycelte Rohstoffe zurückgreifen, mit wachsenden Rückgewinnungsquoten dank verbesserter Verfahren. Je klarer über die heutigen Nachteile gesprochen wird, desto zügiger und motivierter geht die Verbesserung voran. Und der Energiemix wird sich immer weiter in Richtung Erneuerbare verschieben. Davon profitiert auch der heute angeschaffte Stromer in Zukunft und arbeitet seine Hypothek schneller ab als ohne weiteren Fortschritt. Das Bundesministerium für Umwelt, Naturschutz und nukleare Sicherheit hat Anfang 2019 eine konservative Berechnung für Neufahrzeuge der Jahre 2017 und 2025 vorgelegt und weist schon für erstere einen Vorteil des E-Autos aus: Im Vergleich zum Diesel haben sie einen um 16 Prozent geringeren CO_2-Ausstoß, gegenüber Benzinern sind es 27 Prozent. Für im Jahr 2025 zugelassene Kfz steigen die E-Auto-Vorteile auf 32 bzw. 40 Prozent, jeweils über den gesamten Lebenszyklus gerechnet (vgl. Grafik).[2]

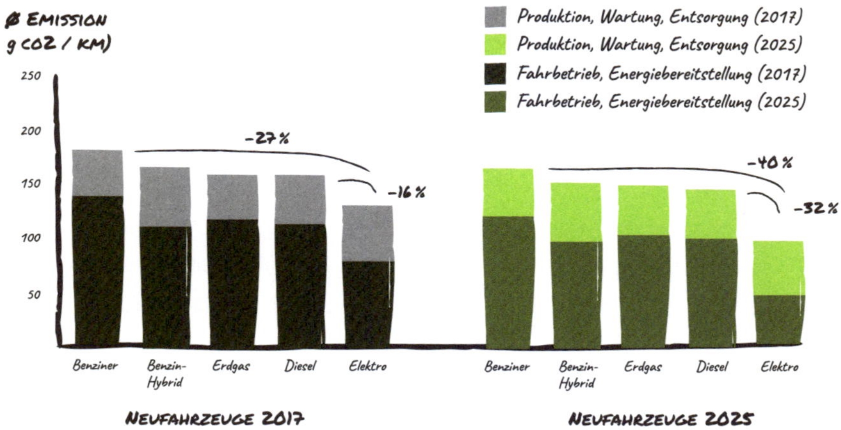

Zoomen wir noch weiter heraus, dann finden wir in praktisch allen denkbaren und relevanten Kategorien enorme Verbesserungen der menschlichen Lebensbedingungen. Der Trend hat sich vor allem in den letzten 70 Jahren stark beschleunigt. Mit exponentieller technischer Entwicklung gehen wirtschaftliche und soziale Verbesserungen einher. Die Wirtschaftsprüfungs- und Beratungsgesellschaft PwC bilanziert[3]: Eine Milliarde Menschen konnten seit 1950 aus der Armut befreit werden. Das globale Pro-Kopf-Einkommen hat sich vervierfacht. Die durchschnittliche globale Lebenserwartung wuchs von 48 Jahren (1955) auf 72 Jahre (2016). Und rund 300 000 Menschen erhalten Anschluss an Elektrizitätsversorgung und sauberes Wasser – täglich. Ermöglicht haben dies neben der Digitalisierung auch die Globalisierung und die engmaschige Verflechtung unserer Finanzsysteme. Sie haben die Investitionen in und Verbreitung von Segnungen des Fortschritts ermöglicht und beschleunigt.
Ebenso ehrlich konstatieren die Autoren zugleich eine voranschreitende Entkopplung von wirtschaftlicher und sozialer Wertschöpfung. Sie wurde von sich wechselseitig verstärkenden negativen Auswirkungen

Quelle Grafik: Bundesministerium für Umwelt, Naturschutz und nukleare Sicherheit ebenjener Trends hervorgerufen. Diese Entkopplung führt zu Unzufriedenheit wachsender Anteile von Gesellschaften. Offensichtlich herrscht mangelndes Vertrauen zwischen den Akteuren – Wirtschaft, Politik, Medien, ja selbst NGOs – und der Zivilgesellschaft in diese Akteure. Das zeigt sich in zunehmender Polarisierung des Diskurses, soweit man die öffentliche Auseinandersetzung über Positionen überhaupt noch so nennen kann. Die Filterblasen der Erregten erscheinen streng abgeschottet. Wahlergebnisse tendieren folglich in Richtung der Ränder, lassen Populisten und Nationalisten erstarken und frühere Volksparteien zu Minderheitsvertretern mutieren. Beispielhaft geschieht das längst auch in Deutschland, wo – wie Rüdiger Soldt in der »Frankfurter Allgemeinen Zeitung« schrieb – die Union ein unrealistisches und gespaltenes Verhältnis zur Flüchtlingsfrage habe und die SPD überzeugt sei, dass es auf den Interessengegensatz zwischen Kapital und Arbeit nicht mehr ankomme. Das, so Soldt, musste sich rächen in einer Zeit, in der Globalisierung, Digitalisierung und Flüchtlingskrise permanent neue Abstiegsängste erzeugen.[4]

ABGEHÄNGT, FRUSTRIERT, VERGESSEN

Unser Land zuerst, so tönt es inzwischen immer häufiger. Vom sozialen Aufstieg abgekoppelt, bedroht und im Vergleich zu anderen (Reiche, Arme, Ausländer …) vergessen und benachteiligt – so fühlt sich nicht nur hierzulande, sondern global eine wachsende Zahl von Angehörigen der Mittelschicht, vor allem in den westlichen, demokratisch verfassten Industrieländern. Und das ist nicht nur ein Gefühl. Betrachtet man die globale Entwicklung der realen Vermögen, dann ist es diese Gruppe – in der Verteilung der Einkommen finden wir sie zwischen dem 70. und 90. Perzentil –, die zwischen 1988 und 2008 keinen oder kaum Zuwachs verzeichnete. 20 Jahre harte Arbeit, Engagement und persönliche Weiterentwicklung – Ergebnis auf der realen Wohlstandsskala: ein Wachstum von nahe null. Genauso ging es nur noch den ärmsten fünf Prozent in der Verteilung. Alle übrigen Gruppen lagen zwischen 30 und 80 Prozent Vermögenszuwachs, darunter das reichste ein Prozent der Weltbevölkerung mit einem Zuwachs von 60 Prozent (vgl. Grafik).[5]

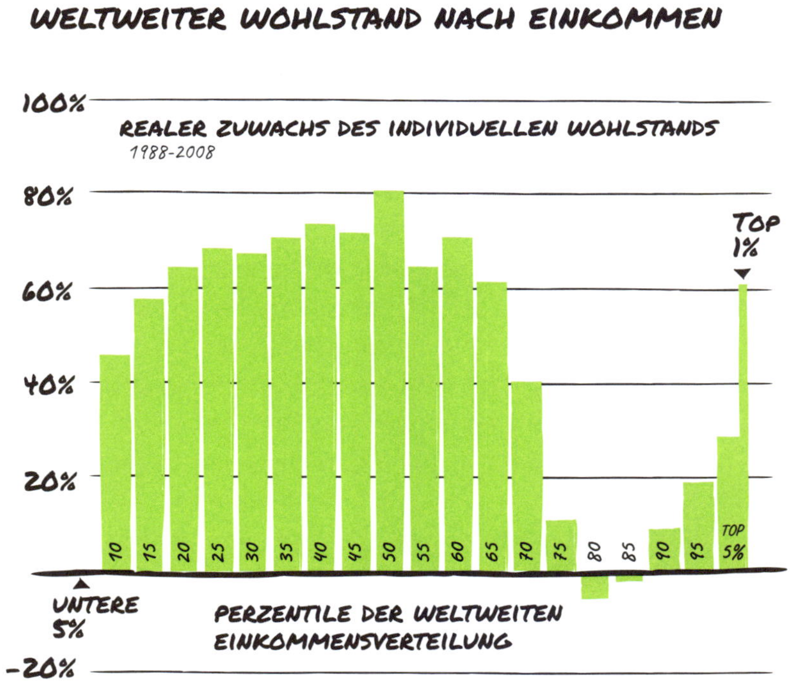

Aus gesamtwirtschaftlicher Sicht wird rasch deutlich: Durchschnittliches Wachstum von Wohlstand reicht nicht im Streben nach Glück. Es muss schon für alle in etwa das herausspringen, was individuell, auf dem jeweiligen Wohlstandsniveau, als gerechtfertigt empfunden wird. Wenn man denn akzeptiert, dass Glück überhaupt eine Funktion von Wachstum und Wohlstand ist. Sie ist in jedem Fall relativ, befeuert von Abgrenzung (mehr als der Nachbar haben) und Neid (weniger als der Nachbar haben). Als Gipfel der Zumutung wird empfunden, nicht mehr so viel mehr als der Nachbar zu haben wie ehedem, weil die-

Quelle Grafik: Branko Milanovic: »Global Income Inequality by the Numbers: In History and Now«, World Bank, Policy Research Working Paper 6259, Nov. 2012

ser ohne Eigenleistung Transferleistungsempfänger ist. Ein perfektes Rezept für sozialen Sprengstoff, immer dann, wenn die Verteilung von Zuwachs eben als nicht gerecht empfunden wird.

ÖKONOMISCHES VERHALTEN UND VERHALTENS-ÖKONOMIE

Der Ökonom Dennis Snower, bis Anfang 2019 Präsident des Kieler Instituts für Weltwirtschaft und nun weiter lehrend und forschend tätig in Berlin, London und Washington, konstatierte unlängst in einem Vortrag, dass der heutige gesellschaftliche Vertrag in der Endphase seines Sterbens sei. Die »unsichtbare Hand« von Adam Smith habe lange gut funktioniert, das Streben nach eigenem Wohl durchaus Gemeinwohl mit sich gebracht. Inzwischen müssten wir jedoch erkennen, dass menschliches Wohlergehen nicht nur auf materiellem Wohlstand beruhe. Vielmehr trieben den Menschen auch andere Bedürfnisse an: Einfluss auf das eigene Schicksal nehmen zu können und sozial eingebettet zu sein, zu unterstützen und unterstützt zu werden. Befähigung und Solidarität seien mindestens so wichtig wie materieller Wohlstand. Wenn dieser erst einmal in angemessener Weise gesichert sei, überwögen die Bedürfnisse nach Befähigung und Solidarität sogar dasjenige nach materiellem Gewinn. Individuelles Glück hänge dann vor allem von der Befriedigung jener Bedürfnisse ab. Snower ist in seiner wissenschaftlichen Karriere vom klassisch geprägten (Arbeitsmarkt-)Ökonomen zum Verhaltensökonom mutiert – nicht zuletzt beeinflusst von seiner Frau, der Psychotherapeutin Judith Snower[6]. Die Untersuchung von ambivalenten Motiven interessiert ihn und prägt seit langem seine Forschung. Gegensätzliches oder Widersprüchliches zu wollen, unsicher zu sein, etwas gleichzeitig zu mögen und zu hassen – solche allzu menschlichen Verhaltensweisen finden sich in den ökonomischen Modellen ja sonst eher selten.

Was stellt sich bei dieser Forschung heraus? Betrachtet man die Generationen seit dem Zweiten Weltkrieg, dann findet man mit der

Wiederaufbaugeneration und den Babyboomern zwei große Gruppen, für die der Fokus auf materiellen Wohlstand sehr gut funktioniert hat. Das Bedürfnis danach stellte auch die Generation X noch nicht wirklich infrage. Ihre Orientierung auf berufliches Fortkommen, Vermögensaufbau und möglichst rasches Erreichen materieller Sorglosigkeit bekam allerdings erste Risse. In Deutschland zum Beispiel mit dem Ende des Wirtschaftswunders, mit Strukturwandel, Wirtschafts- und später Finanzkrisen. Mit der Generation Y brachen die Spannungen richtig auf. Die Nachteile unbegrenzten Wachstums – Raubbau an natürlichen Lebensgrundlagen, Ausbeutung der »Have-nots« durch die »Haves«, bedingungsloser Shareholder-Value-Kapitalismus – warfen immer mehr Sinnfragen auf. Gen Y = Gen Why!

Das Streben nach Profit – über lange Zeit maßgeblicher Treiber von Innovationen und der allgemeinen Verbesserung der Lebensumstände – kippt um in Gier und Rücksichtslosigkeit, wenn die Maßstäbe verloren gehen. Gier, so sagen Verhaltensforscher und Evolutionsbiologen, ist etwa so alt wie Sesshaftigkeit und Arbeitsteilung, die den Handel mit Rohmaterialien, Waren und Dienstleistungen nach sich zog – also etwa 10000 Jahre.[7] Dieser Handel funktioniert seither und bis heute vor allem dann gut, wenn beide Seiten ihr jeweiliges Geschäft als fair empfinden. Der Antrieb zum Geschäft, zum Handel, zum Wirtschaften ist dabei erst einmal egoistisch. Es geht darum, den eigenen Wohlstand zu mehren. Aber das funktioniert auf einem freien Markt eben nur so lange, wie auch die andere Seite einen Vorteil hat und die Mehrung meines Wohlstands nicht den meines Geschäftspartners schmälert. Geht es auf dessen Kosten, schlägt faires Verhalten um in Gier, mindestens in der Wahrnehmung des Geschäftspartners und derjenigen Dritter. Gerhart Baum konstatiert in nüchterner Analyse jüngster Zustimmungsverluste seiner FDP, der Liberalismus dürfe nicht nur für die Würde und Freiheit nur einer Schicht eintreten. Die Globalisierung erfordere nicht nur einen ökologischen, sondern auch eine sozialen Ordnungsrahmen. Auswüchse des Kapitalismus müssten kritisch hinterfragt werden, also auch die Gier einzelner Mitglieder

der Eliten und ganz nüchtern auch die ungleiche Einkommens- und Vermögensentwicklung.[8]

WER RETTET DIE ZUKUNFT?

Und jetzt erhebt sich auch noch die Jugend gegen die Älteren, die durch ihre Lebensweise die Lebensgrundlagen ihrer Kinder und Enkel mindestens nicht geschont, je nach Lesart auch irreparabel zerstört haben. Spätestens mit der Generation Z und den Post-Millennials stehen die Babyboomer, die heute in ihrer letzten Dekade höchster Verantwortung und Entscheidungskraft in Politik, Wirtschaft, Wissenschaft und Gesellschaft leben, massiv in der Kritik. Die Bewegung »Fridays for Future« ist nur die Spitze des Eisbergs (und die Wahl dieser Metapher kein Versuch eines billigen Scherzes). Die Klimaaktivistin Greta Thunberg, die freitags die Schule bestreikt, um für den Klimaschutz zu demonstrieren, sagt: ▶▶▶ **Why should I be studying for a future that soon may be no more, when no one is doing anything to save that future?** ◀◀◀[9]

Auch wenn man die Radikalität der Aussage, niemand tue irgendetwas zur Rettung der Zukunft, nicht gänzlich teilt und eher zu einer differenzierten Betrachtung oder einem harten Faktencheck neigt, kann und sollte das Ergebnis nicht nur der jungen Generation den Schlaf rauben. Die Kritik, es geschehe zu wenig und das Wenige viel zu langsam, ist berechtigt. Wie gesagt, nur ein paar hartnäckig Bornierte leugnen den Klimawandel. Aber warum sind wir Älteren bloß so? Nun, wir rauben uns und unseren Kindern die Lebensgrundlagen wohl erstens aus schwer ablegbarer Gewohnheit. Zweitens, weil die anderen das ja auch tun, Stichwort »Gerechtigkeit«. Und drittens, weil wir systematisch das Glück überschätzen, das sich aus dem Materiellen speist. Das Erste Gossensche Gesetz schlägt mit voller Wucht zu: »Die Größe eines und desselben Genusses nimmt, wenn wir mit Bereitung des Genusses ununterbrochen fortfahren, fortwährend ab, bis zuletzt Sättigung eintritt.«[10] Wir plündern unseren Planeten, so die aktuelle Version der

Theorie des abnehmenden Grenznutzens, um Güter und Dienstleistungen zu produzieren, die uns nicht glücklicher machen. Dennis Snower nannte dies schon 2013 »die große verschwenderische Täuschung«.[11] Columbia-University-Präsident Nicholas Murray Butler fasste 1937 in schlichter Schönheit des Gedankens zusammen: »All the problems of the world could be settled easily, if men were only willing to think.«[12] Aber die Liste der Gier-frisst-Hirn-Themen ist lang: Artenschutz und Biodiversität, Landwirtschaft und Lebensmittel, Mobilität und Energie, Armut und Korruption, Kriege und Krisen, Flucht und Vertreibung und so weiter. Jede dieser Herausforderungen ist eingebettet in globale, zwangsläufig komplexe Zusammenhänge. Und immer wieder liegen materielle Interessen zugrunde, gern getarnt als politisches Machtstreben oder als gesellschaftlicher Entwicklungsprozess und Streben nach Teilhabe. Insofern verspricht das Feld der Politischen Ökonomie ganzheitliche Ansätze zum Verständnis der Interaktionen zwischen Wirtschaft, Politik und Gesellschaft[13]. Erkenntnisdefizite und Erklärungsmängel der Einzeldisziplinen Wirtschaftswissenschaften, Politikwissenschaften und Soziologie können – und müssen – überwunden werden. Neues Denken unter Einsturz ehemals stabilster Überzeugungen ist gefragt.

GRENZENLOSER WACHSTUMSWAHN

Dabei wussten wir doch die ganze Zeit sehr genau, was wir taten. Genauer gesagt mindestens seit dem Frühjahr 1972. Damals, kurz vor meinem ersten Geburtstag, ging eine Warnung um die Welt. Die Menschheit, hieß es, arbeite direkt auf ihren eigenen Untergang hin. »Wenn die gegenwärtige Zunahme der Weltbevölkerung, der Industrialisierung, der Umweltverschmutzung, der Nahrungsmittelproduktion und der Ausbeutung von natürlichen Rohstoffen unverändert anhält, werden die absoluten Wachstumsgrenzen auf der Erde im Laufe der nächsten hundert Jahre erreicht. Mit großer Wahrscheinlichkeit führt dies zu einem ziemlich raschen und nicht aufhaltbaren

Absinken der Bevölkerungszahl und der industriellen Kapazität.«
Nur ein rasches und entschiedenes Handeln könne die gegenwärtige Wachstumstendenz noch ändern und einen »ökologischen und wirtschaftlichen Gleichgewichtszustand« herbeiführen.
Verpackt war die apokalyptische Botschaft in ein schmales Buch: »Die Grenzen des Wachstums«, keine 200 Seiten stark, der Betrachtungszeitraum der beschriebenen Szenarien 130 Jahre. Die Autorschaft lag bei einem 17-köpfigen internationalen Forscherteam um den Amerikaner Dennis Meadows, Auftraggeber der Studie war der Club of Rome. Beide, Autoren und Auftraggeber, waren damals weitgehend unbekannt.
Das hat sich mit der Publikation der »Grenzen des Wachstums« rasch geändert. Das Buch erschien im März 1972 nahezu zeitgleich in zwölf Sprachen, und es gab kaum ein namhaftes Medium, das es nicht ausführlich besprach. Die »Grenzen des Wachstums«, seine Autoren und der Club of Rome waren in aller Munde. Die Organisation wurde 1968 vom italienischen Industriellen Aurelio Peccei und dem schottischen OECD-Direktor Alexander King ins Leben gerufen, um der Menschheit ihre »missliche Lage« bewusst zu machen. Die gemeinnützige Organisation setzt sich für eine nachhaltige Zukunft der Menschheit ein.
Die Ziele, die sich der Club of Rome bei der Gründung gab, sind heute noch gültig. Es gilt, die wichtigsten Zukunftsprobleme der Menschheit und des Planeten durch holistische, interdisziplinäre und langfristig ausgerichtete Forschung zu identifizieren; alternative Zukunftsszenarien und Risikoanalysen zu evaluieren; praktische Handlungsoptionen zu entwickeln und vorzuschlagen; neue Erkenntnisse und Trends gegenüber Entscheidungsträgern und der Öffentlichkeit zu kommunizieren und gesellschaftliche Debatten zur Verbesserung der Zukunft in Gang zu setzen.
Dreizehn Zusammenbruchsszenarien untersuchten die Forscher Anfang der 1970er-Jahre und nannten die Ausprägungen, die sie beobachteten, »superexponentiell«. Ihr Fazit: »Unsere gegenwärtige Situation ist so verwickelt und so sehr Ergebnis vielfältiger menschlicher

Bestrebungen, daß keine Kombination rein technischer, wirtschaftlicher oder gesetzlicher Maßnahmen eine wesentliche Besserung bewirken kann. Ganz neue Vorgehensweisen sind erforderlich, um die Menschheit auf Ziele auszurichten, die anstelle weiteren Wachstums auf Gleichgewichtszustände führen. Sie erfordern ein außergewöhnliches Maß von Verständnis, Vorstellungskraft und politischem und moralischem Mut. Wir glauben aber, daß diese Anstrengungen geleistet werden können, und hoffen, daß diese Veröffentlichung dazu beiträgt, die hierfür notwendigen Kräfte zu mobilisieren.«[14]

Die Wissenschaftler rund um Dennis Meadows, seine Frau Donella H. Meadows und den Norweger Jørgen Randers waren Kopföffner für die gesamte Menscheit. Noch nie zuvor gab es eine derart klare, datengestützte und auf Jahre in die Zukunft simulierte Vorhersage zur Lage der Welt. Die Reaktionen auf den Bericht fielen allerdings äußerst kontrovers aus. Das Spektrum reichte von tiefer Betroffenheit bis zu unverhohlener Ablehnung, wobei die kritischen Stimmen zu Beginn überwogen. Unter dem Titel »Weltuntergangs-Vision aus dem Computer« unterzog beispielsweise das Nachrichtenmagazin »Der Spiegel« den Bericht einer vernichtenden Kritik.[15]

Wie wir heute wissen, lagen alle Skeptiker falsch. Ein Grund: Das Vorstellungsvermögen von Menschen reicht nicht aus, exponentielle Entwicklungen dieser Art vorherzusagen. Zweitens herrscht politische Instrumentalisierung von Individuen oder Parteien, die nicht an der Sache, sondern an ihrer Machtpositionierung arbeiten. Und ein drittes Phänomen kommt von wissenschaftlicher Seite: Alles, was man mit bestehenden Modellen nicht erklären kann, wird angezweifelt oder für Unfug erklärt – damals wie heute.

Das benutzte Denkmodell des Club of Rom dient der Untersuchung und Simulation von fünf wichtigen Trends mit globaler Wirkung: der beschleunigten Industrialisierung; dem rapiden Bevölkerungswachstum; der weltweiten Unterernährung; der Ausbeutung der Rohstoffreserven und der Zerstörung des Lebensraumes. Zwischen diesen Trends bestehen vielfältige Wechselwirkungen, und mithilfe dieses

Modells gelingt es, die Ursachen, ihre Wechselwirkungen und die sich ergebenden Folgen für den Zeitraum eines Jahrhunderts zu erfassen. 1992, nach 20 Jahren, veröffentlichten die Wissenschaftler ein um neue Daten ergänztes Update des Berichts, in dem beispielsweise die Auswirkungen der emittierten Treibhausgase präziser beschrieben werden konnten. Auch neue Erkenntnisse um größere Rohstoffvorkommen, die 1972 noch nicht bekannt waren, flossen in den Report ein. 2004 kam die Aktualisierung nach mehr als 30 Jahren heraus. Darin: Szenarien möglicher Entwicklungen ausgehend vom Jahr 2002 bis zum Jahr 2100. In den meisten Rechnungen ergab sich ein deutliches Überschreiten der Wachstumsgrenzen und ein anschließender Kollaps (»overshoot and collapse«) bis spätestens 2100. Die klare Botschaft: Eine Fortführung des klassischen Wachstums der letzten Jahrzehnte führe zum Zusammenbruch ab dem Jahr 2030. Auch bei energischem Umsetzen von Umweltschutz- und Effizienzstandards kann diese Tendenz nur abgemildert, aber nicht mehr verhindert werden. Erst die Simulation einer überaus ambitionierten Mischung aus Einschränkung des Konsums, Kontrolle des Bevölkerungswachstums, Reduktion des Schadstoffausstoßes und zahlreichen weiteren Maßnahmen ergibt eine nachhaltige Gesellschaft bei einer Weltbevölkerung von knapp acht Milliarden Menschen.

In ihrer Studie von 2012 stellten die Autoren unter den Titel »2052: A Global Forecast for the Next Forty Years« ihre Sicht auf die nächsten 40 Jahre vor. Ein Hauptproblem aus den ersten vier Jahrzehnten war für die Wissenschaftler die Verzögerung bei der Wahrnehmung und Akzeptanz ihrer Ergebnisse. Trotz des vorhandenen Wissens gestattete sich die Menschheit, weit über die nachhaltige Tragfähigkeit des globalen Ökosystems hinaus zu wachsen.

WACHSENDES PROBLEMBEWUSSTSEIN

Inzwischen mehren sich erfreulicherweise die Zeichen, dass das Bewusstsein für die Probleme und die Bereitschaft zum Handeln wächst.

Und das auf allen Ebenen. Fangen wir bei der politischen Spitze der Bewegung an. Immerhin haben sich die Staats- und Regierungschefs der G20 bei ihrem Gipfel im japanischen Osaka Ende Juni 2019 auf eine gemeinsame Erklärung geeinigt. Alle Staats- und Regierungschefs? Fast alle! Ein Unbeugsamer, US-Präsident Donald Trump, spielte auch dieses Mal nicht mit. Bundeskanzlerin Angela Merkel sagte zum Abschluss des zweitägigen Gipfels, nach umfassenden Verhandlungen sei es gelungen, »eine 19-zu-1-Erklärung zu haben, bei der sich die 19 Signaturstaaten des Pariser Abkommens zu den gleichen Dingen verpflichten, wie es in Buenos Aires der Fall war.«[16] In Argentinien hatten sich die G20-Staaten – mit Ausnahme der USA – zur Unumkehrbarkeit des Paris-Abkommens und dessen uneingeschränkter Umsetzung bekannt. In Osaka bekräftigten die Staaten, an den weitreichenden Klimaschutzzielen festhalten zu wollen. Immerhin sind Bekenntnisse zu freiem und fairem Handel, der Reform der WTO und internationalen Regelungen in der Digitalisierung der Abschlusserklärung zu entnehmen. Bestehen bleibt natürlich die Abhängigkeit des Erfolgs der meisten dieser Bemühungen von der Mitwirkung der USA und von China.

Auch in der Wirtschaft wächst das Problembewusstsein. Aufsehen erregten beispielsweise die beiden letzten jährlichen Briefe, die Blackrock-Chairman und CEO Larry Fink an die Vorstandschefs der Firmen schrieb, an denen der führende globale Vermögensverwalter beteiligt ist[17]. Darin verweist Fink auf die untrennbare Verbindung von Profit und Purpose. Er versteht dieses Junktim als maßgebliche Widerstandskraft, um nicht in unsicheren und komplexen Zeiten Nachhaltigkeit und Langfristigkeit der Geschäftsentwicklung zu vernachlässigen, nur um ein paar kurzfristige Incentives mitzunehmen. Finks Briefe sorgten für Schlagzeilen, schließlich gilt der Finanzdienstleister als eine Ikone des Raubtierkapitalismus. Und deren Chef wirbt jetzt für Sinnstiftung, ethisches Verhalten, Nachhaltigkeit und Stakeholder(!)-Orientierung? Das ist – einmal mehr – die Spitze eines Eisbergs. Denn zahlreiche Unternehmen beschäftigen sich mit ihrer Zweckbestimmung, ihren Werten und ihrer Haltung. Es ist eine Reaktion auf den Vertrauensverlust, den Unternehmen und ganze Branchen angesichts der Krisen und Skandale der letzten Jahrzehnte erleiden.

MANGELNDES VERTRAUEN

Das jährliche »Trust Barometer« der Kommunikationsberatung Edelman konstatiert in der Ausgabe 2019[18] zwar ein Ende des freien Falls der letzten Jahre und meldet eine Stabilisierung des Vertrauens in die Institutionen (Politik, Wirtschaft, Medien, NGOs), weltweit und auch in Deutschland. Im internationalen Vergleich ist das Vertrauen in Deutschland allerdings auffallend gering (Platz 21 von 26 untersuchten Märkten). Zugleich öffne sich, so die Untersuchung, allerdings die Vertrauensschere zwischen informierter und breiter Öffentlichkeit. Im Vertrauensindex kommt erstere auf 60, letztere auf 42 Punkte. 18 Punkte – so groß war die Differenz zwischen Eliten und der Breite der Bevölkerung noch nie. Nur ein Viertel der Deutschen aus der breiten Öffentlichkeit schätze, dass es ihnen und ihren Familien in den kommenden fünf Jahren besser gehen werde. Interessant ist auch: Fast drei Viertel (73 Prozent) der deutschen Befragten sagten, dass sie ihrem Arbeitgeber vertrauen. Der Wert liege weit über dem Vertrauen in die Wirtschaft insgesamt (47), in die Medien und NGOs (je 44) sowie in die Regierung (nur 40).

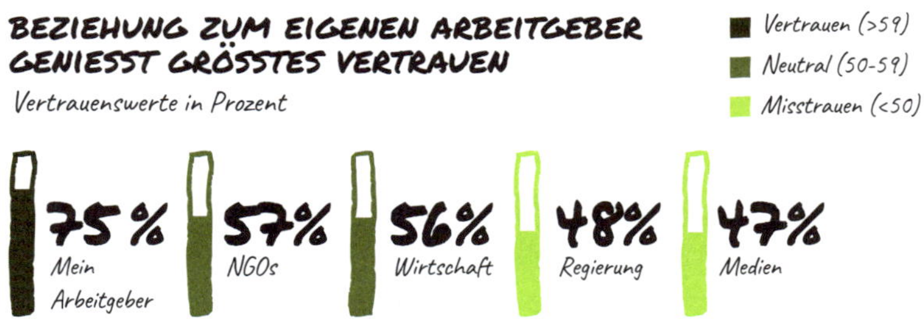

Quelle Grafik: Edelman Trust Barometer 2019, Executive Summary, S. 8

Das ist ein weltweiter Trend: 75 Prozent der Befragten weltweit fordern ihre CEOs auf, sich an die Spitze des Wandels zu setzen und nicht auf Regierungen und Regulierung zu warten. Das sind elf Prozentpunkte mehr als in der letzten Befragung vor einem Jahr. Und dabei, so die Studie, bezögen sie sich nicht nur auf Entscheidungen, die die operative Performance oder Jobsicherheit verbesserten. Im Gegenteil: Der gesellschaftliche Beitrag zu Werten und Zukunftsperspektiven überwiege alle operativen Faktoren als Treiber für Vertrauensbildung.

DER ZWECK BESTIMMT ALLES

So ist es nicht verwunderlich, dass mehr und mehr Unternehmen ihre Belegschaften an internen Prozessen rund um Purpose und Values beteiligen. Dies ist längst keine Domäne allein der Führungskräfte mehr. Die Möglichkeiten digitaler Partizipation sind in den vergangenen 15 Jahren enorm gewachsen. Schon 2003 und 2004 erregte IBM Aufsehen mit seinen »Jams«: über mehrere Tage laufende globale Online-Diskurse, zu denen alle Mitarbeiterinnen und Mitarbeiter des Unternehmens eingeladen waren und an denen sich Zehntausende aktiv mit Beiträgen beteiligten. Der seinerzeitige Vorstandschef Sam Palmisano erneuerte so nah an der Basis die Werte des Unternehmens und eruierte ein Jahr später das Delta zwischen dem Anspruch der formulierten Werte und des erwünschten Verhaltens einerseits und der Wirklichkeit im Alltag andererseits. Was als Zerreißprobe dieses Unternehmens begann – übrigens gut dokumentiert im 2004 erschienenen »Harvard Business Review«-Beitrag »Leading Change When Business Is Good«[19] –, ist längst gängige Praxis in vielen Unternehmen. Ich habe in den letzten zehn Jahren in vielen Unternehmen partizipative Prozesse und dafür notwendige digitale Plattformen für bessere Entscheidungen und die damit verbundene Kulturveränderung implementiert. Dabei ist die Wirkung solcher internen partizipativen Prozesse vor allem dann nicht zu unterschätzen, wenn Mitarbeiter und Führungskräfte zu schonungsloser Offenheit ermuntert werden und die dann frei werdenden kreativen Kräfte auch in umsetzbare und umgesetzte Programme münden. Modernes Storytelling saugt so etwas dankbar auf: Wenn im Geschichtenfundus immer wieder auf die breite partizipative Legitimation von Zweckbestimmung, Werten und Kultur rekurriert werden kann, ist der positive Effekt von Mitarbeiterbeteiligung und interner Kommunikation auf Vertrauensbildung garantiert.

Eine im April 2019 veröffentlichte Umfrage des »Handelsblatts« unter den DAX-30-Konzernen zeigt: »Sämtliche Großkonzerne sehen den erkennbaren Sinn und inneren Antrieb ihres Unternehmens als entscheidend für den künftigen wirtschaftlichen Erfolg.«[20] Immerhin 18 dieser Unternehmen haben nach eigenen Angaben etwas wie einen formulierten Purpose. Und die Begriffe gesellschaftliche Verantwortung, Wertegemeinschaft und Nachhaltigkeit tauchen in fast allen Beiträgen auf. Adidas sagt: »Through sport, we have the power to change lives.« Auch Daimler formuliert laut »Handelsblatt« jenseits der Herstellung seiner Produkte: »First Move The World«.

Eine spannende Frage ist, ob die Fokussierung auf Purpose und Values auch über die nächste Rezession hinweg halten wird. Es ist nicht damit zu rechnen, dass sich die sozialen Spaltungen in einer wirtschaftlich integrierten Welt von allein auflösen. Im Gegenteil. Und da sich die allermeisten Volkswirtschaftler darüber einig sind, dass es in Abgrenzung und Abschottung, Protektionismus und Handelskriegen mittel- und langfristig nur Verlierer gibt, werden wir wohl eher noch mit größer werdenden sozialen Spaltungen zu ringen haben. Dabei müssten wir auf Wachstum und Prosperität ja keineswegs verzichten. Der Systemstreit zwischen freien Märkten und Planwirtschaft erscheint wenig zielführend oder gar obsolet, unter anderem, weil in ihm nur ökonomisch argumentiert wird. Es geht – erinnern wir uns an Dennis Snowers Plädoyer für Befähigung und Solidarität – um mehr als materielle Ziele.

VON GRUND AUF NACHHALTIG

Geradezu prädestiniert für eine derartig nachhaltige Zweckbestimmung sind Unternehmen im Familienbesitz. Der Gesellschaftsvertrag ist bei ihnen immer auch ein Generationenvertrag. Langfristige Ausrichtung ist im Geschäftsmodell und vor allem auch im Geschäftsgebaren eingebaut. Nicht umsonst zählen Familienverfassungen, Bekenntnisse zu gemeinsamen Werten und Zielen sowie Nachfolgeregelungen und Übergabeverträge zu den wichtigsten Festlegungen für Familien, die Unternehmen besitzen und lenken. Alles ist ausgerichtet auf Zusammenhalt und generationenübergreifende Zukunftsfähigkeit.

Kein Familienunternehmer kann sich Finanz- und Wirtschaftskrisen, härter werdendem globalen Wettbewerb, Digitalisierung und Disruption des Geschäftsmodells, rasant wachsender Automatisierung und vielen anderen Problemen entziehen. Aber es ist ein großer Unterschied, ob man sich ihnen mit verengtem Blick auf die Maximierung der Rendite entgegenstemmt oder mit Blick auf den langfristigen Erhalt. Dazu ein Vergleich: Von 2007 bis 2016 erhöhten die 500 größten Familienunternehmen die Zahl ihrer Mitarbeiter in Deutschland um 23 Prozent. Zur gleichen Zeit legten die nicht familienkontrollierten DAX-Unternehmen bei der Zahl ihrer Mitarbeiter lediglich um vier Prozent zu. Das belegt die Studie »Die volkswirtschaftliche Bedeutung der Familienunternehmen«, die das ZEW – Leibniz-Zentrum für Europäische Wirtschaftsforschung und das Institut für Mittelstandsforschung (ifm) gemeinsam im Auftrag der Stiftung Familienunternehmen erstellt haben. »Sie werden also meistens zu Recht als stabiles Eigentum in geduldigen Händen bezeichnet«, sagt Brun-Hagen Hennerkes, Vorstandsvorsitzender der Stiftung, über die Familienunternehmen.[21]

Eng verzahnt sind die Familienunternehmen traditionell mit ihren Standorten. Ihr gesellschaftliches Engagement ist für die jeweilige Region – oft fernab der Ballungszentren – enorm wichtig. Ökonomische und soziale Wertschöpfung hängen bei ihnen enger zusammen.

Sie schaffen, so die Stiftung Familienunternehmen, Sozialkapital, gemessen beispielsweise an deutlich höheren Werten bei der Frage nach dem Vertrauen in Mitmenschen – Sicherheit und Wohlgefühl, die Arbeitskräfte wiederum produktiver machen. In Regionen mit vielen Familienunternehmen werde die Frage nach Vertrauen häufiger positiv beantwortet als anderswo. Auch die Frage nach dem Vertrauen in die Familienunternehmer wird signifikant positiver beantwortet als bei anderen Unternehmen. Die Stiftung sieht die Ursache dafür in »greifbarer Verantwortung …: Risiko, Haftung und Kontrolle liegen in der Hand des Eigners.« Doch welche Zukunft haben gerade die nicht kapitalmarktorientierten Unternehmen – besonders die familiengeführten, aber auch die jungen, aufstrebenden Gründungen unter den veränderten Rahmenbedingungen einer sich immer enger verflechtenden globalen Wirtschaft? Es lohnt sich, bei der Suche nach Wegen zu Future Business hier genauer hinzuschauen.

TECH FOR BAD – TECH FOR GOOD

Eine ganz wesentliche Dimension bei der Beantwortung dieser Frage ist die Technologie. Sie durchdringt unseren Alltag in nie gekanntem Ausmaß. Die Aussage ist morgen natürlich schon wieder von gestern. Also schauen wir auf die großen Trends, die uns eine gewisse Orientierung geben, womit zu rechnen ist:

Es gibt keinen Zweifel an der immer schneller voranschreitenden technologischen Entwicklung. Moore's Law aus den 1960ern, wonach sich die Zahl der Transistoren, die in einen integrierten Schaltkreis fester Größe passen, etwa alle zwei Jahre verdoppelt, gilt weiterhin. Ob die Zahl stimmt oder der Verdopplungszeitraum tatsächlich 18 oder 30 Monate beträgt, ist dabei irrelevant. Fest steht: Die Entwicklung verläuft exponentiell und koppelt sich vom eher linearen menschlichen Denk- und Anpassungsprozess ab. Wir erinnern uns an das Verständnisdefizit angesichts der überwiegend exponentiellen Prognosen des Club of Rome.

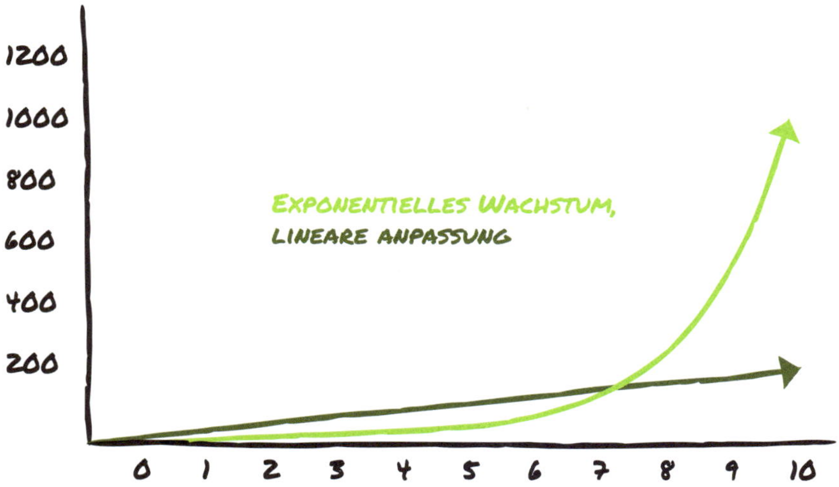

Wenn sich – grob vereinfacht – die Leistung unserer digitalen Geräte (Rechengeschwindigkeit, Speichervermögen etc.) jedes Jahr verdoppelt, dann steht uns in zehn Jahren eine um den Faktor 1000 größere Kapazität zur Verfügung – und zwar ohne nennenswerte Verteuerung. Das Teuflische daran ist die über lange Zeit nahezu parallele Entwicklung von technischem Kapazitätszuwachs und menschlicher Anpassung. Trotz meist großem Erwartungshype geht's gefühlt lange Zeit nicht richtig voran. Vieles ist in der Erprobung, liefert banale Erkenntnisse und fraglichen Nutzen. Also muss man sich ja wohl auch nicht sonderlich an veränderte Möglichkeiten anpassen. Mit dem verflixten siebten Jahr geht allerdings die Schere sprunghaft auseinander. Die letzten drei der zehn Verdopplungen machen sieben Achtel des gesamten Veränderungsbetrags aus. Das ist – übertragen auf die Welt der Politik und Wirtschaft – zwei Legislaturperioden entfernt und im Ruhestand vieler heutiger Entscheider in Unternehmen. Soll sich doch die nächste Generation damit herumschlagen.

Quelle Grafik: Eigene Darstellung

Obwohl wir exponentielle Entwicklung bei praktisch allen digitalen Innovationen seit Mitte der 1960er-Jahre so erlebt haben, scheinen wir nicht in der Lage zu sein, den Zusammenhang in die Zukunft zu projizieren – und die nötigen Schlussfolgerungen für unsere Anpassungsprozesse zu ziehen. Und selbst in der Rückschau verschwimmt das Bild: Können Sie sich noch erinnern, mit welcher App Sie sich beim Sommermärchen 2006, der Fußballweltmeisterschaft in Deutschland, über die Spielergebnisse auf dem Laufenden gehalten haben? Na? Vielleicht werden Sie jetzt denken: »Sekunde ... Apps? Gab's die schon?« Bingo! Das iPhone gibt es seit 2007. Und erst mit ihm kamen langsam die ersten Apps heraus. Heute, nur gut ein Jahrzehnt später, haben diese kleinen Taschencomputer und ihre Software unser Alltagsverhalten komplett verändert, Branchen und Unternehmen ausradiert und völlig neue Geschäftsmodelle geschaffen. Wenn wir jetzt zehn Jahre nach vorn schauen und die heutigen digitalen Kapazitäten gedanklich vertausendfachen, was wird das für Wirtschaft, Arbeit, Green Tech, Konsum und unsere sozialen Interaktionen bedeuten? Vielen Menschen wird da schwindlig. Die Entwicklung übersteigt schlicht die Vorstellungskraft. GAFA heißt die Krake, deren Arme uns immer fester umschlingen, im EU-Sprech: Google, Amazon, Facebook, Apple – die vier größten Internetunternehmen weltweit, die sinnbildlich für Marktmacht, Datensammelwut, Steueroptimierung und Geiselhaft ihrer Kunden stehen. Oder die unser Leben schöner, schneller, schlauer und sozialer machen. Ob's stimmt, ist eine Frage der Perspektive. Jedenfalls sind die vier Konzerne immer vorne dabei – egal, ob man auf die Marktkapitalisierung oder den Markenwert schaut. Ob es in zehn Jahren noch diese vier sind? Vielleicht stoßen neue Herausforderer in die Top-Riege vor – weil sie auf überlegene Technologien setzen, die besseren Ideen haben oder mit staatlicher Rückendeckung und grenzenlosen Mitteln auf den Markt drängen.

Ebenso spannend wie GAFA ist die Betrachtung der anderen Spieler auf dem Markt. Auch mit Blick auf Deutschland. In der Liste der einhundert nach Marktkapitalisierung größten börsennotierten Unternehmen der Welt[22] finden sich gerade mal drei deutsche Unternehmen, als ich diese Zeilen schreibe: SAP auf Rang 42, Allianz (82) und Siemens (88). Alles ziemlich weit weg von der Spitze. Und nach den deutschen Finanz- oder Automobilbranchenvertretern sucht man hier längst vergebens. Es ist aber nicht nur die schiere Kapitalkraft und technologische Dominanz der ganz Großen, was zu denken gibt. Es geht auch um Entwicklungspotenziale und Innovationskraft in Schlüsseltechnologien. Allenthalben ist von Aufholjagd, verpassten Chancen und verschlafenen Märkten die Rede, wenn es um die Zukunft der deutschen Traditionsindustrien geht. Ob Robotik und Automatisierung oder Big Data Analytics und künstliche Intelligenz – sie alle werden in Deutschland und auch in Europa erst einmal als Bedrohung gesehen. Und zwar sowohl für unsere Unternehmen quer durch alle Branchen als auch für den einzelnen Menschen. In den anderen Märkten außerhalb Europas, vor allem in China und den USA, herrscht dagegen enormer Optimismus. Dort wird der Kampf um die Dominanz auf diesen Feldern mit scheinbar unbegrenzten Ressourcen geführt. Wir dagegen wehren uns durch die Errichtung von Markteintrittsbarrieren in Form von Vorschriften und Verordnungen. Übrigens ja durchaus sehr berechtigten Regelungen, die negative Begleiterscheinungen eindämmen und Unternehmen und Verbraucher schützen können. Allerdings um den Preis später und halbherziger Einführung von Technologien, schwindender Wettbewerbsfähigkeit und dadurch in der Tat nur geringfügiger Partizipation an den Chancen auf dem Markt. Wieder ist es eine Frage des Betrachtungswinkels und der Verarbeitung komplexer Zusammenhänge – und zwar in jedem einzelnen Feld.

Natürlich verspricht die Automatisierung, die Menschen von anstrengenden, repetitiven und entsprechend langweiligen Tätigkeiten zu befreien. Wenn damit allerdings auch die Befreiung von Erwerbsarbeit als solcher und der Eintritt in die Transfergesellschaft einhergehen, dann hilft das den Betroffenen nicht. Die Polarisierung der Diskussion – hier Versprechungen neuer, sinnerfüllterer Tätigkeiten (bisher ohne massenhaften Beweis), da Horrorschätzungen wegfallender Jobs (bisher ohne massenhaften Beweis) – tut ein Übriges. Aber wir sind wohl bei diesem Thema auch noch nicht wirklich in der exponentiellen Wachstumsphase angekommen. Vielmehr befinden wir uns eher am Beginn des verflixten siebten Jahres.

Natürlich ist der Einsatz künstlicher Intelligenz faszinierend. Die Überwindung der Grenzen des ja schon ganz erstaunlichen menschlichen Geistes ist verlockend – etwa bei der Erkennung von Mustern und unerwarteten Zusammenhängen in riesigen Datenmengen, der Verarbeitung und Anwendung ständig wachsender Wissensquellen, der Vorhersage künftiger Entwicklungen oder in der Erschließung der natürlichsprachlichen Interaktion zwischen Mensch und Maschine.

Allerdings: Die Faszination schlägt um in Gruseln, wenn der Mensch zuerst gläsern wird und dann die Kontrolle verliert. Turing-Test hin oder her – die Vorstellung, Maschinen könnten ihre Weiterentwicklung selbst in die Hand nehmen und wir ihnen dabei lästig sein, ist guter Stoff für das Sci-Fi-Kino. Je nach Betrachtungswinkel aber auch reale Bedrohung. Für die Gläsernheit gilt das schon längst: China, laut der Analyse der NGO »Freedom House« »the worst abuser of internet freedom in 2018«[23], installiert Hunderte Millionen Kameras, um die »Vertrauenswürdigkeit« seiner Bürger mittels Gesichtserkennung und Dauerbeobachtung zu erfassen und Missliebigkeit mit Reiseeinschränkungen und digitaler Einhegung hinter der »Great Firewall« zu ahnden. Das hat direkte Konsequenzen über China hinaus, zum Beispiel durch Beschränkungen und Anforderungen an ausländische Anbieter, die sich den chinesischen Regularien zu unterwerfen haben oder eben dem Markt fernbleiben müssen. Darüber hinaus exportiert China seine Technologie: Telekommunikationsinfrastruktur und KI-gestützte Monitoring-Systeme sowie das dazugehörige Wissen in Form von teils wochenlangen Seminaren und Trainings für Regierungs- und Medienvertreter aus überwiegend selbst unfreien oder nur teilweise freien Ländern.

Und Europa? Sucht seinen eigenen Weg, zum Beispiel in der EU-Ethikrichtlinie für künstliche Intelligenz.[24] Das im April 2019 veröffentlichte Dokument ist das Arbeitsergebnis der von der EU-Kommission eingesetzten 52-köpfigen High-Level Expert Group on Artificial Intelligence. »Herausgekommen ist ein Kompromiss, auf den ich nicht stolz bin – und der gleichzeitig das Beste ist, was es weltweit zum Thema gibt. Die USA und China haben nichts Vergleichbares.« Das sagte Thomas Metzinger, Professor für theoretische Philosophie an der Universität Mainz und Mitglied der Expertengruppe, in einer schonungslosen Analyse, die am Tag der Veröffentlichung der Richtlinie im »Tagesspiegel« erschien.[25] Zwar sei er, Metzinger, vor allem mit der Definition »roter Linien« betraut gewesen, also nicht verhandelbaren ethischen Prinzipien, die festlegen sollten, was in Europa mit künstlicher Intelligenz nicht gemacht werden dürfe: tödliche autonome Waffensysteme herstellen, Social Scoring einführen und »grundsätzlich der Einsatz von KI, die Menschen nicht mehr verstehen und kontrollieren können«. Dann sollte aber – laut Metzinger vor allem auf Druck der zahlreichen Industrievertreter im Gremium – zuerst die Formulierung »nicht verhandelbar« gestrichen werden. Und im schließlich veröffentlichten Dokument seien nun auch keine »Red Lines« mehr sichtbar, die entsprechenden Formulierungen gelöscht oder verwässert. Metzinger wirft der Industrie den Bau von »Ethik-Waschmaschinen« vor (Facebook an der TU München, Googles Ethics Panel) und plädiert dafür, ihr »die Ethik wieder wegzunehmen«. Wir könnten es uns nicht leisten, diese Technologie politisch auszubremsen oder nicht weiterzuentwickeln. Weil gute KI aber ethische KI sei, hätten wir jetzt eine moralische Verpflichtung, die Guidelines der High-Level Group selbst aktiv weiterzuentwickeln. ▸▸▸ **Wir befinden uns in einem rasanten historischen Übergang, der auf vielen Ebenen gleichzeitig stattfindet. Das Zeitfenster, innerhalb dessen wir ihn zumindest teilweise kontrollieren und die philosophisch-ethischen Grundlagen der europäischen Kultur noch wirksam verteidigen können, wird sich in wenigen Jahren schließen.** ◂◂◂

Heben wir nach so viel »Tech for Bad« nun unter dem Stichwort »Tech for Good« abschließend noch einmal den Blick über Deutschland und

Europa hinaus. Auf dem afrikanischen Kontinent finden wir eine Fülle von Beispielen, wie Technologie Menschen eine Existenzgrundlage gibt, ihnen Märkte öffnet und sie aus bitterer Armut herausholt. Vielfältige Beispiele für funktionierendes Future Business. Ich merke es immer wieder, wenn ich von einer meiner Africa Innovation Journeys mit meinen Kunden komme: Unser Afrikabild ist dringend renovierungsbedürftig. Praktisch alles, was wir aus dem Silicon Valley oder unseren hiesigen Start-up-Communitys kennen, ist auch in Afrika längst im Einsatz – in der Regel unter Auslassung von Zwischenschritten in der Verbreitung von Technologien. Aus naheliegenden Gründen wurde auf eine aufwendige kabelgebundene Erschließung entlegener Regionen verzichtet und direkt auf Mobilfunk gesetzt, nebst mobiler Ladestationen, die Versorgungssicherheit und ständigen Internetzugang garantieren. Mobiles Mikro-Payment, drohnenüberwachte Landwirtschaft, Drohnenlieferservice für Blut und Medikamente, digitale Verkehrssteuerung in Ballungszentren, ein erster globaler Smartphone-Produzent auf dem afrikanischen Kontinent, die beste Digitalisierung von Behörden und öffentliche Ämter der Welt nach Estland oder hochinnovative Blockchain-Anwendungen – alles da.

Ein differenzierter Blick ist gleichwohl angebracht. Eines der bekanntesten Beispiele ist M-Pesa, der mobile Bezahldienst in Kenia. 2007 wurde er als System zum Begleichen von Mikrokrediten eingeführt und mauserte sich zum generellen bargeldlosen Zahlungssystem, das an jeder Ecke in Kenia verfügbar ist. Rund 20 Millionen Kunden hat M-Pesa inzwischen – und seinen ersten großen Datenschutzskandal: Im Frühsommer 2019 landeten die Daten von 11,5 Millionen Kunden des M-Pesa-Betreibers Safaricom auf dem Schwarzmarkt.[26] Dazu gehörten nicht nur Namen, Mobilnummern und Standortdaten, sondern auch Glücksspieltransaktionen der Betroffenen, die für diese gern den Bezahldienst nutzen. Die einen, zum Beispiel Tavneet Suri (MIT) und William Jack (Georgetown University), feiern in ihrer Studie »The long-run poverty and gender impacts of mobile money«[27] M-Pesa als Treiber für höheren Konsum und die Befreiung von zwei Prozent der kenianischen Haushalte aus der Armut sowie für mehr Freiheit bei der Wahl der Erwerbsarbeit. Gerade Frauen fänden häufiger den Weg aus der Landwirtschaft heraus in das Betreiben eigener Unternehmen hinein. Andere zweifeln die Seriosität solcher Analysen an. Oder bezichtigen das System des digitalen Raubbaus, weil es Arme mit überhöhten Transaktionsgebühren und Zinsen ausnutze. So schreiben es Milford Bateman, Maren Duvendack und Nicholas Loubere in ihrer Studie »Another False Messiah: The Rise and Rise of Fin-Tech in Africa«[28]. Sie kritisieren die von der internationalen Entwicklungshilfe-Community mit Begeisterung aufgenommene Kombination aus Befreiung aus der Armut und profitablen Financial Services. Letztere entzögen gerade den Ärmsten und ihren Communities erhebliche Mengen Kapital. Führender Anteilseigner des inzwischen größten und profitabelsten kenianischen Unternehmens Safaricom ist Vodafone. Und das Risiko, dass Mikro-Instantkredite manche prekären Verhältnisse eher noch verfestigen, ist nicht von der Hand zu weisen. M-Pesa bietet alternativen Geldzugang für Kenianer, die aus Mangel an Ersparnissen kein eigenes Bankkonto haben. Zehn Prozent der Kreditnehmer können ihre Kredite nicht zurückzahlen. Die Ausfälle bei Bankkrediten liegen nur bei zwei Prozent.

Andererseits: Auf dem »Global Solutions Summit« im März 2019 in Berlin, der die Implementierung von Lösungen für die großen Herausforderungen der Menschheit (wie sie zum Beispiel in den UN Sustainable Development Goals niedergeschrieben sind) in den Blickpunkt rückte, beeindruckten vor allem junge Vorbilder aus Afrika. Fatoumata Ba, eine 32-jährige senegalesische Unternehmerin, gründete 2013 die Online-Handelsplattform Jumia, die heute in 14 afrikanischen Ländern zwei Millionen Kunden hat. Unzählige Kleinanbieter brachte sie auf die Plattform und ermöglichte ihnen, Waren auch in entlegene Regionen zu liefern, in Dörfer ohne Infrastruktur und Läden. Bis 2018 blieb Ba Jumia-CEO und stieg dann aus, um Janngo zu gründen. Das Unternehmen berät, fördert und finanziert afrikanische Start-ups mit sozialem Anspruch. In Berlin war man ebenso begeistert von ihr wie beim DLD in München oder in Davos, wo sie seit 2018 zu den Young Global Leaders des Weltwirtschaftsforums zählt.

Natürlich ist Engagement wie das von Fatoumata Ba kein Spaziergang. Vertrauen in digitalen Handel, mobiles Bezahlen und zuverlässige Lieferketten entstehen nicht von allein. Auch nicht in Afrika, das jung und auf dem Sprung ist. Aber gerade die mittelständischen Unternehmer und vor allem die lebendige Gründerszene sind in den letzten Jahren richtig in Bewegung gekommen. Deutlich wurde das auch auf der re:publica Accra, die im Dezember 2018 in der ghanaischen Hauptstadt stattfand. Auf der vom Bundesministerium für wirtschaftliche Zusammenarbeit und Entwicklung unterstützten Konferenz ging es schwerpunktmäßig um die voranschreitende Digitalisierung und ihre politischen, wirtschaftlichen und gesellschaftlichen Auswirkungen. Zahlreiche erfolgreiche Gründer und Unternehmer stellten sich und ihre Aktivitäten in der Schnittmenge von Digitalisierung und Entwicklungsarbeit vor. Wie sensibel und verletzlich diese aber noch sind, wurde ebenfalls deutlich.

»I'm a geek, I'm a techie, not an activist«, sagte Rebecca Enonchong, Gründerin und CEO von AppsTech aus Kamerun, über ihre Erlebnisse.[29] Inzwischen fast belustigt, aber »it was not funny at the time«. Sie berichtete auf der Konferenz von der Abschaltung des Internets in ihrer Heimat für insgesamt drei Monate, beginnend im Januar 2017[30]. Die Regierung Kameruns begründete diesen radikalen Schritt mit Sorge vor weiteren Unabhängigkeitsbestrebungen des englischsprachigen Teils Kameruns. Sie zog buchstäblich den Stecker eines Unterseekabels. Betroffen war nicht nur der englischsprachige Teil, den die Regierung im Visier hatte, sondern zunächst gleich das ganze Land. Das Ergebnis: Kein E-Mail-Zugang, kein Online-Learning, Krankenhäuser mit E-Health-Anwendungen funktionierten nicht, Banken mussten ihren Geschäftsbetrieb einstellen, Kleinunternehmer verloren ihre Kunden, sahen ihre Existenz bedroht. Enonchong selbst gehörte zu ihnen. Und wurde über Nacht zur Aktivistin – als Sprecherin der Initiative #KeepItOn, die besonders von der jungen Generation getragen wurde und kreative Lösungen fand, zum Beispiel das physische Hin-und-her-Schicken von Mobiltelefonen mit Nachrichten zwischen Landesteilen mit und ohne Internet. Druck vonseiten der Weltbank und Proteste internationaler Investoren taten ihr Übriges. Nach 93 Tagen war der Spuk vorbei, die Internetwirtschaft gleichwohl empfindlich gestört. ▶▶▶**Internet is our oxygen, oxygen for our economy**◀◀◀, so Rebecca Enonchong. Ihre Botschaft an afrikanische Regierungen war eindeutig: Wer glaube, dass das Internet vor allem Social Media bedeute und die wiederum Revolution, und also das Internet abschalten wolle, um keine Revolution zu erleben, der müsse verstehen, dass man so das Gegenteil erreiche. »It's ridiculous and it did not solve their problem.«

WELCHE ROLLE SPIELT DAS ICH?

Nicht nur diese letzten Beispiele zeigen: Die Kraft des Individuums ist enorm groß, und die Digitalisierung vergrößert seine Reichweite auf praktisch globales Niveau. So eröffnet Technologie mit Tech for Good und Green Tech Wege zu Future Business. Deutlich geworden ist aber auch, dass es vor allem darauf ankommt, eherne Gewissheiten der Vergangenheit auf den Prüfstand zu stellen. Das gilt für ökonomische Theorien ebenso wie für politische Überzeugungen und gesellschaftliche Stimmungen und Strömungen.

Ich sehe das mit Begeisterung. Mir begegnen in den letzten Jahren immer mehr Menschen, die mentale Modelle infrage stellen, obwohl oder gerade weil sie ihnen über lange Jahre Orientierung gegeben haben. Die Befreiung aus dem Erfahrungsgefängnis ist ein wichtiger erster Schritt. Dazu kommen die Vernetzung mit Gleichgesinnten und der Mut zum Experimentieren. Deshalb ist mir dieses Buch so wichtig. Ich spüre in vielen Gesprächen den Aufbruch, das Zurücklassen alter Muster und Gewohnheiten. Aber auch Fragen wie »Was trägt mein ganz persönliches Future Business?«, »Welche Rolle spielen neben ökonomischen Faktoren die Sicherheit, technologische oder ökologi-

sche Aspekte?« »Welches gesellschaftliche und welches politische Klima finde ich vor, und wie sehr prägen diese mein Future Business?«. Fragen, denen wir im weiteren Verlauf nachgehen und Antworten darauf suchen werden.
Entscheidend ist, dass wir die Veränderung nachhaltig gestalten und nachhaltig veränderungsfähig werden. Sustainable Transformation – eine andauernde und dauerhafte Umformung unseres heutigen Wirtschaftssystems – ist nötig. Und sie ist machbar. Deshalb habe ich vier nach vorn blickende Thesen für die Sustainable Transformation formuliert:

Erstens: Future Business und ein neues ökonomisches Betriebssystem müssen durch wirkungsvolle Hebel auf der Finanzmarktseite flankiert werden. Besonders ambitionierte Investoren fördern eine radikale Offenlegung von Informationen, wie zum Beispiel die TCFD (Task Force on Climate-Related Financial Disclosures), die die Unternehmen ermutigt, über die Klimarisiken ihrer Finanzanlagen zu berichten. Neue Standardinitiativen schaffen eine Grundlage für die nichtfinanzielle Leistungsrechnung, und die Aussicht auf eine breite »integrierte Berichterstattung« erscheint realistisch. Mehr dazu im Kompassfeld »Unternehmen«.

Zweitens: Die Kreislaufwirtschaft (Circular Economy) als Modell des zukunftsfähigen Wirtschaftens ist eines der radikalsten wirtschaftlichen Nachhaltigkeitskonzepte der Gegenwart. Wir müssen alle Elemente unseres Take-Make-Waste-Wirtschaftssystems umgestalten. Wie wir mit Ressourcen umgehen, wie wir Produkte herstellen und verwenden und was wir danach mit den Materialien machen. Nur so können wir eine florierende Wirtschaft schaffen, von der alle innerhalb der Grenzen unseres Planeten profitieren. In einer Kreislaufwirtschaft werden Ressourcenverbrauch, Abfälle, Emissionen und Energieverluste durch Schließung, Verlangsamung und Verkleinerung von Material- und Energiekreisläufen minimiert. Es gilt, die Nutzung anstelle des Besitzes in den Vordergrund zu rücken. Großartigen Einsatz dafür zeigt zum Beispiel Ellen MacArthur. Mehr zu ihr im Kompassfeld »Individuum«.

Drittens: Neues Lernen schafft bessere Wirtschaft. Die Art und Weise der Bildung sowie die Stärkung von Werten und Normen in der Erziehung und Bildung sind die wirksamsten Hebel für unsere Zukunftsfähigkeit. Mit der Veränderung der Parameter müssen wir selbstbestimmtes Lernen und die Freude an der Kreativität und Potenzialentfaltung (wieder) in den Vordergrund stellen. Dabei muss sich jeder von uns auf ganzheitliche Perspektiven einlassen und nicht vor der dabei unausweichlichen Komplexität kneifen. Welche Initiativen uns dabei unterstützen, zeigt das Kompassfeld »Bildung«.

Viertens: Wir brauchen ein neues ökonomisches Betriebssystem. Dieses entwickeln wir, wenn wir Marktwirtschaft neu denken und um sozial-kooperative Elemente anreichern. In ihm blüht der Homo cooperativus auf, der den schlicht gestrickten Homo oeconomicus ablöst. Ein Kopföffner dafür ist der Zukunftsforscher Jeremy Rifkin. Er prognostiziert eine Null-Grenzkosten-Gesellschaft, in der die Hürde, Produzent bzw. Prosument zu werden, gegen null sinkt – der Kapitalismus sich praktisch selbst frisst. Prosumenten neigen dazu, sich in collaborative commons zusammenzuschließen, Vorstufen genossenschaftlicher Verbünde, die, so Rifkin, bis 2050 die Hälfte der Weltwirtschaft tragen könnten. Ein beeindruckendes Beispiel für die Machbarkeit der Kooperation und des Teilens liefert die Sharing City Seoul, die wir im Kompassfeld »Gesellschaft« näher anschauen.

Bei aller Sortierung und Strukturierung in Denkrichtungen, Thesen und Perspektiven – der Future Business Kompass ist kein Rezeptbuch, keine simple Gebrauchsanweisung und kein Standardvademecum für alle. Jeder von uns muss eigene Ableitungen auf das persönliche Denken und Handeln formulieren. Sie sind die Standortbestimmung in der nun vor uns ausgebreiteten Geografie, so eingeschränkt sie auch beschrieben sein mag. Eigene Zweckbestimmungen, Werte und Haltung sind entscheidend. Und alles spricht dafür, weiter aufmerksam und aufnahmebereit durch die Welt zu gehen. Hauptsache, wir gehen. Nehmen wir in diesem Sinne jetzt gemeinsam den Future Business Kompass in die Hand und machen uns auf den Weg.

---

1 Schrader, Christoph: »Ein kritischer Blick«, in: »Spektrum der Wissenschaft – Die Woche« 45 (2017)

2 Bundesministerium für Umwelt, Naturschutz und nukleare Sicherheit: »Wie klimafreundlich sind Elektroautos?« (2019), https://www.bmu.de/fileadmin/Daten_BMU/Download_PDF/Verkehr/emob_klimabilanz_2017_bf.pdf

3 Kelly, Colm; Sheppard, Blair: »Common Purpose: Realigning Business, Economies and Society«, in: »strategy + business«, Issue 88 (2017)

4 Soldt, Rüdiger: »Volksparteien ohne Antworten«, in: »Frankfurter Allgemeine Zeitung« vom 24.06.2019

5 Milanovic, Branko: »Global Income Inequality by the Numbers: In History and Now«, World Bank, Policy Research Working Paper 6259, Nov. 2012

6 Heuser, Uwe Jean: »Meine Frau sagt: ›Welcher Unfug!‹«, in: »ZEIT«, Nr. 6/2019

7 Karberg, Sascha: »Die Wurzeln von Geiz und Gier«, in: »Bild der Wissenschaft«, März 2011, https://www.wissenschaft.de/umwelt-natur/die-wurzeln-von-geiz-und-gier/

8 Baum, Gerhart: »Wir müssen die Gier von Eliten hinterfragen«, in: »SPIEGEL ONLINE«, 1.6.2019, https://www.spiegel.de/politik/deutschland/gerhart-baum-ueber-seine-fdp-muessen-gier-von-eliten-hinterfragen-a-1269945.html

9 Thunberg, Greta. Zitiert nach www.fridaysforfuture.de

10 Gossen, Hermann Heinrich: »Entwickelung der Gesetze des menschlichen Verkehrs, und der daraus fließenden Regeln für menschliches Handeln.« Braunschweig (1854), S. 4 f.

11 Becker, Andreas: »Die Midlife-Crisis des Kapitalismus«, Deutsche Welle vom 1.10.2013 https://p.dw.com/p/19sTB

12 Zitiert nach https://www.ibm.com/ibm/history/ibm100/us/en/icons/think_culture/words/

13 »Vergleichende Politische Ökonomie – eine kurze Übersicht über ein neues Forschungsprogramm«, erschienen als: »Passauer Papiere zur Sozialwissenschaft«, Nr. 17/1997

14 Meadows, Dennis u. a.: »Die Grenzen des Wachstums« 1972, Übersetzung von Hans-Dieter Heck, 14. Auflage, Deutsche Verlags-Anstalt, Stuttgart 1987, S. 172 f.

15 »Weltuntergangs-Vision aus dem Computer«, in: »DER SPIEGEL« 21/1972

16 https://www.bundesregierung.de/breg-de/aktuelles/merkel-bei-g20-gipfel-in-osaka-1640338

17 https://www.blackrock.com/corporate/investor-relations/larry-fink-ceo-letter, 2019 https://www.blackrock.com/corporate/investor-relations/2018-larry-fink-ceo-letter, 2018

18 »Trust Barometer 2019«, https://www.edelman.de/trust-2019/#

19 Hemp, Paul; Stewart, Thomas A.: »Leading Change When Business Is Good«, in: »Harvard Business Review«, Dezember 2004

20 »Sinn der Arbeit«, in: »Handelsblatt« vom 18.04.2019

21 »Sieben Gründe, warum Familienunternehmen der Gesellschaft nützen«, zitiert nach https://www.familienunternehmen.de/sieben-gruende-fuer-familienunternehmen

22 https://www.finanzen100.de/top100/die-grossten-borsennotierten-unternehmen-der-welt/

23 Shahbaz, Adrian: »The Rise of Digital Authoritarianism«, in: »Freedom on the Net 2018«, Freedom House, Washington, New York (2018), https://freedomhouse.org/sites/default/files/FOTN_2018_Final%20Booklet_11_1_2018.pdf

24 Unabhängige Hochrangige Expertengruppe für Künstliche Intelligenz: »Ethik-Leitlinien für eine vertrauenswürdige KI«, April 2019 https://ec.europa.eu/newsroom/dae/document.cfm?doc_id=60425

25 Metzinger, Thomas: »EU-Ethikrichtlinien für Künstliche Intelligenz. Nehmt der Industrie die Ethik weg!«, in: »Tagesspiegel« vom 08.04.2019

26 Henning, Maximilian: »Kenia: Daten von 11,5 Millionen Kunden eines Providers landen auf dem Schwarzmarkt«, in: Netzpolitik.org vom 2.7.2019, https://netzpolitik.org/2019/kenia-daten-von-115-millionen-kunden-eines-providers-landen-auf-dem-schwarzmarkt

27 Suri, Tavneet; Jack, William: »The long-run poverty and gender impacts of mobile money«, in: »Science«, Issue 6317, vom 9. Dezember 2016, S. 1288 ff.

28 Bateman, Milford; Duvendack, Maren; Loubere, Nicholas: »Another False Messiah: The Rise and Rise of Fin-tech in Africa«, in: »Review of African Political Economy« (2019), http://roape.net/2019/06/11/another-false-messiah-the-rise-and-rise-of-fin-tech-in-africa/

29 https://www.youtube.com/watch?v=rqlcW8PeuWc&feature=youtu.be, 2018

30 Dahir, Abdi Latif: »Blacked Out«, in: »QuartzAfrica« vom 6. August 2018, https://qz.com/africa/1349108/cameroons-internet-shutdown-in-blacked-out-documentary/

VOM SHAREHOLDER- ZUM STAKE-HOLDER-VALUE

SAULUS ODER PAULUS?

»Wir müssen langfristiges Denken sicherstellen. Vorstände und Verwaltungsräte müssen dafür mehr Verantwortung übernehmen, und die Unternehmen müssen sich mehr für die Gesellschaft engagieren.« Das sagte Larry Fink, Vorstandschef von Blackrock, im April 2019 im Gespräch mit dem »Handelsblatt«. ▶▶▶ **Die besten Unternehmen schauen nicht nur auf ihre Aktionäre. Sie verbinden die Belange der Mitarbeiter mit denen der Kunden, und sie kümmern sich um die Gemeinden, in denen sie tätig sind.** ◀◀◀[1]

Hätte ich vor zwei Jahren ein Kapitel mit den Ansichten eines der erfolgreichsten Wall-Street-Kapitalisten zum Thema besseres Wirtschaften eingeleitet? Mit Sicherheit nicht. Wir lesen seine Worte und staunen: Hatte er tatsächlich ein Damaskuserlebnis? Ist dies der Anfang vom Ende des sprichwörtlichen Raubtierkapitalismus? Vielleicht noch nicht. Aber sind wir auf dem richtigen Weg zu zukunftsfähigem Wirtschaften, wenn jemand wie Larry Fink vom Saulus zum Paulus wird, aufsehenerregende Interviews gibt, entsprechende Briefe an die Firmenlenker seiner Beteiligungen schreibt und so auch auf andere Unternehmen und Unternehmer abstrahlt? Eindeutig ja!

Wenn sich Unternehmen auf den Weg zu besserem Wirtschaften machen, dann beginnt das immer häufiger mit einer Selbstvergewisserung. Mit der Formulierung einer Haltung, die meist mit der Justierung des Zielsystems und Beschreibung der Raison d'Être – neudeutsch: Purpose – einhergeht. Dabei werden der Orientierungsrahmen und die Richtschnur des unternehmerischen Handelns neu definiert. Oftmals ist es eine Übung in Demut, in Respekt vor veränderten Erwartungen und bedeutet eine notwendige Abkehr von einseitig finanziellen und kurzfristigen Zielsetzungen. Zum Beispiel davon, einzig und allein den Shareholder-Value zu mehren und das in kurzwelliger Taktung, nicht nur jedes Jahr, sondern jedes Quartal, jeden Monat, jede Woche. Derlei Fokus abzuschwören ist für Läuterung unerlässlich.

Denn die einseitige Shareholder-Orientierung hat unerwünschte Nebenwirkungen. Fatal ist: Je mehr die Rechnung aufgeht, desto hartnäckiger stabilisiert sich das System. Und so wird der Erfolg, gemessen in Aktienkursentwicklung und Dividendenzahlungen, dazu genutzt, andere – negative – Begleiterscheinungen auszublenden. »Läuft doch, was wollt ihr?«, das wird Mahnern entgegengehalten, die auf strategische Schwächen, mangelndes Vertrauen, Reputationsrisiken und ähnliche eher langfristige Effekte der Einseitigkeit hinweisen. Stattdessen wird das Zielsystem aus sich selbst heraus legitimiert. Weil es funktioniert, ist es richtig. Widerstand zwecklos. Bis die Katastrophe da ist und die »Licence to operate« in ernsthafte Gefahr gerät. Aber vielleicht sind die heutigen Entscheider dann nicht mehr im Amt. Sollen sich doch die Nachfolger damit herumschlagen. Die Denke von Vorständen und Top-Managern in Kapitalmarktkonzernen ist an den Horizont des Kapitalmarkts gekoppelt und nicht an den der nachfolgenden Generationen. Enkelfähigkeit ist im kapitalistischen System erst einmal nicht vorgesehen.

Dabei sind Nachhaltigkeit und langfristiges Denken ein theoretisch sehr einfaches Gegenmittel. Praktisch aber enorm schwer umzusetzen, weil die Wirkungen von Shareholder-Value und Stakeholder-Value auseinanderfallen: kurzfristig, finanziell, eindeutig und messbar in Geldeinheiten und Wachstumsraten versus langfristig, vielgestaltig, komplex und messbar in einem bunten Kriterienmix. Komplexität erscheint als natürlicher Feind wirtschaftlicher Entscheidungen. Die Reduktion von Komplexität auf eine wesentliche Stakeholdergruppe – nämlich Eigentümer – und ein wesentliches Ziel – nämlich Mehrung des Vermögens – verkürzt und erleichtert jegliche Entscheidungsfindung. Dieser Einfachheit wird alles Planen, Handeln und Überwachen, kurz: die Steuerung des Unternehmens, untergeordnet. Ob andere Interessengruppen und ihre Ziele dabei nicht bedient werden oder sogar Schaden nehmen, ist unerheblich. Wirkungen jenseits der Vermögensmehrung der Eigentümer spielen für Entscheidungen und Handlungen keine Rolle, weil sie als nicht relevante Größen betrachtet und gemessen werden. Ob Individuen, Gesellschaften oder die Umwelt leiden, steht nicht auf der Agenda. In den Worten von Wirtschaftsnobelpreisträger Joseph E. Stiglitz: ▸▸▸ **What we measure affects what we do, and if we measure the wrong thing, we will do the wrong thing.** ◂◂◂[2] Es ist hilfreich, sich klarzumachen, dass wir unser Leben über Wirkung-Ursache-Ketten bestimmen. Wir denken, unbewusst, vom erwarteten und erwünschten Ergebnis her. Und richten danach unser Handeln aus.

Spannend wird es, wenn wir unser Denken auf ergebnisoffene Weise anwenden, uns also gestatten, andere Zielsysteme zu bedienen. Wenn wir vielfältigere Ziele, zum Beispiel allgemeines Wohlergehen zahlreicher Stakeholder, messen, dann werden wir unweigerlich unser Handeln danach ausrichten, diese Ziele bestmöglich zu erreichen. Und das wiederum hat positiven Einfluss auch auf die Erreichung der finanziellen Ziele. Wer nachhaltig wirtschaftet, ist nicht nur sozial- und communityverträglicher, hat zufriedenere Mitarbeiter und Kunden, sondern schreibt nicht zuletzt deshalb auch bessere Zahlen. Es geht nicht um entweder oder. Nicht um Gutmensch oder Raubtier. Und nicht um Reichtum oder Armut. Weil es insgesamt gut läuft, läuft es auch finanziell. Das ist der Trick.

Dass der Trick funktioniert, lässt sich leicht belegen: Die jährlichen »Global 100«-Studien des Magazins »Corporate Knights«[3], Quartalsschrift der gleichnamigen kanadischen »Clean Capitalism«-Bewegung, in den Jahren 2005 bis 2018 weisen für diesen Zeitraum eine Nettorendite von 127 Prozent für die erfassten Unternehmen aus. Die Vergleichsgruppe, die Unternehmen im MSCI »All Country World Index«[4], kam auf eine Nettorendite von 118 Prozent. Die Ausrichtung aller Entscheidungen allein am Aktionärswohl erscheint vor diesem Hintergrund als Abkürzung, die vermeintlich einfacher und schneller ans Ziel führt. Tatsächlich gibt es aber nicht einmal diesen Vorteil, wenn unter dem Strich weniger für die Anteilseigner hängen bleibt. Vollends absurd wird die Sache, wenn breitere Stakeholder-Interessen außerhalb der Shareholder nicht nur nicht bedient, sondern im Gegenteil beschädigt werden. Die Rede ist von Manager-Gier und Exzess – und von deren Belohnung durch die Shareholder, denen dadurch ja selbst offenkundig noch nicht einmal finanziell gedient ist. Von Risiken für die eigene Reputation einmal ganz abgesehen. Dazu zwei Schlaglichter:

GIER UND EXZESS

Am 14. November 2014 wurde Thomas Middelhoff, einst als »Big T« der deutsche Vorzeigemanager schlechthin, wegen Untreue in 27 Fällen sowie Steuerhinterziehung zu drei Jahren Freiheitsstrafe verurteilt. Als Vorstandschef von Arcandor hinterließ er einen Scherbenhaufen und wollte dennoch 2008 Boni von 2,2 Millionen Euro mitnehmen, obwohl das Unternehmen einen Verlust von 740 Millionen Euro zu verzeichnen hatte. Von seinem Realitätsverlust konnte sich eine staunende Öffentlichkeit überzeugen, als allein 28 Hubschrauberflüge zwischen Wohn- und Firmensitz zu je 80000 Euro zwecks Vermeidung des Staus am Kamener Kreuz ans Licht kamen und Middelhoff dies als völlig normal für übervoll ausgelastete Top-Entscheider wie ihn darstellte.[5] Klar, im Stau zu stehen ist schon in deutlich niedrigeren Gehaltsklassen nicht nur Lebenszeitverschwendung, sondern auch völlig unproduktiv. Aber selbst mit verengtem Blick auf den Shareholder-Value muss man festhalten, dass hier nicht alles richtig gemacht wurde. Alle anderen Anspruchsgruppen sind gedanklich an diesem Punkt sowieso abgehängt.
Ein anderes Beispiel für fundamentale Entkopplung von der Realität ist – Wirtschaftskriminalfall Nummer zwei – das Victory-Zeichen von Josef Ackermann zu Beginn des sogenannten Mannesmann-Prozesses. Ackermann und fünf weitere Angeklagte standen unter dem Ver-

dacht, den Düsseldorfer Konzern im Rahmen der Übernahme durch Vodafone im Februar 2000 aufgrund überhöhter Prämienzahlungen an den Vorstandschef von Mannesmann, Klaus Esser, und weitere Manager aus dem engen Netzwerk der Deutschland AG um rund 58 Millionen Euro geschädigt zu haben. Aufsehen erregte auch Ackermanns Aussage der Presse gegenüber: »Dies ist das einzige Land, in dem diejenigen, die Erfolg haben und Werte schaffen, deswegen vor Gericht gestellt werden.«[6] Nach erstinstanzlichem Freispruch vor dem Landgericht Düsseldorf und BGH-Revisionsurteil wurde das Verfahren durch eine andere Strafkammer des Landgerichts Düsseldorf am 24. November 2006 gegen eine Geldauflage von insgesamt 5,8 Millionen Euro eingestellt. Ackermann zahlte mit 3,2 Millionen Euro den angesichts seiner Vergütung in jener Zeit wohl verschmerzbaren Löwenanteil – und blieb bis 2012 Vorstandsvorsitzender der Deutschen Bank. In dieser Zeit verbesserte sich sein Image zunächst wieder, nahm aber im Zusammenhang mit der Finanzkrise erneut Schaden. Kritisiert wurde unter anderem auch das von Ackermann ausgegebene Renditeziel von 25 Prozent für die Deutsche Bank, welches die Orientierung an der Gewinnmaximierung manifestierte und während der Weltfinanzkrise immer wieder als Beispiel für Fehlentwicklungen unter anderem im Investmentbanking mitverantwortlich gemacht wurde.

Die Ursachen für die seit Jahren andauernde Krise der Deutschen Bank sind vielschichtig und nicht Ackermann allein anzulasten. Dass es höchste Zeit zum Umsteuern ist, hat der heutige Vorstandschef Christian Sewing nun allerdings mit Ankündigung einer massiven Restrukturierung – vor allem der signifikanten Verkleinerung des Investmentbankings – mehr als deutlich gemacht. Er will seine Kunden wieder glücklich machen. Der Journalist Gabor Steingart reihte ihn daraufhin in einem Gastbeitrag für »Focus« in die Riege derer ein, die »Historiker ›Helden des Rückzugs‹ nennen. Zu allen Zeiten gab es Persönlichkeiten, die die übersteigerten Ambitionen ihrer Vorgänger beerdigen mussten.«[7] Allerdings, so Steingart weiter: »Die Helden des

Rückzugs sind keinesfalls vor Niederlagen gefeit. Ihre Organisationen folgen oft nur widerwillig. Die Außenwelt applaudiert nicht, sondern badet sie in Schadenfreude.« Sicher ist dies auch ein Grund, warum das Umsteuern so schwierig ist. Und je verfahrener die Situation, desto größer ist genau dieses Risiko für die Umdenker. Vielleicht täte uns allen ein wenig mehr Gelassenheit gut – und den Umdenkern echte Chancen.

Future Business ist der Weg zu einer neuen Wirtschaftslogik, einem neuen ökonomischen Betriebssystem, basierend auf Kundenorientierung und Qualität, Teilhabe und Kooperation, sozialer und ökologischer Nachhaltigkeit und Verantwortung. Grundvoraussetzungen dafür sind erstens Bildung und zweitens Haltung, die darauf ausgerichtet sind, komplexe Abhängigkeiten und Konsequenzen des eigenen Handelns zu durchschauen und Selbstregulation und gemeinschaftsverträglichere Entscheidungen zu ermöglichen. Die Orientierung an den Aktienbesitzern muss einer Stakeholder-Orientierung weichen oder mindestens durch sie ergänzt werden. Ziele des Wirtschaftens und des stetigen Wachstums müssen neu gedacht werden. So einleuchtend das angesichts der Fülle wirtschaftlicher, ökologischer und sozialer Probleme sein mag: Es wäre naiv, auf ein weltweit stattfindendes Umdenken aller heute im Shareholder-Value-Denken gefangenen Entscheider zu hoffen. Deshalb müssen wir tiefer schürfen, zu den Grundlagen bisherigen und neuen Denkens vordringen. Mit Blick auf Wirtschaft und ihre Akteure sind das vor allem die Theoriegebäude der Ökonomie.

SCHLICHTE THEORIE, REFORMBEDÜRFTIGE MODELLE

Die vorherrschende neoklassische Ökonomie der letzten 250 Jahre ist ein vereinfachtes Abbild der Realität. Im Vordergrund steht der egoistisch handelnde und rational entscheidende Akteur, der, auf seinen Vorteil bedacht, seinen individuellen Nutzen maximiert. Dieses Verhalten des Homo oeconomicus sei nicht nur legitim, sondern

sogar förderlich, denn es mehre den Wohlstand aller, so Befürworter. Interessant ist, dass zu Zeiten des Vordenkers dieser Theorie, Adam Smith, Ökonomie als Bestandteil der Moralphilosophie und nicht als eigenständige Wissenschaftsdisziplin gelehrt und verstanden wurde. Moral und Wirtschaft waren untrennbar miteinander verknüpft.
Das änderte sich mit den bahnbrechenden Fortschritten in der Physik, besonders in der Mechanik, die die erste industrielle Revolution in Gang brachten. Diese motivierte Ökonomen dazu, ihr Fachgebiet ähnlich wissenschaftlich und eigenständig aufzustellen. Mechanik und ihre mathematisch-physikalischen Grundlagen inspirierten ökonomische Theoriebildung. Die damals entwickelten Denkmuster halten sich bis heute. Egoismus regiert die Welt. Dabei gerät die Lösung komplexer gesellschaftlicher Probleme eindimensional und wird der täglichen wirtschaftlichen Praxis nicht gerecht – jetzt nicht und in Zukunft noch weniger.
Dem stellen sich heute Reformbewegungen wie das Netzwerk Plurale Ökonomik e.V. entgegen, das mit dem Ziel angetreten ist, »der Vielfalt ökonomischer Theorien Raum zu geben, die Lösung realer Probleme in den Vordergrund zu stellen sowie Selbstkritik, Reflexion und Offenheit in der VWL zu fördern«.[8] In seiner Studie »EconPLUS« hat das Netzwerk Lehrende der gut 50 volkswirtschaftlichen Studiengänge in Deutschland befragt und Lehrinhalte analysiert. Die Mainstream-Orientierung der Lehre und eine »Einstellungs-Praxis-Lücke« – trotz prinzipieller Bereitschaft zu pluraler Lehre ändert sich die Lehrpraxis nicht – wurden von den Befragten eindeutig konstatiert. Pflichtstoffumfang und personelle Engpässe wurden dafür als Ursachen genannt. Priorisierung der theoretischen Forschung gegenüber der Praxisorientierung tut ein Übriges. Und bei der Analyse des Lehrstoffs zeigte sich eine neoklassische Begriffshäufung. »Lehrveranstaltungen mit erweiternder Perspektive, etwa die Geschichte des ökonomischen Denkens, Wirtschaftsgeschichte, Wissenschaftstheorie und Ethik, sind nicht genuin Teil der Lehre, sondern werden – wenn überhaupt – nur an einzelnen Universitäten angeboten.«[9]

Angesichts eines solchen sich selbst erhaltenden Systems der Lehre und Ausbildung unseres Wirtschaftsnachwuchses ist es nicht verwunderlich, dass Realitätsbezug und Problembewusstsein gieriger Akteure leiden. Wer sich als besonders erfolgreiches Exemplar des Homo oeconomicus begreift, fühlt sich auch wissenschaftlich legitimiert. Moralische Argumentation läuft dann ins Leere. Wenn der Erfolg, gründend auf renommierter Ausbildung und jahrelanger Arbeit in gleichgesinnter Umgebung, den Akteuren recht gibt, was soll dann die Frage nach moralischer Legitimation? Alternative Denkschulen rücken folglich in den Hintergrund oder werden arrogant lächelnd als Sozialromantik abgetan.

Wie ließe sich das ändern? Zunächst natürlich mittels pluraler ökonomischer Forschung und Lehre. Von Perspektivendifferenz befruchtete Selbstreflexion hat noch immer dabei geholfen, einseitige Denkmuster und Verhaltensweisen zu durchbrechen. Dabei mag es hilfreich sein, sich auf die einst bestehende enge Verbindung von Moral und Wirtschaft zu besinnen.

Das Gegenteil von Egoismus und Konkurrenz ist Kooperation. Nun kommt der Auftritt des Homo cooperativus. Wie in meiner vierten These dargelegt: Die Wirtschaft der Zukunft braucht ein Modell, das den Menschen mit seinen Emotionen und als soziales Wesen integriert und nicht eine menschliche Profitmaximierungsmaschine.

Im Gegensatz zum Homo oeconomicus wird der Homo cooperativus nicht nur von egoistischen Motiven geleitet. In ihm vereinen sich ergänzend sowohl egoistische als auch soziale Leidenschaften, die er durch die Orientierung an Tugenden in Einklang bringt. Auch in seiner Erfolgsvorstellung unterscheidet sich der Homo cooperativus vom Homo oeconomicus. Er strebt nach einem gelingenden Leben im Sinne eines Strebens nach Glück, das unterschiedliche Ziele integriert. Er handelt auch aus Eigennutz – aber eben nicht nur und nicht immer. Der Mensch ist durchaus fähig zu Hilfsbereitschaft, Kooperation, Fairness, Verantwortungsübernahme oder Fürsorge. Auf diese Fähigkeiten gilt es sich auf dem Weg zu Future Business zu besinnen.

Das allein wird gleichwohl nicht reichen. Um der Alleinherrschaft des Shareholder-Value ein Ende zu bereiten, kommt es auch auf dessen Profiteure an: Auch die Investoren und Eigentümer müssen umdenken. Und wenn sie das tun, dann können sie den Wandel sogar erheblich beschleunigen.

WIE DER FINANZMARKT UNTERNEHMEN TREIBT

Am 1. Februar 2019 veröffentlichte ein US-amerikanischer Investor ein bemerkenswertes Dossier. Es umfasste 20 Seiten, und die Absender, eine Frau und vier Männer mittleren Alters, verkündeten darin den Beginn einer neuen Zeit.

Bisher sei es nicht möglich gewesen, nachhaltig zu investieren, erklärten sie in ihrem Vorwort – zumindest nicht, wenn man zugleich Geld verdienen wollte. Bisher hätte man Abstriche machen und sich entscheiden müssen. Rendite oder gutes Gewissen? Worauf legte man mehr Wert? Beides zusammen ging nicht.

Damit sei es nun vorbei. Investoren könnten das Thema Nachhaltigkeit nicht mehr ignorieren. Die Analyse der Daten würde zeigen, dass das veränderte gesellschaftliche Verständnis von Umwelt, sozialen Problemen und guter Unternehmensführung eng mit dem Potenzial für ein langfristiges Wachstum zusammenhängt. »Nachhaltiges Investieren ist keine Nische mehr, sondern entwickelt sich zum Mainstream«, schrieben Brian Deese, der Global Head of Sustainable Investing, und seine Kollegen, und sie gaben dem Papier die Überschrift: »Nachhaltigkeit: Die Zukunft des Investierens«. Der Name ihres Unternehmens: Blackrock.

Blackrock ist kein Social Business, im Gegenteil. Der 1988 gegründete Finanzdienstleister mit Sitz in New York ist der einflussreichste Investor der Welt. Er verwaltet so viel Kapital wie kein anderer, fast acht Milliarden US-Dollar, und er ist an rund 17000 Firmen beteiligt. Große, bekannte Konzerne zählen dazu, unter anderem die meisten DAX-Unternehmen und viele deutsche Mittelständler. Als »Krake«,

»heimliche Weltmacht«, »Schattenbank« und Profiteur der Finanzkrise wird Blackrock von Kritikern beschrieben. Investigative Journalisten versuchen regelmäßig, die wirtschaftlichen und politischen Verflechtungen der Fondsgesellschaft nachzuzeichnen und die Folgen ihrer Investments sichtbar zu machen, etwa auf dem Wohnungsmarkt oder in der Pharmabranche. Denn: Bislang stand der finanzielle Gewinn über allem. Nachhaltigkeit, soziales Engagement, Umweltschutz – für Blackrock war das nebensächlich.

Ändert sich das gerade? Stellt der mächtigste Finanzkonzern alles auf den Kopf und schichtet seine Gelder um, raus aus klimaschädlichen Anlagen, rein in grüne Unternehmen, soziale Verantwortung und Start-ups?

So schnell passiert das wahrscheinlich nicht. Die bisher getätigten Investments sind an Verträge gebunden, und die kann man nicht zu einem beliebigen Monatsende kündigen. Und an ihrem Verständnis von Nachhaltigkeit müssen die Blackrock-Manager sicher auch noch arbeiten. Der von ihnen aufgelegte Fonds »Impact World Equity Fund«, der laut eigener Aussage Unternehmen finanzieren will, »die der Gesellschaft einen messbaren positiven Unterschied in den Bereichen Gesundheit, Sozialfürsorge und Umwelt bieten«, listet als seine drei größten Positionen keine Ökolandwirte oder Fairtrade-Hersteller, sondern: Apple, Microsoft und Amazon.

Trotzdem ließ die Mitteilung aufhorchen. Denn wenn selbst Blackrock sich gezwungen sieht, soziale, ethische und ökologische Kriterien einzubeziehen und die Phase der finanziellen Einbußen für beendet erklärt, dann gilt es für Unternehmen als Image- und Reputationsschaden, wenn sie nicht nachhaltig handeln. Dann kommen nachhaltige Geldanlagen jetzt tatsächlich im Massenmarkt an.

Es ist ein Segment, das noch vergleichsweise klein ist, aber dynamisch wächst. Laut dem Verein Forum Nachhaltige Geldanlage (FNG)[10], der zentralen Instanz in Deutschland, nahm das Volumen der nach »strengen Kriterien« angelegten Mittel in Deutschland 2018 gegenüber dem Vorjahr um knapp 30 Prozent zu und betrug insgesamt 219 Milliarden Euro. Bezieht man sogenannte »verantwortliche Investments« mit ein, für die das FNG weniger strenge Kriterien anlegt, kommen die Marktbeobachter auf 1,53 Billionen Euro. Und sie erwarten, dass das Wachstum in den kommenden Jahren anhält. Was zum Vorteil des Klimas wäre. »Untersuchungen haben gezeigt, dass nachhaltige Investments eine bis zu 40 Prozent bessere CO_2-Bilanz aufweisen als klassische Investments«, sagt Volker Weber, der Vorstandsvorsitzende des FNG.

Wer nachhaltig investieren möchte, muss mehr Entscheidungen treffen als bei konventionellen Anlagen. Neben Risikostreuung, geplanter Rendite, Laufzeit und Kosten kommt man nicht umhin, sich zusätzlich Gedanken über die eigenen Präferenzen bei ökologischen und sozialen Themen zu machen und aus verschiedenen Strategien zu wählen. Am verbreitetsten ist es, auf Ausschlusskriterien zu setzen – bei knapp 128 Milliarden Euro werden sie bereits angewendet. Das bedeutet: Kunden legen fest, dass Unternehmen, Branchen, Länder oder Investmentklassen systematisch ausgeschlossen werden, wenn diese gegen vorab definierte Kriterien verstoßen. Ganz oben derzeit: die Achtung von Arbeits- und Menschenrechten sowie die Bekämpfung von Korruption und Bestechung. Aber auch Klimaaspekte gewinnen an Relevanz. Der Ausschluss von Kohle rangiert bei den Anlegern auf Platz fünf und damit so hoch wie nie zuvor – knapp 73 Milliarden Euro dürfen nicht in den klimaschädlichen Energieträger fließen. Zu den weiteren bevorzugten Strategien der Anleger zählen das »normbasierte Screening« und die »ESG-Integration«. Bei ersterem wird geprüft, ob sich Empfänger von Investments an vorgegebene internationale Standards und Abkommen wie den »UN Global Compact« oder die Kernarbeitsnormen der Internationalen Arbeitsorganisation (ILO) halten. Beim zweiten Ansatz werden ESG-Kriterien in die klassische Finanzanalyse einbezogen – die Abkürzung ESG steht für »Environmental«, »Social« und »Governance«.

Den größten Zuwachs um 149 Prozent verzeichnete ein noch junger Trend: das »Impact Investing«. Hierbei suchen Anleger gezielt nach Projekten und Unternehmen mit nachgewiesener sozialer und ökologischer Wirkung. Sie wollen mit ihrem Geld direkten Einfluss gewinnen und Ideen fördern, die sich im Idealfall skalieren lassen. Dreizehn Milliarden Euro sind 2018 von deutschen Anlegern in diesen Topf geflossen, eine vergleichsweise bescheidene Summe. Womöglich liegt hierin trotzdem die Zukunft: Auf internationaler Ebene hat sich die Szene im Global Impact Investing Network (GIIN)[11] zusammengeschlossen und trifft sich einmal im Jahr im Herbst mit mehr als 1200 Investoren aus allen Ländern, darunter Vertreter von namhaften Banken und finanzkräftigen Fondsgesellschaften. Ronald Cohen, Mitgründer des Private-Equity-Anbieters Apax, sprach laut »Manager Magazin« von einer »Impact-Revolution, vergleichbar mit der Venture-Capital- und Tech-Revolution vor 25 Jahren, die Microsoft und Apple hervorgebracht hat«.

Treiber dieser Entwicklung sind vor allem institutionelle Investoren. Waren es einst private Anleger, die den Trend beim nachhaltigen Investieren setzten, machen die Großanleger in Deutschland inzwischen 93 Prozent des Markts aus: Kirchliche Institutionen und Wohlfahrtsorganisationen rangieren mit einem Anteil von 40 Prozent ganz vorne, danach folgen Versicherungsunternehmen (19), Gewerkschaften, Banken und Sicherungseinrichtungen (12) sowie Stiftungen (11).

So intrinsisch motiviert sie sein mögen, sie folgen damit auch den Vorgaben einer sich wandelnden Politik. Im März 2018 veröffentlichte die Europäische Union ihren Aktionsplan zur Finanzierung nachhaltigen Wachstums – seitdem verzeichnet das Forum Nachhaltige Geldanlagen nach eigener Aussage eine »bis dahin nicht gekannte Dynamik«. Das Ziel der EU ist es, entscheidend mehr Geld in die Kanäle zu lenken, die den Aufbau einer klimaschonenden Wirtschaft und eines nachhaltigen Konsums versprechen. Zwar können beispielsweise Investitionen in Abfallvermeidung, Ökodesign, Wiederverwertung und ähnliche Maßnahmen Nettoersparnisse von 600 Milliarden Euro allein für Unternehmen in der EU erbringen und zugleich die gesamten jährlichen Treibhausgasemissionen um bis zu vier Prozent senken, wie Karmenu Vella, der bis 2019 zuständige Kommissar für Umwelt, maritime Angelegenheiten und Fischerei, erklärte. Allerdings wird der globale Bedarf für die Umsetzung des Pariser Klimaabkommens und der »Sustainable Development Goals« (SDG) auf sechs Billionen US-Dollar jährlich beziffert. Es muss also deutlich mehr Geld her.

Mit ihrem Aktionsplan streben die EU-Mitgliedstaaten CO_2-Benchmarks, Offenlegungspflichten, eine Integration von Nachhaltigkeit in die Anlageberatung und eine Taxonomie an, die einheitliche Regeln und Verfahren gewährleistet und nachhaltige Investitionen vereinfachen soll. Welche Verpflichtungen sich daraus für Unternehmen ergeben, wird im Detail erst in den kommenden Jahren festgelegt. Der eingeschlagene Pfad ist aber eindeutig. Und ein Zurück wird immer unwahrscheinlicher.

Die Indizien dafür häufen sich. Im Frühjahr 2019 hat erstmals eine Zentralbank, die niederländische DNB, die UN-Prinzipien für verantwortungsvolles Investieren (UN PRI) unterschrieben; dahinter steht eine Investoreninitiative, die in Partnerschaft mit dem UN-Umweltprogramm (UNEP) und dem UN Global Compact gegründet wurde, mehr als 2400 Mitglieder hat und knapp 90 Billionen US-Dollar verwaltet. Blackrock prognostiziert, dass der Markt für nachhaltig ausgerichtete Indexfonds bis 2028 von 25 auf 400 Milliarden US-Dollar anwächst. Und erste Börsen wie in Südafrika und Brasilien verpflichten die bei ihnen gelisteten Unternehmen dazu, regelmäßig über den Umfang ihres ESG-Engagements zu berichten.

Sie haben erkannt, was Wissenschaftler weltweit seit Jahrzehnten feststellen und 2015 nochmals bestätigten. In der bislang umfangreichsten Metastudie fassten Forscher der Universität Hamburg 2250 Studien der vorangegangenen 40 Jahre zusammen und analysierten deren Ergebnisse hinsichtlich der finanziellen Leistung von ESG-Anlagen[12]. Das Ergebnis: Zwei Drittel der Arbeiten belegen eine positive Korrelation, und mehr als 90 Prozent weisen keine negativen, sondern mindestens gleichwertige Effekte auf die Rendite aus. Autor und BWL-Professor Alexander Bassen, der sich an der Uni Hamburg insbesondere mit Kapitalmärkten und Unternehmensführung befasst, erklärte: ▶▶▶ **Der Business Case für nachhaltigkeitsorientierte Anlagen ist fundiert.** ◀◀◀ Fiona Reynolds, Geschäftsführerin der UN PRI, sagte: »Die Studie zeigt klar, dass die Beachtung von ESG-Faktoren bei Investitionsentscheidungen nicht der treuhänderischen Verantwortung widerspricht, sondern im Gegenteil finanzielle Vorteile zusätzlich zum gesellschaftlichen Nutzen hat.«

Welcher der drei Faktoren (E, S, G) in welchem Ausmaß entscheidend für den Erfolg ist oder ob es auf die Kombination ankommt, konnten die Autoren der Meta-Studie nicht klären. Eine Reihe von Details muss erst noch erforscht werden. Für den Finanzmarkt weisen nachhaltige Firmen aber offenbar wünschenswerte Eigenschaften auf. Ihr Geschäft ist mit weniger Risiken behaftet, somit weniger anfällig und unterm Strich zukunftsfähiger.

KOHLEKRAFTWERK ODER ÖKOLANDBAU?

Vor der Finanzkrise 2009 war dieses Wissen weit weniger verbreitet. Als in den USA Banken krachend kollabierten, Unternehmen und Staaten weltweit an den Rand ihrer Existenz getrieben wurden und sie zum Teil nur mit schmerzlichem Aufwand gerettet werden konnten, litten viele private und institutionelle Anleger nicht nur unter erheblichen Verlusten. Halb erstaunt, halb fassungslos stellten sie fest, dass sie nicht wussten, in welchen Anlagen und verschachtelten Investmentkonstrukten ihr Geld steckte. Mit großem Vertrauen hatten sie ihr Vermögen, das nicht selten als Altersvorsorge dienen sollte, Beratern und Banken überlassen, in der Hoffnung, dass diese vermeintlichen Experten den Finanzmarkt verstehen und überblicken. Sie taten es nicht. Sie haben sich mit dem Geld anderer Menschen gierig verzockt.

Die damalige Intransparenz der Geldanlagen ist neben dem gestiegenen ökologischen Interesse, das aus den auch in Mitteleuropa spürbaren Klimafolgen resultiert, ein Grund für das wachsende Interesse an grünen Finanzen. Immer mehr Menschen stellen einen Zusammenhang her zwischen ihrem Vermögen und der Frage, was damit finanziert wird, wenn es auf dem Girokonto liegt, in Aktien investiert oder von einer Pensionskasse aufbewahrt wird. Werden damit Kohlekraftwerke gebaut und Firmen mit nachgewiesenen Arbeitsrechtsverletzungen unterstützt? Oder fließt das Geld in den Aufbau des Ökolandbaus und an vorbildlich handelnde Unternehmen?

Es sind Fragen, die die Umweltbewegung schon in den 1960er- und 1970er-Jahren gestellt hat. Damals gaben die ersten Aktivisten ihre Gegenhaltung auf und begannen, alternative Unternehmen zu gründen. Bioläden kamen auf, dazu nachhaltige Versicherungsmakler, Banken und Investmentgesellschaften, um andere sozialökologische Firmen zu finanzieren.

Das passiert heute wieder. Zum einen durch die Bundesregierung, die sich vorgenommen hat, Deutschland zu einem »führenden Sustainable Finance Standort« zu entwickeln – nachdem das Thema im internationalen Vergleich lange ignoriert wurde. Ein zusammengestellter Beirat mit Mitgliedern aus Fintechs, Ratingagenturen, Realwirtschaft, Versicherungen, Banken, Wissenschaft, NGOs, Finanzwirtschaft und Aufsichtsbehörden soll Vorschläge für wirkungsvolle Maßnahmen ausarbeiten; der Rat für Nachhaltige Entwicklung hat zusammen mit der Deutschen Börse AG zudem für alle beteiligten Akteure ein Netzwerk gegründet, das »Hub for Sustainable Finance« (H4SF).[13]

Zum anderen wurden in den vergangenen Jahren privatwirtschaftliche Förderprogramme und Akzeleratoren für sozialunternehmerische Start-ups ins Leben gerufen. Wer Unterstützung sucht, kann sich an Crowdfunding- und Crowdinvesting-Plattformen wie

GLS Crowd, Bettervest, Ecocrowd oder Econeers (neben den bekannten, allgemeiner orientierten Kickstarter, Startnext und Indiegogo) wenden und sich bei Impact-Investoren bewerben, die für ihr Geld eine soziale Rendite suchen. Dazu gehören Organisationen wie Tivola Ventures, Social Venture Fund, BonVenture, Schwab Foundation for Social Entrepreneurship, Tengelmann Ventures, Finanzierungsagentur für Social Entrepreneurship und Good Profits ebenso wie die Kreditanstalt für Wiederaufbau (KfW) oder Stiftungen wie die Vodafone Stiftung Deutschland.

Eine besondere, hybride Form der Finanzierung stellt der soziale Wirkungskredit dar, »Social Impact Bond« genannt. Die Idee stammt aus Großbritannien, wurde auch in den USA schon erfolgreich angewendet und 2015/2016 in Augsburg zum ersten und bislang einzigen Mal in Deutschland getestet, um jungen Erwachsenen, die keine Ausbildung und keinen Job haben, eine neue Perspektive zu geben. Weil der bayerische Staat mit seinen Möglichkeiten kaum noch Einfluss auf sie nehmen konnte, übernahmen mehrere Stiftungen, Vereine und Initiativen die Aufgabe und gingen in Vorleistung. Sie finanzierten das Projekt vorab und wurden erst nach einer abschließenden, unabhängigen Evaluierung, die den Erfolg bestätigte, vom Staat bezahlt, inklusive einer geringen Rendite. Für das Land Bayern hatte diese Umkehrung der klassischen Finanzierungslogik einen entscheidenen Vorteil: Bei einem Scheitern des Projekts wäre keine Prämie fällig gewesen.

Maßgeblich für die Umsetzung eines Social Impact Bond ist das Definieren von Kriterien und die Frage, was als Erfolg gilt. Die Wirkungsmessung ist im sozialen Bereich grundsätzlich nicht trivial und zum Teil unmöglich; einige, wie die Berliner Beratung Phineo, die sich auf den sozialen Sektor spezialisiert hat und geprüften Unternehmen ein »Wirkt!«-Siegel verleiht, vermeiden deshalb das Wort »Messung« und sprechen von »Analyse«. Die Wirkungstreppe von Phineo veranschaulicht die verschiedenen Stufen von Wirkung und den Unterschied von Output, Outcome und Impact.

DIE WIRKUNGSTREPPE

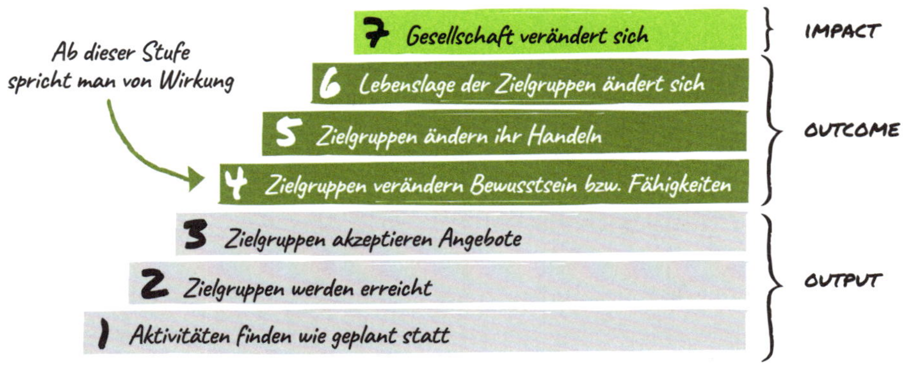

Andererseits fordern immer mehr professionelle Investoren und private Anleger Nachweise ein, nicht zuletzt, um sich vor Überraschungen zu schützen, wie sie die VW-Aktionäre im September 2015 erlebten. Als der Dieselskandal bei Volkswagen aufflog, war der Automobilhersteller im Dow Jones Sustainability Index (DJSI) gelistet als vorbildlicher Konzern, der seinen Teil zur Lösung der globalen Klimakrise beiträgt. Dem weltweit führenden Börsenindex für Nachhaltigkeit war der jahrelange Betrug entgangen. Er hatte ganz offensichtlich keine Werkzeuge und Methoden, um rechtzeitig reagieren zu können. Nach Bekanntwerden schmiss der DJSI Volkswagen umgehend aus dem Index – trotzdem war seine Glaubwürdigkeit angekratzt. Und die Anleger verprellt und geschädigt. Auch der Öl-Konzern BP und Tepco, der Betreiber des havarierten japanischen Kernkraftwerks in Fukushima, fanden sich schon in als nachhaltig etikettierten Fonds wieder – ein ähnlicher Fall des Greenwashings wie der des eingangs erwähnten Impact World Equity Fund von Blackrock.

Um die Spreu vom Weizen zu trennen, haben andere Fonds Anlageausschüsse als Qualitätssicherung etabliert. Im Auftrag des Anbieters

Quelle Grafik: Phineo Wirkungsmatrix aus dem Kursbuch Wirkung, Dezember 2018

Ökoworld, einem Pionier in Deutschland, kommen mehrmals im Jahr elf Experten zusammen, um über neue und kritische Unternehmen in ihrem Anlageuniversum zu diskutieren und dem Fondsmanagement Vorgaben zu machen: Erst wenn der Öko-Ausschuss seinen Daumen hebt, darf investiert werden. Fliegt der Titel zu einem späteren Zeitpunkt wieder raus, weil er negativ aufgefallen ist, muss das Geld abgezogen werden. Sehr ähnlich läuft es beim B.A.U.M. Fair Future Fonds. Zur Wahrung der konsequenten sozialökologischen Ausrichtung wurde ein Nachhaltigkeitsbeirat mit 13 interdisziplinär ausgewählten Fachleuten zusammengestellt.

Wieder andere Fonds lassen sich durch das Forum Nachhaltige Geldanlage zertifizieren. Seit 2015 verleiht der Verein einmal im Jahr ein Siegel an Anbieter, die zu einem Katalog von mehr als 80 Fragen Stellung bezogen haben, Investitionen in Atomkraft, Waffen und Rüstung und weitere Sektoren ablehnen sowie Arbeits- und Menschenrechte berücksichtigen, die Umwelt schützen und Korruption bekämpfen. Falls notwendig, werden die Kriterien verändert und die Anforderungen verschärft. So dürfen Siegelträger seit 2018 weder Kohlebergbau noch Kohleverstromung sowie die Förderung von Ölsanden und Fracking unterstützen.

Dass solche Kriterien eingehalten werden, wird inzwischen auch von außen überwacht. Kleine, aber schlagkräftige Nichtregierungsorganisationen wie Facing Finance und Urgewald haben es sich zur Aufgabe gemacht, den Geldströmen von Banken, Versicherungen und Fondsgesellschaften nachzuspüren. Mit Erfolg: Urgewald konnte bereits den norwegischen Pensionsfonds und die Versicherungen Generali, Munich Re, Allianz und Axa zu »Divestments« bewegen, zum Abzug ihrer Gelder aus Kohle-Investments. Und der Verein zeigte, dass die Weltbank trotz anderslautender Versprechen noch immer fossile Energien unterstützt. Facing Finance veröffentlicht regelmäßig seinen »Fair Finance Guide«[14], mit dem Bankkunden die »soziale und ökologische Performance« ihres Geldinstituts überprüfen können. Commerzbank, Deutsche Bank oder HypoVereinsbank landeten im aktuellen Ranking wieder im roten Bereich und damit auf den hinteren Plätzen. Ganz vorne, weiterhin: nachhaltige Banken wie GLS Bank, Ethik Bank und Triodos, die hohe Ansprüche an ihr Geschäft stellen und diese erfüllen. Offenbar wird das von den Kunden geschätzt. Während viele herkömmliche Häuser Probleme haben, wuchsen die 14 grünen Impact-Banken in Deutschland zuletzt um satte acht Prozent. Und es kommen weitere Akteure dazu. Die junge Online-Bank tomorrow, die im Herbst 2018 ihren Betrieb aufnahm, kommt ohne Filialen aus und zeigt, wie die nächste Generation des Mobile Banking und Impact-Investments funktioniert. Ein Ziel, das die Gründer verfolgen: Ihre Kunden sollen in der App eines Tages ablesen können, welchen CO_2-Ausstoß einzelne Käufe und Überweisungen nach sich ziehen.

Überwachungsmechanismen durch Experten und Ausschüsse sowie Zertifikate und Siegel tragen dazu bei, Investoren in der Spur zu halten und mittelbar natürlich auch die Unternehmen, in die sie investieren. Ein zweiter wichtiger Hebel ist die nachhaltigkeitsorientierte Berichterstattung, die nichtfinanzielle Kennzahlen in den Blick nimmt und gesellschaftliche Wirkung transparent darstellt. Die CSR-Bewegung (»Corporate Social Responsibility«) hat dazu schon einiges angestoßen, aber das Potenzial ist noch wesentlich größer. Nicht nur bei Unternehmen.

NEUE BERICHTE FÜR EINE NEUE WIRTSCHAFT

Das Goethe-Gymnasium in Weißenfels in Sachsen-Anhalt, knapp 50 Kilometer westlich von Leipzig, ist eine stolze Schule mit einer bewegten Historie. 1664 nahm sie ihren Betrieb als Höhere Privatschule für Knaben auf, 1922 wurde der heutige Standort im neobarocken Stil bezogen. Später, zu Zeiten der DDR, firmierte sie als Goethe-Oberschule. Auf das Zurückblicken wollen sich die 742 Schüler und 56 Lehrer allerdings nicht beschränken. Seit einiger Zeit fragen sie sich, welche positiven und negativen Folgen ihr Handeln auf ihre Zukunft hat und was sie verändern sollten. Deshalb haben sie eine Projektgruppe gebildet und einen Nachhaltigkeitsbericht veröffentlicht. Zum ersten Mal in ihrer Geschichte.

Für das Jahr 2017 kann man jetzt nachlesen, dass die Schule insgesamt 12 561 Liter Heizöl, 80 893 Kilowattstunden Strom und 982 Kubikmeter Wasser verbraucht hat. Die siebten Klassen nahmen an dem Projekt »Rollstuhlsport macht Schule« teil, um mehr über die alltäglichen Hürden von Menschen mit Behinderungen zu erfahren. Andere Schülerinnen und Schüler engagierten sich in Seniorenheimen, Asyleinrichtungen und Kindergärten. Die historische Orgel wurde restauriert und gereinigt, und wenn die Oberstufe Partys finanzieren wollte, sammelte sie Altpapier und verwertete es. »Im Allgemeinen herrscht ein ressourcensparender Umgang aller Beteiligten«, heißt es in dem Nachhaltigkeitsbericht auf der Schul-Webseite.[15] »Ökonomie und Ökologie gehen hier ganz im Sinne der Nachhaltigkeit Hand in Hand.« Als Ziel wurde unter anderem festgehalten, künftig nachhaltigkeitsbezogene Projekttage und -wochen durchzuführen und das Thema im Schulprogramm zu verankern. Und sie meinen es durchaus ernst. Für ihren Bericht, der während eines bundesweiten Pilotprojekts des Instituts für Nachhaltigkeitsbildung mit zwölf Pionierschulen entstanden ist, haben sie sich als einziger Teilnehmer an dem Deutschen Nachhaltigkeitskodex orientiert, einem Standard, den sonst nur Unternehmen anwenden und den man in Weißenfels ab sofort regelmäßig aktualisieren und fortschreiben will in den kommenden Jahren.

Den Status quo analysieren, öffentlich Rechenschaft ablegen, sich an definierten Zielen messen lassen: Immer mehr Menschen wollen ihr ökologisches und soziales Handeln transparent machen und sich und ihre Organisation zukunftsfähig ausrichten. Was in Schulen und im Bildungssektor noch ungewöhnlich ist, ist in der Wirtschaft schon sehr viel weiter verbreitet. Die Zahl der Unternehmen, die nichtfinanzielle Berichte veröffentlichen, wächst kontinuierlich und damit auch der Grad der Professionalisierung der Berichterstattung. Mit den ersten

Umweltberichten, die alternative Firmen vor 25 Jahren erstellten, haben die heutigen CSR-Reports (»Corporate Social Responsibility«), in denen es um Menschenrechte, Lieferketten, den Klimawandel, Umweltschäden, Stakeholder-Dialoge und gute Unternehmensführung (»Corporate Governance«) geht, nichts mehr zu tun. Es gibt spezialisierte Abteilungen für das Erheben, Bündeln und Aufbereiten der notwendigen Daten und das Überwachen des Fortschritts. Eigens gegründete Agenturen beraten bei der Konzeption, Durchführung und Veröffentlichung, und auf groß angelegten Konferenzen, etwa im Bundesarbeitsministerium, tauscht sich die Branche über die Zukunft des CSR-Reportings aus.

Die Überzeugung dahinter: Der Erfolg eines Unternehmens bemisst sich nicht allein an der finanziellen Bilanz, wenn wir von Future Business sprechen, schon gar nicht. Umsatz und Gewinn in der klassischen Denke spiegeln nur einen Teil des gesamten Bildes wider. Um einen umfassenden Eindruck zu bekommen, muss man breiter und tiefer in eine Organisation hineinschauen und bei der Analyse auch die Mitarbeiter, Zulieferer, Partner, Investoren, lokalen Politiker, Gesellschafter, Gewerkschaften und Kritiker einbeziehen. Erst dann kann man ein Unternehmen zielgerichtet steuern, die negativen Folgen minimieren und positive Leistungen für die Gesellschaft herausarbeiten. Erst dann sind ganzheitliche Bewertungen möglich und transparent.

OFFENLEGUNG IST PFLICHT

Zum Teil ist diese Offenlegung inzwischen Pflicht. Ein wichtiger Schritt. Im April 2017 trat in Deutschland die von der Europäischen Union beschlossene Richtlinie 2014/95/EU in Kraft, wonach kapitalmarktorientierte Unternehmen mit mehr als 500 Mitarbeitern, Banken und Versicherungen ihre Jahresbilanz regelmäßig um einen zweiten – oder besser: integrierten und zeitgleich veröffentlichten – Report ergänzen müssen. Ziel der Initiative ist es, Unternehmen zu mehr Nachhaltigkeit ihres Geschäftsmodells zu bewegen, das Engagement zu messen und über Firmen und Branchen hinweg vergleichbar darzustellen, ähnlich wie das Kennziffern finanzieller Bilanzen ermöglichen.

Einen Standard mit festgelegten Kriterien und Fragen gibt der Gesetzgeber nicht vor. Stattdessen existiert mittlerweile eine Vielzahl von Leitfäden, aus denen Unternehmen für ausgewählte Aspekte und Ziele oder den gesamten Report wählen können. Es gibt – unter anderem – den UN Global Compact, die Kernarbeitsnormen der Internationalen Arbeitsorganisation (ILO), Normen wie ISO 26000 oder ISO 14001, das Label B Corporation, die Global Reporting Initaitive (GRI), das Umweltsiegel EMAS, den vom Rat für Nachhaltige Entwicklung entworfenen Nachhaltigkeitskodex (den sich das Goethe-Gymnasium in Weißenfels zum Vorbild genommen hat), die Gemeinwohlbilanz und die OECD-Leitsätze für multinationale Unternehmen. Einer 2018 veröffentlichten Untersuchung des Deutschen Netzwerks UN Gobal Compact und des Vereins Econsense e.V. zufolge nutzen Großunternehmen vor allem den GRI-Standard, während Unternehmen mit weniger als 1000 Mitarbeitern eher zum Nachhaltigkeitskodex greifen. Von 73 befragten Unternehmen gaben 47 Prozent einen »höheren« und 44 Prozent einen »viel höheren« Aufwand bei der Erstellung des Berichts an, mehr als drei Viertel erklärten zugleich aber, dass sich die Arbeit positiv auf den Prozess- und die Datenqualität auswirken würde.

Andere Marktbeobachter wie die Wiesbadener Investor-Relations-Agentur Cometis AG bezweifeln, dass die von der Europäischen Union erhoffte Wirkung schon belegt werden kann. Sie hat 131 Nachhaltigkeitsberichte von Unternehmen der DAX-Konzerne untersucht, und Vorstand Henryk Deter erklärte danach: »Viele Berichte enthalten leider oftmals Worthülsen.« Zugleich würden Unternehmen messbare Daten zur Nachhaltigkeitsperformance »zu selten berichten«. Außerdem seien die Reports kaum miteinander vergleichbar, da kein einheitlicher Standard existiert und angewendet wird. Das gemeinnützige Institut für Wirtschaftsforschung in Berlin (IÖW) und der Verein future e.V. kommen zu einem ähnlichen Ergebnis. Gemeinsam untersuchen sie herausgegebene Berichte und küren die besten Publikationen. Für ihr zehntes Ranking im Frühjahr 2019 bewerteten sie 69 Berichte aus der Riege der 100 größten deutschen Unternehmen sowie 40 Berichte von kleinen und mittelständischen Firmen[16]. Bei den KMU schnitten Outdoorhersteller Vaude, Bio-Pionier Lebensbaum und der Onlineshop Memo am besten ab; bei den Großunternehmen lagen die Rewe Group, die BMW Group und die Deutsche Telekom AG vorne. Das Fazit der Prüfer: CSR-Reporting sei zur »gängigen Praxis« geworden. Die Forscher verzeichneten eine deutliche Zunahme von Berichten, die zur besseren Kommunikation mit Bewerbern, Investoren oder anderen Interessengruppen um Microsites, interaktive Tools, bunte Broschüren, Videos oder Zusammenfassungen im PDF-Format erweitert wurden. Und neben den DAX-Konzernen und Großunternehmen hätten auch die KMUs ihre Berichterstattung in den letzten Jahren ausgebaut und professionalisiert, so die Autoren. Allerdings gebe es noch große Unterschiede bei der Aussagekraft der dargelegten Informationen und bei der transparenten Darstellung kontroverser Themen. Es sei also fraglich, ob die EU-Richtlinie schon wie erhofft zu einer grundlegenden Veränderung von Geschäftsmodellen geführt habe und Nachhaltigkeit bereits im Kern von einer relevanten Zahl von Unternehmen verankert wurde.

Dass ein CSR-Report nicht zwangsläufig ein grünes Unternehmen nach sich zieht, zeigte auch ein Bericht des »Handelsblatts« im Juli 2019[17]. Demnach reduzierten im Jahr 2018 10 der 30 DAX-Konzerne ihren CO_2-Ausstoß nicht, sondern steigerten ihn, dem vorherigen Hitzesommer und der verstärkten öffentlichen Diskussion über die Folgen des globalen Klimawandels zum Trotz. Zwar konnten die Emissionen insgesamt um 1,2 Prozent gesenkt werden. Aber das ist zu wenig. Die Zeitung zitierte eine Wissenschaftlerin, die errechnet hat, dass die Erde bis 2050 auf eine Fünf-Grad-Erwärmung zusteuert, wenn alle Unternehmen weltweit so viele Emissionen ausstoßen würden wie die DAX-30-Konzerne derzeit.

GEMEINWOHL BILANZIEREN

Der radikalste Berichtsstandard, der versucht, so eine Entwicklung zu verhindern, ist die Gemeinwohlbilanz. Sie wurde von Aktivisten aus dem Attac-Umfeld Österreichs initiiert, soll sich laufend weiterentwickeln und das Ziel verfolgen, unsere heutige soziale Marktwirtschaft in eine dem Gemeinwohl verpflichtete Ökonomie zu transformieren, in der Menschen und Unternehmen weniger in Konkurrenz zueinander stehen und viel mehr miteinander kooperieren. In der dazugehörigen Bilanz geben Unternehmen Auskunft über ihre Beziehungen zu fünf »Berührungsgruppen« (unter anderen »Lieferant*innen, Eigentümer*innen & Finanzpartner*innen und Mitarbeitende«) anhand der vier definierten Themenfelder Menschenwürde, Solidarität und Gerechtigkeit, ökologische Nachhaltigkeit sowie Transparenz und Mitentscheidung. Maximal 1000 Punkte kann ein Gemeinwohlunternehmen sammeln, weil die Fragen aber tief bis in Lieferketten vordringen und sogar der Einsatz umweltverträglicher Putzmittel in einem Bürogebäude eine Rolle spielen kann, kommen selbst vorbildliche Firmen nicht annähernd an die Höchstpunktzahl heran. Bislang sind es überwiegend kleine und mittlere Unternehmen, die eine Gemeinwohlbilanz erstellen, zu den bekanntesten Kopföffnern der Gemeinwohl-Ökonomie (GWÖ) gehören der bereits genannte Outdoorhersteller Vaude (zudem führend im oben genannten CSR-Ranking 2019) und die Sparda-Bank München.

Großunternehmen, vor allem multinationale, scheuen den Kontakt bislang. Forscher des Norbert Elias Center for Transformation Design & Research der Europa-Universität Flensburg wollten deshalb wissen, welche Hürden existieren und ob es Schnittstellen gibt, die zu einer Konzernberichterstattung nach GWÖ-Maßstab führen könnten. Die Wissenschaftler verglichen die Gemeinwohl-Ökonomie mit anderen Nachhaltigkeitsstrategien und diskutierten das Modell in Workshops mit Vertretern von MAN, E.on, Otto Group und dm. Ihr Fazit: Es gibt Faktoren, die für eine Zusammenarbeit sprechen, etwa die von der

GWÖ geforderte Transparenz, der Aktiengesellschaften in Teilen bereits per Gesetz nachkommen müssen. Andere Richtlinien und dominierende Konzernkulturen wiederum bremsen und verhindern eine Annäherung. Beispielsweise fordern die GWÖ-Initiatoren eine Offenlegung aller relevanten Daten inklusive der Gehälter – was die Konzerne allerdings ablehnten, weil sie eine zu starke Verunsicherung der Mitarbeiter befürchteten. Auch die GWÖ-Idee einer intensiven, übergreifenden Zusammenarbeit mit anderen Unternehmen wurde kritisch gesehen: Aufgrund ihrer jeweiligen Größe kann es schnell zum Verdacht der Kartellbildung kommen. Sind die Unternehmen zudem als Aktiengesellschaften eingetragen, müssen sie auch weiterhin ihre Shareholder finanziell zufriedenstellen und können nicht ohne Weiteres auf Umsätze zugunsten einer nachhaltigen, gemeinwohlorientierten Transformation verzichten.

Dass globale Konzerne trotzdem neue Wege bei der Berichterstattung gehen können, bewies Puma 2011. Damals veröffentlichte der Sportartikelhersteller aus Herzogenaurach unter der Führung von Vorstandschef Jochen Zeitz erstmals einen »Ecological Profit & Loss«-Bericht, kurz EP&L. Anders als bei einem klassischen Nachhaltigkeitsbericht, der die Menge der eingesetzten Energie oder des ausgestoßenen CO_2 auflistet, wies Puma in der ökologischen Gewinn- und Verlustrechnung den jeweiligen Kriterien einen in Euro kalkulierten Wert zu und addierte alle Werte zu einer Bilanzsumme. Diese drückte unterm Strich die von Puma verursachten Umweltkosten aus. Zur Begründung sagte Zeitz damals: »Eine zehnprozentige Reduktion von CO_2 bedeutet den meisten Managern nichts. Wenn wir aber sagen, dass wir unsere EP&L um 20 Millionen Euro verbessert haben, ist das sehr viel konkreter.« Um die EP&L zu erstellen, holte sich Puma Unterstützung bei den Beratern von PricewaterhouseCoopers und von der britischen Agentur Trucost. Für ihre Rechnungen griffen sie auf wissenschaftlich fundierte Analysen zu Marktpreisen für CO_2, die Luft- oder die Wasserverschmutzung zurück. Die Bilanz wird seitdem jährlich aktualisiert, und seinem selbst gesteckten Ziel, die Ökobilanz relativ zum Umsatz zu verbessern, kommt Puma nach. Der Konzern arbeitet immer effizienter mit seinen natürlichen Ressourcen. Andererseits: Absolut betrachtet ist die Bilanzsumme deutlich gestiegen, auf zuletzt 511 Millionen Euro im Jahr 2017. Das finanziell erfolgreiche Geschäft mit steigenden Verkäufen führt – trotz der alternativen Betrachtung – zu einem höheren Ressourcenverbrauch.

Zeitgleich mit der Veröffentlichung seiner ökologischen Gewinn- und Verlustrechnung kündigte Puma an, eine Sozialbilanz folgen zu lassen, in der Auskunft über Menschenrechte, Arbeitsbedingungen, Bildung von Gewerkschaften und die Schaffung neuer Jobs gegeben wird. Diesen Plan musste Puma später aufgeben. Die Methodik wäre noch komplexer gewesen als bei der EP&L. Andere Unternehmen versuchen sich trotzdem daran. Eins davon: LafargeHolcim, einer der größten Baustoffhersteller der Welt. In seinem »Integrated Profit & Loss Statement« stellt der Konzern dem finanziellen Gewinn errechnete Annahmen zu sozialökonomischen und umweltbezogenen Faktoren gegenüber, darunter die Aus- und Fortbildung von Mitarbeitern, ihre Gesundheit, Industrieunfälle, CO_2-Ausstoß, Wasserverbrauch oder die Auswirkungen auf die lokale Biodiversität. Das Ergebnis ist ein Gesamtwert, die »Triple-bottom-line calculation«. Wies die finanzielle Bilanz im Jahr 2016 beispielsweise einen Gewinn von 2,252 Milliarden Schweizer Franken aus, lag der IP&L-Wert deutlich höher, bei 4,044 Milliarden. Grund: Auf der positiven Seite wurde der »Stakeholder-Value« (Zahlung von Gehältern, Steuern, Dividenden) mit mehr als acht Milliarden Franken verbucht, was den hohen Schaden durch das emittierte CO_2 (5,9 Milliarden) überkompensierte.

Der Chemiekonzern BASF will künftig einen ähnlichen Weg einschlagen. Unter der Leitung der Vorständin Saori Dubourg hat ein Team, zu dem auch Mitarbeiter von Bosch, Novartis und der Universitäten in Oxford und Harvard zählen, das Konzept »Value to Society« entwickelt, was im Juni 2019 erstmals öffentlich breiter diskutiert und als Vision für einen eigenen Aktienindex als langfristiges Ziel ausge-

geben wurde. Mit ihm sollen negative Folgen auf Klima und Umwelt sowie positive Effekte für Kommunen und Mitarbeiter ein Preisschild bekommen. Dazu zählen die Profite, Gesundheit, Sicherheit, Abfall, Luft- und Wasserverschmutzung, Wasserverbrauch, Löhne, Steuern, Treibhausgasemissionen – sowohl bei BASF-eigenen Produktionen (hier nutzt BASF Primärdaten) als auch entlang der Wertschöpfungskette bei direkten und indirekten Zulieferern (Daten von Industriedurchschnittswerten). Die daraus resultierende monetäre Berechnung erfolgt in Euro. Geht es nach den Vorstellungen von BASF, soll die Methode zum unternehmens- und branchenübergreifenden Standard werden und für Anleger und Investoren eine Ergänzung zum Aktienwert sein. Die ersten Zahlen für die Jahre 2013 bis 2017 fallen für BASF nach eigener Aussage jedenfalls wohlwollend aus: »Die Ergebnisse zeigen, dass unser deutlich positiver Beitrag die negativen Auswirkungen unseres Wirtschaftens deutlich übersteigt – in jeder Stufe der betrachteten Wertschöpfungskette«, verkündet der Konzern auf seiner Webseite.
Als internationales Beispiel nachhaltigkeitsorientierter Unternehmensführung und Berichterstattung sei die B Corporation genannt. Zertifizierte B Corporations »meet the highest standards of verified social and environmental performance, public transparency, and legal accountability to balance profit and purpose.«[18] Wirtschaft im Dienst des Guten ist auch hier die Programmatik, der sich bereits knapp 3000 Unternehmen aus 64 Ländern verschreiben. Zu den bekanntesten und im B Corp Ranking immer wieder ausgezeichneten Unternehmen zählt der Outdoorausrüster Patagonia, der beispielsweise die Nachhaltigkeit seiner Produkte durch besondere Langlebigkeit und Recyclingfähigkeit der verwendeten Materialien anstrebt und so die formulierte Mission – »We're in business to save our home planet«[19] – glaubwürdig verfolgt. Der Fokus liegt auf Outdooraktivitäten wie Bergsteigen, Snowboarding, Surfen, Fliegenfischen, Mountainbiking und Laufsport, die allesamt ohne Motoren und Lärm auskommen und engen Kontakt des Sportlers mit der Natur erlauben, wie Patagonia

betont. Natürlich liegt trotz minimalistischen Stils und trotz Bewusstseins für Wert und Schönheit der Natur in ebendiesem Direktkontakt mit der Natur sowie in den notwendigen Reisen auch eine Belastung derselben. Das Unternehmen fördert deshalb mit Zeit, Geld und Dienstleistungen Projekte für Biodiversität und Naturerhaltung. Für mich sind Patagonia und das deutsche Unternehmen Vaude jeweils Kopföffner, die Balance aus Profit und Purpose, aus wirtschaftlicher und sozialer Wertschöpfung treffen und transparent in diesem Spannungsfeld operieren.

ESG BRAUCHT TSR UND TSI

Harte Zahlen, Daten und Fakten. Sie scheinen mir einer der wichtigsten Hebel auf dem Weg zum Future Business zu sein. Für Großunternehmen, für mittelständische und Familienunternehmen und ebenso für Neugründungen, die gleich von Anfang an die Weichen richtig stellen wollen und können. Wer anders denken und anders lenken will, sorgt sich vielleicht, dadurch wirtschaftlichen Erfolg zur Disposition zu stellen. Das Gegenteil ist der Fall. Wie die Studie »Total Societal Impact: A New Lense for Strategy« der Boston Consulting Group 2017 belegt hat, »erzielen Unternehmen, die sich für Gesellschaft und Umwelt einsetzen, bei sonst gleichen Bedingungen deutlich höhere Unternehmensbewertungen und Margen. Die Untersuchung von mehr als 300 Firmen weltweit weist einen klaren Zusammenhang zwischen dem sogenannten Total Societal Impact (TSI) und dem wirtschaftlichen Erfolg von Unternehmen nach.«[20] Die Studie bestätigt damit auch die eingangs erwähnte Corporate Knights-Analyse. Der TSI saldiert alle positiven und negativen Einflüsse und Auswirkungen eines Unternehmens und sollte gleichberechtigt neben den Total Shareholder Return (TSR) treten. Als Messgröße und Kennzahl für die ganzheitliche Rechenschaft in Sachen Umwelt, Gesellschaft und Governance (ESG).

WANDEL VON UNTEN

Es ist eine Mammutaufgabe, aus etablierten Unternehmen alter Schule moderne Player mit ausgewogener Bilanz zwischen wirtschaftlicher und sozialer Wertschöpfung zu machen und sie nachhaltig und enkelfähig aufzustellen. Eigentlich bräuchte man für diese eine Jahrhunderttransformation auch 100 Jahre. So viel Zeit bleibt aber nicht mehr. Nachhaltige Investitionen und die transparente, integrierte Berichterstattung sind deshalb ebenso hervorragende wie dringende Kopföffner, die diesen Wandel beschleunigen und vorantreiben können. Zugleich dürfen wir die Bemühungen nicht auf die Großen beschränken. Damit würden wir die Chance zum Aufbau von Future Business durch neue Unternehmen übersehen und verpassen.

Gründerinnen und Gründer haben diese Chance. Sie können vor dem Start entscheiden, welche Art von Business sie aufbauen wollen. Alte Schule oder gleich enkelfähig? Fokussiert auf Shareholder-Value oder auch auf Social Impact? Wenigen Menschen dienend oder vielen?

Dabei geht es nicht um Gutmenschentum und Sozialromantik. Social Businesses sind immer auch Businesses, also Unternehmen, die wirtschaftlich erfolgreich sein wollen und müssen. Allerdings können sie von vornherein ihr Unternehmertum, ihre Investitionskraft und ihren Erfindergeist in den Dienst der Lösung gesellschaftlicher Herausforderungen und Probleme stellen – und zwar effektiver und effizienter, als karitative und humanitäre Non-Profit-Initiativen das können.

Zu den bekanntesten Vordenkern des Social Business gehören der Ashoka-Gründer William Drayton und Friedensnobelpreisträger Muhammad Yunus, in Deutschland auch Hans Reitz, der mit Yunus gemeinsam 2007 das Grameen Creative Lab gründete. Sie sind Kopföffner für Social Entrepreneurs und solche, die es werden wollen, für Umdenker und Neudenker. Ashoka hat indische, Grameen bengalische Wurzeln. Ashoka bedeutet in Sanskrit »die Abwesenheit von Leid« und »das Überwinden von Missständen«. Dies inspirierte den Gründer zur Vernetzung von inzwischen weltweit 3200 Social Entrepreneurs, sogenannten Ashoka Fellows. Das Ashoka-Netzwerk betrachtet aber nicht nur diese Unternehmer als »Changemakers«, sondern besonders auch die Jugend, die in Programmen für Universitäten zu sozialer Innovation animiert und zur Auseinandersetzung mit Fokusthemen wie »Empathie von Anfang an« und »Jugend in Verantwortung« motiviert wird.[21] Die Ashoka-Vision ist eine Gesellschaft, in der jeder Einzelne zur Lösung gesellschaftlicher Probleme beitragen und positiven Wandel gestalten kann. Jeder soll die Möglichkeit haben, ein Changemaker zu sein.

Muhammad Yunus vertritt die Überzeugung, dass es eine Welt ohne Armut geben könne. ▶▶▶ **Wenn man die profitmaximierende Brille abnimmt, sieht man die Welt aus einer anderen Perspektive.** ◀◀◀ Der Unterschied zwischen Arm und Reich liege nämlich nicht im unterschiedlichen Wohlstand, sondern in Chancenungleichheit. Die Armen seien die besten Entrepreneure, denn sie müssten täglich innovativ sein, nur um zu überleben. Sie blieben arm, weil ihnen die Chancen fehlten, aus dieser Innovationskraft heraus dauerhaftes Einkommen zu erwirtschaften.[22] Aus dieser Überzeugung heraus gründete Yunus Mitte der 80er-Jahre die Grameen Bank, die das Mikrokreditwesen populär machte und mit der gemeinsam Yunus 2006 den Friedensnobelpreis erhielt. Die Grameen Bank verlieh Geld auch an die Ärmsten, zum Beispiel für die Anschaffung einer Nähmaschine, die dem Kreditnehmer die Möglichkeit gab, das Geld für die Rückzahlung des Kredits zu erwirtschaften und ein auskömmlicheres Leben zu haben. Yunus erlebte mit seiner Idee einiges Auf und Ab, vor allem massive Widerstände aus politischen Gründen in seinem Heimatland Bangladesch. Seine Programmatik ist inzwischen gleichwohl gereift und hat sich weltweit durchgesetzt.

Yunus hat sieben Prinzipien des Social Business definiert: das Adressieren sozialer und ökologischer Probleme, finanzielle und ökonomische Nachhaltigkeit, keine Auszahlung von Dividenden über die Investition hinaus, Rückfluss von Profit ins Unternehmen, umweltverantwortliches Handeln, angemessene und marktgerechte Mitarbeitergehälter sowie Spaß an der Sache. Gemeinsam mit dem deutschen Creative- und Corporate-Responsibility-Berater Hans Reitz gründete Yunus das Grameen Creative Lab mit Sitz in Wiesbaden. Die Organisation verfolgt das Ziel, die Gründung, Finanzierung, Sichtbarkeit und Qualitätssicherung von Social Businesses zu fördern und so an der Befriedigung der dringendsten gesellschaftlichen Bedürfnisse mitzuwirken. Das Grameen Creative Lab ist seit 2007 eine der Keimzellen von Social Business in Deutschland und für die Welt. Daraus angestoßen wurden inzwischen Hunderte von Gründungen, Social Business Hubs, Wirtschaftsinitiativen und wissenschaftliche Programme. Social Business ist an über 100 Universitäten weltweit verankert, allein in Deutschland an 24 Instituten und Lehrstühlen, zum Beispiel an der Technischen Universität München, der Zeppelin Universität in Friedrichshafen, der EBS Business School in Oestrich-Winkel und vielen mehr.

Angesichts der Vielfalt der Initiativen sind auch die Sozialunternehmen selbst nicht alle gleich. Sie unterscheiden sich in ihren Wirkungsmodellen, Geschäftsmodellen, Rechtsformen und vielen weiteren Aspekten. Eine beispielhafte Differenzierung der Ansätze liefert das Social Entrepreneurship Netzwerk Deutschland (SEND e.V.).

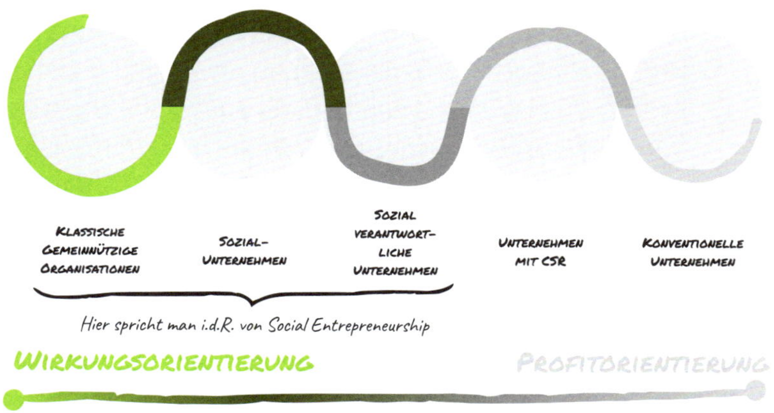

Quelle Grafik: SEND e.V. Social Entrepreneurship Monitor 208

In den letzten zehn Jahren sind über 116 Milliarden US-Dollar weltweit in den Impact-Investing-Markt geflossen – und damit vereinfacht gesagt in die Finanzierung von Sozialunternehmen oder Unternehmen mit Fokus auf sozialem oder ökologischem Mehrwert. Getrieben wurde die Entwicklung von Pionieren wie Impact Water, das mit einem nachhaltigen Geschäftsmodelle fast eine Million Kinder in Uganda mit sauberem Trinkwasser versorgt.
Etablierte Unternehmen unter anderem mit den Vorreitern BASF, Danone, Adidas oder Intel nutzen Social Business als eine Möglichkeit, Werteorientierung und Sinnhaftigkeit ihres Tuns wiederzuentdecken und ihre Kernkompetenzen zu nutzen, um gesellschaftlichen Mehrwert zu stiften. Sie geben damit nicht nur ihrer Corporate-(Social-) Responsibility-Agenda konkrete Gestalt, sondern profitieren auch selbst von Entrepreneurship und Innovationskraft, wenn sie beispielsweise Social Businesses innerhalb des eigenen Unternehmens gründen, sogenannte Spin-ins. Als einer der Pioniere der Idee gilt der ehemalige Cisco-CEO John Chambers. Diese Methode diente jahrzehntelang vor allem forschungsstarken Technologiefirmen dazu, ihre besten Researcher an das Unternehmen zu binden und nicht durch deren Start-up-Gründungen an den Markt zu verlieren.[23] Jetzt erleben Spin-ins eine Renaissance, weil sie nicht nur Forscher, sondern auch Sinnsucher aus anderen Professionen im Unternehmen zu halten vermögen. Deren Arbeit in Projekten mit gesellschaftlichem Nutzen strahlt auch nach innen und inspiriert so das klassische operative Geschäft. Kopföffner für breiteren Wandel.
Im März 2019 hat Ashoka gemeinsam mit McKinsey & Company die Studie »Wenn aus klein systemisch wird« herausgebracht[24]. Die Untersuchungen gingen der zentralen Frage von Ashoka nach: Wie schaffen Sozialunternehmer es, Systeme zu verändern? Was hindert und was fördert sie? Wie groß sind die Potenziale ihrer Lösungen wirklich?
Interviews erfolgten mit einigen der 1700 Sozialunternehmer in Deutschland. Die folgenden vier sehr unterschiedlichen Beispiele aus

dem Gesundheits und Bildungssystem zeigen, wie Sozialunternehmer den Wandel vorantreiben. »Discovering Hands« verbessert die Früherkennung von Brustkrebs mithilfe des besonders ausgeprägten Tastsinns blinder Frauen. »Irrsinnig Menschlich« bietet eine wirksame Prävention psychischer Erkrankungen bei Schülern. »Apeiros« hilft, Schulverweigerer früh zu erkennen und sofort geeignete Maßnahmen zu ergreifen. »Serlo Education« hat die »Wikipedia des Lernens« entwickelt und ermöglicht einen erfolgreicheren Bildungsweg.

Das Potenzial dieser Sozialunternehmer ist gewaltig: Allein eine bundesweite Einführung der Brustkrebsfrüherkennung nach dem Modell von »Discovering Hands« würde nicht nur viele Leben retten – unsere Volkswirtschaft könnte auch einen positiven Effekt von 80 bis 160 Millionen Euro jährlich erzielen, unter anderem durch geringere Behandlungs- und Folgekosten. Alle vier Beispiele zusammen haben ein finanzielles Potenzial von jährlich mindestens einer Milliarde Euro – und das sind nur vier von 72 Sozialunternehmern, die Ashoka derzeit in Deutschland fördert. Wenn also die vier Fälle dem Durchschnitt entsprechen, liegt das finanzielle Potenzial allein der Sozialunternehmer im Ashoka-Netzwerk bei ca. 18 Milliarden Euro pro Jahr.

Dass die neuen Ideen tatsächlich solche Wirkung entfalten, ist jedoch alles andere als selbstverständlich. Denn die meisten Sozialunternehmer entwickeln und erproben ihre Ideen vor Ort und im Kleinen. In der nächsten Phase kommt es dann darauf an, diese Ansätze großflächig in bestehende Systeme zu skalieren und sie nachhaltig zu integrieren. Diese Skalierung gelingt bisher bei weitem nicht allen Sozialunternehmern. Vor allen Dingen die Sozialunternehmer können einiges dazu beitragen, dass sich das ändert, indem man das Gleichgewicht zwischen Social und Business findet. Alleine durch Social fehlt die wirtschaftliche Kraft und Legitimation, die Welt und Systeme zu verändern.

Im März 2018 wurde die Förderung von sozialer Innovation von der Bundesregierung im Koalitionsvertrag verankert. Die Programmatik erfährt zwar noch lange nicht die gewünschte ordnungspolitische

Rückendeckung, dennoch sind positive Impulse zu beobachten. Social Business gibt es seit Jahrzehnten. Noch nie zuvor lag es so im wirtschaftlichen und gesellschaftlichen Trend wie aktuell. Noch nie war die Wirkung so groß.

NACHHALTIGE ORGANISATIONSFORMEN

Nicht alle Unternehmen müssen umdenken oder neu starten, um gesellschaftsverträglicher zu handeln. Einige Organisationsformen haben diesen Daseinszweck von Beginn an eingebaut. Die Rede ist von Familienunternehmen und von Genossenschaften, die Enkelfähigkeit mit großer Selbstverständlichkeit anstreben. Ein wesentlicher Gründerimpetus ist es, »etwas hinterlassen zu wollen«. Konkreter: Sie wollen ihr Unternehmen so entwickeln, dass es stabil an die nächste Generation übergeben werden kann. Dass diese Rechnung nicht zwingend aufgehen muss, ist bekannt und wird vielfach diskutiert. Die Bedeutung des Nachfolgemanagements wird von Familienunternehmern selbst und mehr noch von ihren Beratern als zentrales Erfolgsthema propagiert. Und zahlreiche Studien und Befragungen belegen die kritischen Punkte: Loslassen-können als höchste Kunst der Patriarchen und Matriarchinnen, Neigung und Eignung des Nachwuchses, die Bürde der großen Verantwortung, geplante Umwege in der Ausbildungsphase ohne Rückkehr in den Schoß der Familie, berufliche Einbindung des Partners oder der Partnerin.

Und doch bleiben viele Unternehmen über Generationen in Familienhand. Nicht selten prägen sie als die sprichwörtlichen »Hidden Champions« nicht nur ihre Marktnische, sondern auch ihre Heimat. Sie sind tief verwurzelt, als Unternehmerfamilie, aber auch über Generationen in den Familien ihrer Mitarbeiterinnen und Mitarbeiter. Die gesellschaftliche Nutzenstiftung beginnt auf heimischer Scholle mit Arbeitsplätzen und erstreckt sich nicht selten über Infrastruktur, Bildung, Kultur- und andere Angebote des täglichen Lebens. Und natürlich garantieren sie zahlreichen anderen Unternehmen in ihrem

Umfeld bis hin zum örtlichen Handel, Klein- und Kleinstunternehmen ein auskömmliches Dasein.

Klingt alles gut, wird aber unter Bedingungen dynamischen und tiefgreifenden Wandels auch schnell zur Last. Wenn disruptive Eindringlinge das Geschäftsfeld entern oder Plattformen den Kundenzugang kontrollieren und damit vom Ende der Wertschöpfungskette her die Macht übernehmen, dann trifft das die Familienunternehmen genauso wie jedes andere. Die Organisationsform ist für derlei Marktwirkungen irrelevant. Auch hier, wie bei Social Businesses, ist deshalb kein Platz für Sozialromantik und ähnliche Klischees. Die größte Verantwortung der Familienunternehmer ist es, wirtschaftlichen Erfolg und damit finanzielle Enkelfähigkeit des Unternehmens dauerhaft sicherzustellen. Alles andere folgt. Und doch können Familienunternehmen sich glaubwürdig als Gegenmodell zum Raubtierkapitalismus positionieren. Zum einen, indem sie ihre Mitarbeiter in ihre Zweckbestimmung, ihren Purpose einbinden und das auch kommunizieren. Familienunternehmen haben eine lange Tradition der Identitätsstiftung. Sie können sich auf die Solidarität ihrer Mitarbeiterinnen und Mitarbeiter verlassen, auch wenn sie ihnen heute vielleicht nicht mehr lebenslange Beschäftigungsgarantien geben können. Und sie können, gerade wenn es zum Beispiel mit der Übergabe an die eigenen Kinder aus den genannten Gründen nicht klappt, gemeinwohlorientierte Lösungen anstreben – beispielsweise in der Gründung von Stiftungen oder auch der Bildung genossenschaftlicher Organisationen unter Beteiligung der Mitarbeiterinnen und Mitarbeiter.

Was einer alleine nicht schafft, das schaffen viele. Genossenschaften stehen als Wertegemeinschaft ihrer Mitglieder für kooperatives und solidarisches Wirtschaften schlechthin. Selbstverantwortung, Demokratie, Ehrlichkeit, Gleichheit, Gerechtigkeit, Vertrauen – das klingt wie die Blaupause eines Wirtschaftens, das ökonomische und soziale Ansprüche in Einklang bringt. Und genauso waren Genossenschaften von Anfang an gedacht. Heute erleben sie eine Renaissance, auch weil sie Alternativen bieten zur Marktmacht der Großen. War es im vorletzten Jahrhundert die Linderung der Not der Landbevölkerung (Raiffeisens wohltätiger »Weyerbuscher Brodverein«[25]) oder der Handwerker (Schulze-Delitzschs »Rohstoffassoziation« für Tischler und Schuhmacher[26]), so ist heute das David-gegen-Goliath-Motiv ein weiterer Treiber für die Bildung von Genossenschaften.

Die Genossenschaftsidee und -praxis wurde von der UNESCO 2016 als immaterielles Kulturerbe der Menschheit ausgezeichnet. UN-Generalsekretär Ban Ki-moon sagte bei der Auszeichnung: ▸▸▸ **Cooperatives are a reminder to the international community that it is possible to pursue both economic viability and social responsibility.** ◂◂◂ Der Zweck der Genossenschaft ist die Förderung der wirtschaftlichen Tätigkeit ihrer Mitglieder, insbesondere in den entsprechend Fördergenossenschaften genannten Formen, in denen beispielsweise Handelsgenossenschaften den Absatz der von ihren Mitgliedern erzeugten Waren organisieren oder Genossenschaftsbanken Finanzierung und Zahlungsverkehr. Davon unterschieden werden die Produktivgenossenschaften, in denen die Erzeugung von Produkten oder Dienstleistungen der kollektiv organisierte Geschäftszweck ist.

Weltweit gibt es über eine Milliarde Mitglieder in rund drei Millionen Genossenschaften in mehr als 100 Ländern. Global schaffen Genossenschaften über 100 Millionen Arbeitsplätze, 20 Prozent mehr als multinationale Konzerne. In Deutschland gibt es 22,7 Millionen Mitglieder in rund 7800 Genossenschaften. In den vergangenen Jahren, von 2005 bis 2018, wurden insgesamt über 2700 neue Genossenschaften gegründet. Damit stellen diese Neugründungen bereits ein Drittel aller eingetragenen Genossenschaften in Deutschland.

Ein Beispiel, das ganz direkt auf sozialen Nutzen im großen Stil abzielt, ist die Bildung von Energiegenossenschaften. Rund 1000 solcher Kooperativen gibt es in Deutschland, die Energie aus erneuerbaren Quellen liefern. Insbesondere in der Beschleunigung des Umbaus unserer Energieversorgung – Atomausstieg nach Fukushima, Kohleausstieg zur Bekämpfung des Klimawandels – haben die Energiegenossenschaften Bedeutung gewonnen. Die Energiekonzerne werden als träge und von alter Erzeugungsinfrastruktur belastet wahrgenommen. Und die bis dato marktbeherrschende Stellung der großen Vier (E.on, RWE, Vattenfall und EnBW) steht ihrer agilen Anpassung im Weg – angekündigten Strategieschwenks und ersten Schritten des Wandels zum Trotz. Widerstand gegen die Trägheit im Umbau gedeiht an der Basis, in der dezentralen Energieversorgung auf kommunaler Ebene. Hier bietet sich die genossenschaftliche Struktur als Organisationsform besonders an. Sie kommt auch der Prosumentenrolle (Energieerzeuger und -verbraucher in einer Person) der Betreiber von Solar-, Windkraft-, Erdwärme-, Biogas- und anderen Anlagen zur Gewinnung erneuerbarer Energie entgegen. »Es entsteht eine neue bürgerliche Energiesouveränität, die sich positiv auf die Energieeinsparung und Energieeffizienz auswirken wird.«[27] So entsteht vielfältiger sozialer Nutzen: Beteiligung der Bürger an der Wertschöpfung aus Energieerzeugung und -vermarktung, Beschleunigung der Wende hin zu erneuerbaren Energien, mithin positiver Einfluss auf das Klima. Ein Musterbeispiel der Versöhnung von wirtschaftlichem und sozialem Nutzen. Genossenschaften haben in fast allen Branchen Konjunktur. Populär und seit langem bekannt sind Wohnungsbaugenossenschaften, die in Deutschland bezahlbaren Wohnraum und gemeinschaftliches Wohnen für rund fünf Millionen Bewohner zur Verfügung stellen. Als Eigentümer der Genossenschaft sind die Bewohner motiviert, aktiv zu Gestaltung und Pflege des Immobilienbestandes beizutragen. Weniger bekannt sind Genossenschaften für Marketing, Kommunikation und Medien. Die »taz« ist ein Urgestein dieser Art von Genossenschaften – die Digitalisierung und damit die Demokratisierung der Kommunikationskanäle und Plattformen hat aber in den letzten Jahren hier auch für neue Gründungen gesorgt. Der Wunsch nach Sinnstiftung und New Work findet hier expliziten Ausdruck: beispielsweise bei der Wigwam eG aus Berlin, nach eigener Darstellung »Kampagnen-Agentur, Organisationsberatung und Design-Studio. Aber nur für das Gute.«[28] Oder in der dezentralen Webdesign- und Beratungsgenossenschaft Reinblau eG[29], deren 20 Mitglieder sich Holacracy als Managementsystem auf die Fahnen schreiben: sich selbst organisierende Teams statt klassischer Hierarchie. Die RiffReporter sind 90 Journalistinnen und Journalisten, die genossenschaftlich organisiert »der Gesellschaft vielfältigen Journalismus mit Tiefgang« bieten und sich Unabhängigkeit, Fairness und Faktentreue auf die Fahnen schreiben.[30] Der redaktionelle Schwerpunkt der meisten RiffReporter-Projekte liegt erkennbar auf Innovations-, Umwelt- und Nachhaltigkeitsthemen.

Muster wie diese ziehen sich durch alle genannten Beispiele – Shareholder-Value und Stakeholder-Value gehen Hand in Hand. Sie ermöglichen und verstärken einander wechselseitig. Darauf stützt sich meine vierte These, die ich im zweiten Kapitel beschrieben habe: die Anreicherung eines neuen ökonomischen Betriebssystems um sozial-kooperative Elemente. Future Business ist nicht nur möglich, sondern in jeder Hinsicht wirtschaftlich und gesellschaftlich nützlich. Ich finde das ausgesprochen ermunternd für jede und jeden Einzelnen. Die individuelle Perspektive ist die nächste Marschrichtung auf unserem Future Business Kompass. Ihr folgen wir jetzt.

---

1 Dörner, Astrid; Schäfer, Daniel: »Blackrock-CEO Larry Fink: ›Der Kapitalismus ist zu weit gegangen‹«, in: »Handelsblatt« vom 19.4.2019

2 Stiglitz, Joseph E., »Beyond GDP« in: »Corporate Knights Magazine«, Winter 2019 Issue

3 »2019 Global 100«, Januar 2019, https://www.corporateknights.com/reports/2019-global-100/

4 https://www.msci.com/acwi, Dezember 2018

5 »Middelhoff verteidigt Pendeln per Hubschrauber«, in: »Süddeutsche Zeitung« vom 2.6.2019

6 Zurheide, Jürgen: »Kein Zeichen von Sieg«, in: »Tagesspiegel« vom 22.12.2005

7 Steingart, Gabor: »›Held des Rückzugs‹: Christian Sewing hat mit der Deutschen Bank Historisches vor«, in: »Süddeutsche Zeitung« vom 8.7.2019

8 https://www.plurale-oekonomik.de/das-netzwerk/ziele-und-aktivitaeten/, 2019

9 Beckenbach, Frank; Daskalakakis, Maria; Hoffmann, David: »Zur Pluralität der volkswirtschaftlichen Lehre in Deutschland (EconPlus)«, Metropolis Verlag, Weimar bei Marburg (2016)

10 Forum Nachhaltige Geldanlage: »Marktbericht Nachhaltige Geldanlagen 2019«, Berlin (Juni 2019)

11 Global Impact Investing Network: »Core Characteristics of Impact Investing«, https://thegiin.org/characteristics, 2019

12 Friede, Gunnar; Busch, Timo; Bassen, Alexander: »ESG and financial performance: aggregated evidence from more than 2000 empirical studies«, in: »Journal of Sustainable Finance & Investment«, Issue 4 (2015)

13 Hub for Sustainable Finance (H4SF), https://www.h4sf.de

14 FairFinanceGuide Deutschland, https://www.fairfinanceguide.de, Mai 2019

15 Institut für Nachhaltigkeitsbildung: »Zukunftsorientiert, weltoffen und traditionsbewusst – Ein Nachhaltigkeitsbericht für das Goethegymnasium Weißenfels«, Münster, Weißenfels (2018)

16 Scholl, Gerd; Waidelich, Paul; Schicht, Felix; Institut für ökologische Wirtschaftsforschung und future e.V. – verantwortung unternehmen (Hrsg.): »Nachhaltigkeitsberichterstattung in Zeiten der Berichtspflicht«, Berlin (April 2018)

17 https://www.handelsblatt.com/unternehmen/management/klimaziele-dax-konzerne-auf-fuenf-grad-kurs-so-faellt-die-co2-bilanz-der-grossunternehmen-aus/24529784.html, Juli 2019

18 https://bcorporation.net/about-b-corps

19 https://www.patagonia.com/company-info.html

20 »BCG-Studie: Soziales und ökologisches Engagement von Unternehmen zahlt sich wirtschaftlich aus«, Presseinformation zur Studie »Total Societal Impact: A New Lense for Strategy«, The Boston Consulting Group (November 2017), https://www.bcg.com/de-de/d/press/7Nov2017_PM_TotalSocietalImpact_GerAus-176085

21 https://www.ashoka.org/de-DE/ashokas-geschichte

22 https://grameencreativelab.com/about-us/

23 https://www.businessinsider.de/ciscos-new-ceo-ditches-spins-ins-2015-11?r=US&IR=T, November 2015

24 Muehlenbein, Odin: »Studie von Ashoka und McKinsey zeigt Milliardenpotenzial von sozialen Innovationen«, Presseinformation zur Studie »Wenn aus klein systemisch wird – das Milliardenpotenzial sozialer Innovationen«, Ashoka.org (März 2019)

25 Staab, Jürgen: »Erneuerbare Energien in Kommunen – Energiegenossenschaften gründen, führen und beraten«, 4.Auflage, Springer Gabler, S. 18

26 Wendt, Wolf Rainer: »Geschichte der Sozialen Arbeit 1«, 6. Aufl., Springer VS, 2017, S. 163

27 Staab, Jürgen: a.a.O., S. 9

28 https://wigwam.im

29 https://reinblau.de

30 https://www.riffreporter.de

WANDEL-MOTOR MENSCH

WHY YOU DO IT

Wow! Wie inspirierend war dieser TEDx-Talk 2009. Mehr als 45 Millionen Mal wurde die Aufzeichnung inzwischen auf YouTube angeklickt und ist damit eines der erfolgreichsten TEDx-Videos. »Start with Why« – »Beginne mit dem Warum«. Simon Sinek, US-amerikanischer Autor, Dozent und Berater, erläutert, warum manche Leader mit ihren Produkten, Ideen und Projekten erfolgreich sind – und andere nicht.[1] Sie haben einen starken inneren Grund, warum sie tun, was sie tun. Warum sie sich unbeirrt dafür einsetzen. Und vor allem: warum ihnen so viele Menschen folgen.

Simon Sinek meint, das habe eine einfache Ursache. Solche Leader kommunizierten anders als die meisten Menschen. Normalerweise laufe es so: Wer ein Produkt herstelle, einen Dienst leiste oder eine Idee propagiere, preise die harten Fakten an, bewerbe den günstigen Preis, erkläre die Details (»What«). Nur wenige könnten darüber hinaus beschreiben, wie sie ihr Angebot machen, was das Besondere an ihrem Produkt sei, wie die Idee wirke (»How«). Und kaum jemand dringe bis zur Erklärung vor, warum er dieses Angebot eigentlich mache (»Why«). Und dann nennt er inspirierende Gegenbeispiele.

Sie drehen den Spieß um und erklären zuerst, warum sie etwas tun, dann, wie sie es tun, und erst dann, was sie tun: Apple ist so innovativ, weil das Unternehmen den Status quo infrage stellt. Immer und immer wieder. Und nicht, weil es Computer, Tablets und Smartphones baut. Orville und Wilbur Wright hatten den Traum vom Fliegen und steckten ihr Team damit an. Apropos Traum: Martin Luther King war gewiss nicht der einzige Farbige, der sich in den USA gegen die Rassentrennung stellte. Aber ihm folgten Tausende, auch ohne Werbung und Social Media. Weil er, wie Sinek sagt, »einen Traum hatte – und nicht, weil er einen Plan hatte«. Bei ihnen allen und bei praktisch allen erfolgreichen Leadern steht das Warum im Zentrum und ist der Anfang von allem. Sinek nennt sein Modell den Golden Circle und erklärt:

▶▶▶**People don't buy what you do, they buy why you do it.**◀◀◀

Er hat mit seinem TEDx-Talk und seinem nicht minder erfolgreichen Buch »Start With Why«[2] Millionen von Menschen und Tausende von Unternehmen weltweit inspiriert, über ihr eigenes »Warum« nachzudenken. Warum sie im Geschäft sind. Welchen Daseinszweck, welchen Purpose sie haben. Die Welle der Selbstbesinnung und der Formulierung von Haltung und Werten, die in den letzten Jahren zahlreiche Unternehmen erfasst hat, profitierte davon. Denn in seiner schlichten Schönheit ist »Why-How-What« auf praktisch jede Organisation und jeden Einzelnen anwendbar. Und mit unserer Rolle als Individuum und den notwendigen Veränderungen auf dem Weg zu Future Business wollen wir uns nun näher befassen.

WAS UNTERNEHMEN KÖNNEN, KÖNNEN WIR SCHON LANGE

Warum stehen wir jeden Morgen auf? Weshalb machen wir genau den Job, den wir machen? Welcher Sinn, welches Bedürfnis, welche Erwartung steckt dahinter? Spontan ist die erste Antwort vielleicht »Na ja, um Geld zu verdienen.« Das wäre weder ungewöhnlich noch verwerflich. Geld zu verdienen ist die Voraussetzung für die Befriedigung zahlreicher Bedürfnisse. Seitdem der Mensch sesshaft wurde und begann, seinen Alltag arbeitsteilig zu organisieren, treibt er Handel. Lange Zeit Naturalien tauschend, aber auch schon gut 2500 Jahre lang mit Geld als Zahlungsmittel. Wir sind gründlich daran gewöhnt. Und für die Befriedigung der materiellen und mittelbar materiellen Bedürfnisse in der Maslowschen Pyramide[3] ist Geld eine wesentliche Voraussetzung. Wir tauschen Arbeit gegen Geld und Geld gegen Waren, die uns satt, warm, gesund oder geschützt halten. Die uns Ansehen, Zugehörigkeit, Status oder Respekt verschaffen. Interessanterweise nehmen diese Abhängigkeit vom Geld und das Streben danach ab, wenn es an der Spitze der Pyramide um die Selbstverwirklichung geht – also um das Bedürfnis, im Rahmen der eigenen Möglichkeiten die beste Version seiner selbst zu werden. Hier, bei der Frage nach dem Sinn, nach der Bestimmung des eigenen Lebens für sich und andere, tritt die zwingende einfache mathematische Funktion zwischen den verfügbaren Mitteln und dem Grad erreichbarer Bedürfnisbefriedigung in den Hintergrund.

Untersucht haben dies 2010 der Ökonom Angus Deaton und der Psychologe Daniel Kahnemann in ihrer Studie »High income improves evaluation of life but not emotional well-being«.[4] Sie kamen nach der Analyse von 450000 Gallup-Interviews mit US-Amerikanern aus den Jahren 2008 und 2009 auf ein Jahreseinkommen von damals 75000 US-Dollar als Grenzwert, bis zu dem die tagtägliche Lebenszufriedenheit (»emotional well-being, … the emotional quality of an individual's everyday experience«) mit dem Einkommen wächst. Ab Erreichen der Grenze ist Schluss damit. Mehr Einkommen verhilft einem nicht zu einem Mehr an tagtäglicher Lebenszufriedenheit. Lediglich die allgemeine Gesamteinschätzung des Lebensglücks wachse weiter, ohne überhaupt einen nennbaren Deckel zu erreichen, so die Autoren. Dass es reicht, den Kühlschrank regelmäßig füllen zu können, einigermaßen komfortabel zu wohnen und ein paar weitere Basics relativ sorglos sicherstellen zu können, um die Stufe maximalen Alltagsglücks zu erreichen, ist ein wohltuendes Ergebnis dieser Studie. Wer das erkennen, für sich selbst bestätigen und aufrichtig nachempfinden kann, erlangt Freiheit. Und kann sich offen mit Fragen nach dem Sinn beschäftigen.

SINNSUCHE IM IMMATERIELLEN

Sinnsuche stellt Immaterielles in den Vordergrund. Tiefe innere Zufriedenheit ist nicht einfach käuflich. »Im Gegenteil!«, möchte man rufen angesichts des Hechelns und Hetzens, das manchen Arbeitstag prägt. Und was ist abends erreicht? Welcher bleibende Wert ist geschaffen,

welcher Eindruck hinterlassen? Hat sich wieder alles nur darum gedreht, Geld zu verdienen, mit dem wir uns Wünsche erfüllen, die ohne das viele Geld nicht da wären? Ist da nicht noch etwas anderes?
Natürlich wird jeder von uns diese Fragen individuell beantworten. Und gewiss gibt es zahlreiche Menschen, die sehr glücklich sind über das, was sie tun. Auch materiell. Und um nicht falsch verstanden zu werden: Dies ist kein Plädoyer für Selbstkasteiung um der Selbstkasteiung willen, kein Aufruf, durch größtmöglichen Verzicht endlich ein besserer Mensch zu werden. Nur ein Aufruf, die Sinne für das wirklich Wichtige zu schärfen. Denn ebenso gibt es zahlreiche Menschen, die nicht wirklich glücklich sind. Sie leiden an den Umständen, unter denen sie ihrer Arbeit nachgehen. Leiden an mangelnder Anerkennung und Förderung, an übertriebener Kritik oder an der Ignoranz ihrer Chefs, die ihr Potenzial nicht erkennen oder keine Möglichkeit sehen, es zu heben und zu nutzen. All das treibt Menschen zunächst in latente Unzufriedenheit und, wenn's reicht, nach Schlüsselmomenten und -ereignissen in die offenkundige und bewusste Suche nach der Verbesserung der Verhältnisse. Denn das Gras muss doch irgendwo anders grüner sein.
So vielfältig die Menschen sind, so groß ist natürlich die Bandbreite der Empfindungen und Erfahrungen. Der eine ist nicht für die Arbeit geboren und irgendwann aus dem Arbeitsmarkt herausgefallen. Der andere lebt nur für die Arbeit und ist stets am Anschlag seiner Auslastung. Beide können ihren Alltag als grandios oder grausam empfinden. Oder irgendetwas dazwischen. Und auch hier gilt: Die rein materielle Betrachtung der Unterschiede springt zu kurz.

NEIGUNG
EIGNUNG

Der springende Punkt ist eher, ob jemand entsprechend seiner Neigung arbeiten und dank entsprechender Eignung seinen Lebensunterhalt erfolgreich bestreiten kann. Idealerweise liegen Neigung und Eignung ganz eng beieinander. Interessant ist in diesem Zusammenhang, dass Neigung eine Ich-Aussage ist, Eignung dagegen eher von Dritten zugemessen wird. In den vorgezeichneten Berufslaufbahnen früherer Generationen – in denen oft die Profession des Vaters oder Großvaters auch die eigene wurde – dominierte die individuelle Einhegung, die bis hin zur Unterdrückung anderweitiger Neigungen ging. Glück und Zufriedenheit waren eher Zufallstreffer, Pflichterfüllung und Gehorsam höher priorisiert. Erst die Emanzipation der jüngeren Generationen von elterlichen Erwartungen hat Neigung und Eignung in den Vordergrund gerückt und so die Voraussetzungen für aus sich selbst heraus sinnerfüllte Arbeit geschaffen.

WAS SICH ZU TUN LOHNT, LOHNT SICH, GUT ZU TUN

Dass der Nachwuchs sich zu seinem Beruf berufen fühlen möge, das wünschen sich mehr und mehr Eltern und halten es durchaus gut aus, wenn dabei ein Gegenentwurf zur eigenen Berufslaufbahn herauskommt. Der Satz ▶▶▶ **Was man gern macht, macht man gut** ◀◀◀, der dem US-amerikanischen Journalisten, Goldgräber und Warenhausbesitzer Prentice Mulford zugeschrieben wird, ist zur allgemein akzeptierten Binse der Erfolgsrezepte geworden. Er steht stellvertretend für Spaß an der Sache, Interesse, eine positive Haltung und intrinsische Motivation. Etwas raffinierter kommt der Merksatz des englischen Staatsmanns und Schriftstellers Philipp Stanhope daher: »Was sich zu tun lohnt, lohnt sich, gut zu tun.« Wobei auch hier wieder Wert darauf zu legen ist, das Lohnende nicht ausschließlich materiell zu verstehen. Mich erinnert das an den Helden der Mutter aller Imagefilme: Dieter Schweiger, CEO des Obststandl Didi in München.[5]

S' Leben is a Freid!

Kopföffner-Tipp: Wenn Sie mal kurz schauen wollen (4:24 min)

Blendet man die berechtigte Ebene der Verballhornung von Imagefilmen und ihren Sprechblasen aus, dann wird ein zufriedener und in sich selbst ruhender Unternehmer sichtbar, der all das mit Leichtigkeit ist, was sich große Strukturen mühsam mit Strategien, Prozessen, Produkten, Marken und Kulturprägungen erarbeiten müssen. Ihm ist's Leben sichtlich a Freid. Ich kenne Didi als Kunde seit vielen Jahren, habe schon oft bei ihm eingekauft. Und er ist so, genau so. Sein Beruf ist seine Berufung, sein Leben, seine Leidenschaft.

Wie also geht das, aus innerer Zufriedenheit erfolgreich zu sein, sich Ziele nicht nur zu setzen, sondern zu erreichen und obendrein eine Menge Spaß dabei zu haben? Fest steht: In jeglicher Veränderung wird Sinn noch wichtiger. Wer neu startet, seinen Weg zum persönlichen Future Business finden will – egal ob auf eigene Faust, unabhängig und selbstständig, oder als Teil einer größeren Einheit – der versucht, es dieses Mal besser zu machen. Die Gründe für bisherige Unzufriedenheit zu erkennen und Weichen anders zu stellen. Das ist meist der Moment der Positiv-Negativ-Listen, die dabei helfen, Entscheidungen bewusst zu machen und bewusst zu treffen. Das kennt jeder, der sich schon einmal zwischen verschiedenen Optionen von einiger Tragweite entscheiden musste, idealerweise durfte. Welche Uni ist die richtige? Ist dieser oder jener Job besser? Haus kaufen oder mieten? Kinder jetzt, später, nie? Aber wird die rationale Pro- und Contra-Abwägung derlei Entscheidungen überhaupt umfassend gerecht? Was sagt denn eigentlich der Bauch? Und wie wichtig ist mir das Bauchgefühl? Wer sich diese Frage stellt, begibt sich auf emotionales Terrain und nähert sich damit auch der Frage nach dem Warum, nach dem Sinn.

Sucht man selbst nach einem neuen Job oder als Führungskraft nach neuen Mitarbeiterinnen und Mitarbeitern, dann ist die Frage nach der Passung entscheidend. Vordergründig geht's im Bewerbungs- und Auswahlprozess zwar um Erfahrung, Fähigkeiten und Fertigkeiten. Beide Seiten betonen aber spätestens auf der Zielgeraden eher die Aspekte der persönlichen und kollektiven Eigenschaften und kulturellen Nähe zueinander. Passe ich hierher? Passt sie oder er zu uns? Das beantwortet sich vor allem über Haltung, über Werte, über Zweckbestimmung und Sinn. Unternehmen und Marken machen Identifikationsangebote – nicht nur für ihre Kunden, sondern natürlich auch für ihre Mitarbeiter. Das gilt übrigens auch umgekehrt. Auch wenn die Wirkungshebel verschieden lang sind. Es lohnt sich in jedem Fall, diese Fragen in den Vordergrund zu stellen und explizit zu besprechen. Das mutet anfangs vielleicht seltsam an und bedarf einiger Übung. Für eine tragfähige Future-Business-Entscheidung ist es aber unerlässlich. Anderenfalls führt der Weg nämlich nicht über »Los«, sondern direkt ins Widerstandsnest. Das ist für beide Seiten unbefriedigend.

Sinnsuche im erwerbstätigen Dasein vollzieht sich nicht nur bei individueller Veränderung, aka Jobsuche und Recruitment. Auch in der kollektiven Veränderung geschieht sie – mit ähnlichen Fragestellungen und ähnlichen Herausforderungen für beide Seiten: Unternehmen und Individuum. Oftmals stoßen Unternehmen Sinnsuche aus kritischen Situationen heraus an. Erlebte Sinnlosigkeit ist der Anfang von Sinnstiftung. Das kann ganz nah am Kerngeschäft geschehen, zum Beispiel wenn dieses bedroht, durch disruptive Entwicklungen im Markt gefährdet wird. Oder wenn – siehe Immobilien-, Banken-, Finanz- und Wirtschaftskrise – Unternehmen, Branchen oder gleich der Wirtschaft im Allgemeinen das Vertrauen entzogen wird. Wem die »Licence to operate« nicht mehr gewährt wird, der sucht naturgemäß nach Wegen, sie wiederzugewinnen. Und wenn der Sinn des bisherigen Tuns infrage gestellt ist, muss das »Warum« neu definiert werden.

PASSE ICH HIERHER?

In aufwendigen Purpose- und Value-Prozessen versuchen Unternehmen, ihr Future Business zu beschreiben, ihren Sinn, ihre Zweckbestimmung, ihre Haltung und Werte in Worte zu fassen. Aufwendig ist das deshalb, weil ganze Belegschaften und wesentliche Stakeholder-Gruppen in die Entstehung einer solchen Beschreibung einbezogen werden. Und Berater und Kommunikationsexperten angeheuert werden, die sich damit auskennen. All das ist gut und sinnvoll, solange der Bogen nicht überspannt und auf Vereinnahmung verzichtet wird. Die kulturelle Passung, die in Jobsuche und Recruitment in einer 1:1-Situation verhandelt wird, muss hier nämlich in 1:n-Situationen überprüft werden. Betroffene fragen: Ist das noch mein Laden? Passe ich hier noch her? Unternehmen fragen: Haben wir die Richtigen für unser Future Business? Was erwarten wir künftig? Und nehmen wir alle mit? Einmal mehr gilt auch hier: Die rein materielle und wirtschaftliche Betrachtung springt zu kurz.

DEN „PURPOSE SWEET SPOT" FINDEN

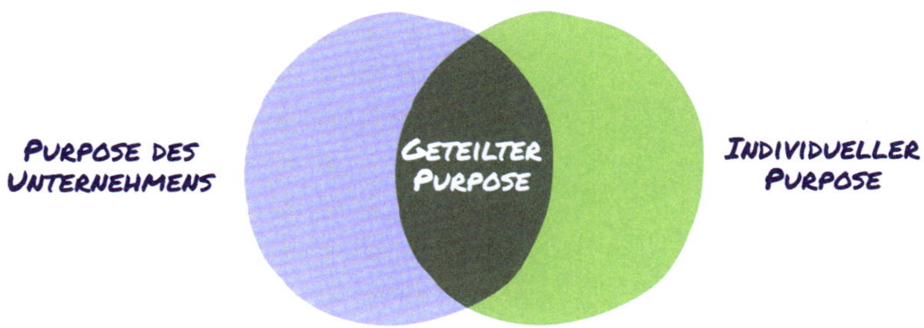

Quelle Grafik: Eigene Darstellung

Offenheit und Entscheidungsfreiheit tut beiden Seiten gut. Natürlich unter Berücksichtigung berechtigter Schutzinteressen. Wer fundamentale Findung inszeniert, um sich im Kern nur von Missliebigen zu trennen, wird zu Recht scheitern und enttarnt. Und wer als Betroffener einfach nur die Wagenburg zufährt, Beteiligung verweigert und sich jeder Veränderung prinzipiell widersetzt, muss sich zu Recht fragen lassen, ob er noch am richtigen Platz ist. Aus dem Weg zu gehen ist das Mindeste, was hier verlangt werden darf.

Es zeigt sich: Konflikte sind vorprogrammiert und Entscheidungen unter Schmerzen zu treffen. Auch wenn sie nicht ganz so dramatisch und eher schleichend daherkommen. Veränderung ist Anstrengung. Mentale vor allem. Doch warum ist das eigentlich so?

Wenn wir Entscheidungen treffen, greifen wir auf Erlebtes zurück. Es ist angenehm vertraut und macht wenig Arbeit. Wir wissen halt, was kommt. Oder glauben es zumindest. Dabei bedienen wir uns mentaler Modelle. Sie entstammen unserer Sozialisation, definieren unsere Komfortzone, bilden sich unbewusst immer stärker aus und beeinflussen unser Denken – positiv wie negativ. Das gilt umso mehr, wenn es um ambitionierte Zielsetzungen und Zukunftspläne geht. Angst vor Veränderungen erschwert deren Umsetzung. Beim Blick nach vorn neigen wir dazu, Risiken stärker zu gewichten als Chancen. Der Wert des Bewährten in der Gegenwart wiegt schwerer als das Unbekannte in der Zukunft. Spatz, Hand, Taube, Dach. Und dann sind da noch die Anderen, die Erwartungen an uns haben. So denken wir. Und gehen auf Nummer Sicher. In Stillstand und Blockade.

MENTALE MODELLE KNACKEN

Wer stets mit denselben mentalen Modellen arbeitet und keine frische Brise an sein Denken lässt, beschneidet konsequent die eigenen Möglichkeiten. Spielfreude, Neugierde, Ausprobieren – die Tugenden der Kindheit, in der alles Veränderung war – gehen flöten. Natürlich haben wir als Erwachsene mehr Verantwortung, oft auch für Partner, Kinder,

Eltern, Dritte. Aber wir haben auch sehr viel mehr Erfahrung. Schade, dass die sich häufig als Gefängnis entpuppt. Das Erfahrungsgefängnis ist der ideale Nährboden für mentale Modelle. War immer schon so. Hat noch nie funktioniert. Warum sollte es dieses Mal anders sein? Wer so denkt, bleibt stehen. Soll sich doch jemand anderes bewegen. Dann schau ich mal weiter. Allerdings ist das schon beim Rangieren an der Engstelle auf dem Parkplatz keine wirklich zielführende Strategie. Und im richtigen Leben erst recht nicht.

Ein mentales Modell ist zunächst nichts weiter als eine möglichst systematische Reihe möglichst realistischer Annahmen über ein wirkendes System. Wir suchen aus der Fülle unserer bisherigen Beobachtungen und Erfahrungen diejenigen aus, die offenbar auf das zu lösende Problem möglichst gut anwendbar sind. Das macht Komplexes greifbarer und Entscheidungen weniger kompliziert. Allerdings vereinfachen solche Modelle die Wirklichkeit. So wie Karten ein Gelände zeigen, unter Auslassung verwirrender Details. Der US-amerikanische Autor und MIT-Sloan-Professor Peter M. Senge hat mentale Modelle – neben »Personal Mastery«, »Shared Vision«, »Team Learning« und »Systems Thinking« – als eine der fünf Kerndisziplinen auf dem Weg zu einer lernenden Organisation definiert. »Mental Models« meinen die Fähigkeit, »über unsere inneren Bilder der Welt zu reflektieren, sie fortlaufend zu klären und zu verbessern und zu verstehen, wie sie unsere Handlungen und Entscheidungen prägen.«[6] Die inneren Vorstellungen vom Wesen der Dinge sollen also an die Oberfläche gelangen, ständige Reflexion herbeigeführt werden. Lernen wird verstanden als Verständnis und – wo nötig – Korrektur der eigenen mentalen Modelle. Und damit die Fähigkeit, den eigenen Standpunkt nicht nur zu vertreten, sondern zu stärken, indem er immer wieder hinterfragt und somit verändert wird. Der Dreiklang Learn, Unlearn, Relearn wird zum Kontinuum der individuellen Lebensagenda.

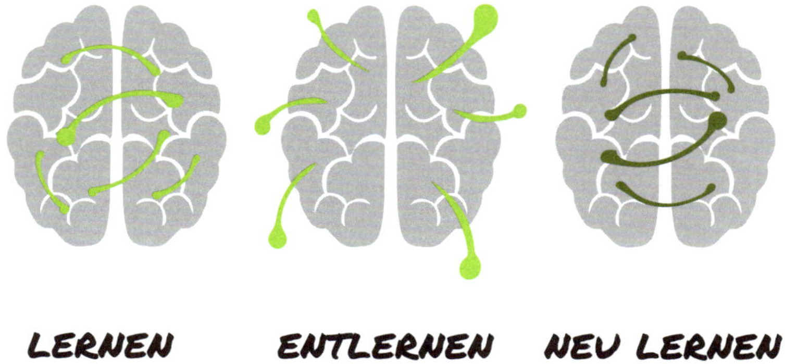

Dass der Mensch durch äußere Impulse lernt und beobachtete Verhaltensweisen nachahmt, ist nicht neu. Kinder lernen so von ihren Eltern, Geschwistern, Erziehern, Lehrern und von anderen Kindern. Sie eignen sich jenes Verhaltensrepertoire an, auf das sie später vor allem auch in schwierigen Situationen automatisch zurückgreifen können. Der entscheidende Vorteil ist, dass auch komplexe Verhaltensmuster abgespeichert werden, von denen man weiß, dass sie funktionieren. Das spart nicht nur Lernzeit, sondern ist vor allem in kritischen Situationen hilfreich, in denen man nicht lange ausprobieren kann, wie man am besten reagiert. Lernen am Modell – wie es der kanadische Psychologe Albert Bandura nennt – sorgt dafür, dass Erfahrungen anderer beobachtet, übernommen und das Verhalten imitiert wird. Erfolge verfestigen das Gelernte. Nach seiner Theorie des sozialen Lernens wird Verhalten nicht nur durch direkt erfahrbare Konsequenzen gesteuert, sondern auch durch stellvertretende Verstärkung (»vicarious reinforcement«), also die Beobachtung von Belohnung und Bestrafung des Verhaltens Dritter.[7]

Quelle Grafik: Eigene Darstellung

WIDER BESSERES WISSEN

Paradoxerweise stärkt soziales Lernen – obwohl auf die Zukunft gerichtet – gerade in großen Organisationen so das Festhalten am Status quo, die Orientierung am Erprobten und seit langem Erfolgreichen. Und das nicht zuletzt auch wider besseres Wissen. Denn was lange erfolgreich war, muss es ja nicht bleiben. Der Entzug der strategischen oder operativen Geschäftsbasis beispielsweise durch Wettbewerber oder auch des Vertrauens und der »Licence to operate« durch Stakeholder geschieht ja nicht von ungefähr. Dafür gibt es Gründe, und die sind ja gerade der Anlass, Future Business zu thematisieren. Und was für Organisationen gilt, gilt eben auch für uns selbst auf dem Weg zu Future Business. Egal ob innerer Antrieb oder äußerer Impuls. Wer sich von seinen bisherigen mentalen Modellen nicht löst, sie sich nicht mindestens bewusst macht und nicht hinterfragt, wird kaum zu neuen Ufern aufbrechen. Und auch das oft wider besseres Wissen.
Schauen wir uns nur die Analogie aus dem täglichen Konsumverhalten an: Absurderweise schaden die meisten Menschen sich und ihrer Umwelt sehenden Auges: Sie essen und trinken zu viel, bewegen sich zu wenig, produzieren vermeidbaren Müll und leben über die Verhältnisse des Planeten – frei nach dem Motto »Nach mir die Sintflut«. Und übersehen bewusst, dass insbesondere die Schädigung der Umwelt und die damit einhergehende Klimakrise zu einer buchstäblichen Sintflut führen können. Aber wessen Haus oberhalb prognostizierter Meeresspiegelhöhen steht, der tut sich schwer, mit den Konsequenzen seines Verhaltens verantwortungsvoll und letztlich enkelfähig umzugehen. Dass betroffene Nachbarn an die Tür klopfen könnten, wird so lange ausgeblendet, bis sie da sind.
▶▶▶Enkelfähigkeit bedeutet für mich die konkrete Arbeit an neuen, gemeinwohlorientierten Lösungen zum Erhalt der Lebensgrundlagen für uns alle einschließlich nachfolgender Generationen◀◀◀, meint dazu Dirk Sander, Gründer der Duisburger gemeinnützigen Anthropia GmbH und Träger der Impact Factory in Zusammenarbeit mit der

Beisheim Stiftung, Franz Haniel & Cie. und der KfW Stiftung. Die Initiatoren fördern Impact-Start-ups, die gesellschaftliche und ökologische Probleme mit unternehmerischen Mitteln lösen wollen, kurz: »Ideen entwickeln, Unternehmen gründen, Gesellschaft verändern.«[8]

Wie also nun von der Erkenntnis zum Handeln kommen? Sollen nun alle Gründer werden? Geht Future Business nur von der Pike auf? Und wenn ich irgendwo Arbeitnehmer bin, kann ich dann Gesellschaft nur außerhalb meines Erwerbslebens verändern? Durch Kindererziehung, soziales Engagement, Freiwilligkeit und Ehrenamt? Geht nicht die ganze Diskussion rund um Roboter und Artificial Intelligence genau in diese Richtung? Dass wir alle weniger oder gar nicht mehr erwerbstätig arbeiten, ein bedingungsloses Grundeinkommen erhalten und nach Gusto in der Freizeit Engagement zeigen? Derlei Überlegungen, Menschen Geld zu überweisen, ohne eine Leistung dafür zu verlangen, stellen große Teile der Arbeit außerhalb des Marktes. Das scheint auf gesamtgesellschaftlicher Ebene schwer vorstellbar zu sein, bestenfalls ein sozialromantisches Wunschbild, aber wenig realistisch.

Marktlogik und verhaltensökonomische Prognosen liefern den nüchternen Kontrapunkt. Kritiker befürchten negative Motivationseffekte, nicht nur bei Langzeitarbeitslosen. So hat der Vorstandschef der Bundesagentur für Arbeit, Detlef Scheele, ein im Juli 2019 in Berlin gestartetes Modellprojekt für Arbeitslose kommentiert. Er finde das solidarische Grundeinkommen problematisch, besonders wenn es sich an Arbeitslose richte, die erst seit ein bis zwei Jahren ohne Job sind. Diese Gruppe solle man lieber fortbilden und vermitteln, als sie öffentlich finanziert in gemeinnützigen Projekten zu beschäftigen.[9]

Überhaupt rückt das bedingungslose Grundeinkommen bisher meistens dann in den Blick, wenn es aus dem Verlust »normaler«, einkommensorientierter Erwerbsarbeit resultiert und dessen Folgen – nicht die Ursachen – bekämpft. Letztlich ist der Ausgangspunkt die prekäre Situation des Einzelnen, dessen Arbeitskraft in Richtung gesellschaftlicher Nutzen umdirigiert wird, wofür die Gesellschaft, organisiert und reguliert über staatliche Institutionen, im Gegenzug den Lebensunterhalt sichert. Als Modell für Future Business scheint das nicht sonderlich geeignet, denn es basiert auf den Annahmen bestehender ökonomischer Modelle. Verändert man die Parameter durch sozialkooperatives Business und lernt von den Erfahrungen der Genossenschaften oder der neu entstandenen Purpose-Stiftungen, dann stellt sich die Frage nach einem bedingungslosen Grundeinkommen nicht mehr. Denn dann sind Mitarbeiter Shareholder und profitieren vom Gewinn des Unternehmens egal wie lange sie dafür arbeiten. Lassen sich heute Aufgaben in Achtstundentagen erledigen und zukünftig durch die Digitalisierung möglicherweise in der Hälfte der Zeit, hilft das Mitarbeiter-Shareholder-Modell. Denn wenn die Gewinne bei weniger Arbeitszeit gleich bleiben oder durch die Produktivität sogar steigen, bleibt Zeit für das, was man wirklich, wirklich tun will. Man hat Zeit für seine individuellen Leidenschaften, Zeit für persönliches Lernen oder um einen Beitrag für die Gesellschaft zu leisten, ohne seinen Arbeitsplatz zu verlieren, ohne Gehaltseinbußen zu haben und ohne ein bedingungsloses Grundeinkommen. Für solche neuen Modelle müssen wir aber unsere alten mentalen Modelle verlassen, neu denken und experimentieren.

GLASKUGEL RAUS – ZUKUNFTSARBEIT!

Beschäftigen wir uns lieber noch mal systematischer mit der Frage, wie wir künftig arbeiten wollen und werden. Ein echter Kopföffner dafür sind die drei Szenarien für das Jahr 2050 des »Millennium Project«[10], in Deutschland vertreten durch die Future Impacts Consulting[11] und die Initiative »Zukunft der Arbeit«[12] der Bertelsmann-Stiftung. Sie basieren auf Hunderten Experteninterviews und wagen einen Ausblick, der den Blick in die persönliche Glaskugel enorm zu schärfen hilft. Bei der Beschäftigung mit den Szenarien drängen sich äußerst interessante Fragen auf: Welches der drei Szenarien halte ich ganz persönlich für besonders wahrscheinlich? Welches für besonders wünschenswert (Achtung, Spoiler: Das ist einfach, denn das optimistischste Szenario heißt »Wenn die Menschen frei wären«)? Wo finde ich mich mit meinen Voraussetzungen, meinem Wissen, meinen Erfahrungen in welchem der Szenarien wieder? Was kann ich als Einzelne/r tun, um mich darauf vorzubereiten? Besser noch: Was kann ich als Einzelne/r tun, um zum Eintritt des bevorzugten Szenarios beizutragen?

Die drei Szenariopfade auf einen Blick

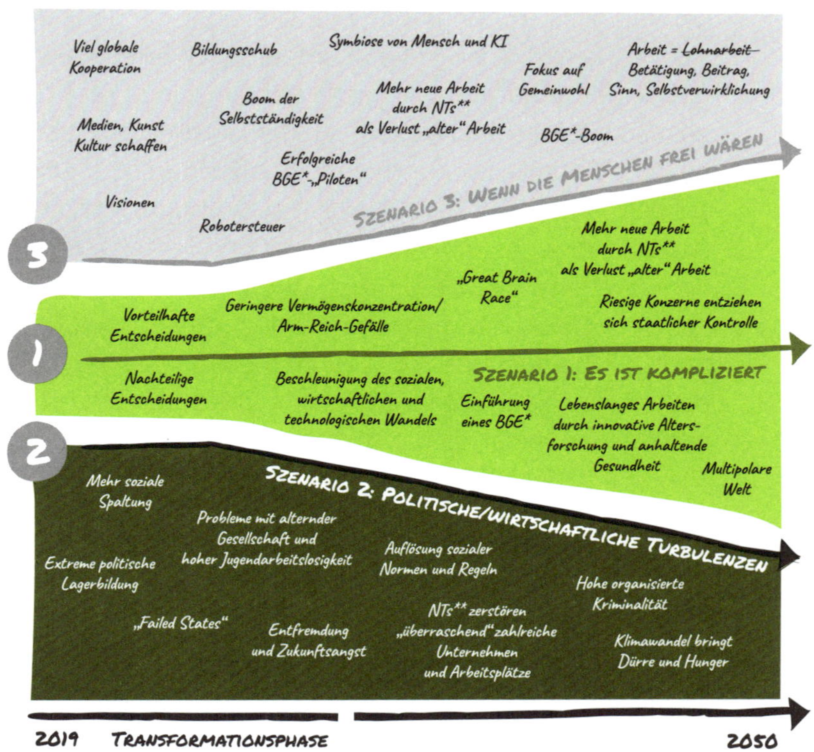

*BGE = Bedingungsloses Grundeinkommen, **NTs = Neue Technologien

Eine Kurzfassung der von den Autoren vorgelegten Kurzfassung ist eine Herausforderung, heißt doch das erste der drei Szenarien (Ach-

Quelle Grafik: Delphi Studie Millenium Projekt, 2019

tung, noch mal Spoiler) »Es ist kompliziert – eine zweischneidige Sache«. Die Lektüre der ausführlichen Beschreibungen wird dringend empfohlen. Als Appetithappen hier die wichtigsten Entwicklungen aus der Sicht des Jahres 2050:

In Szenario 1 – »Es ist kompliziert« – hat die Beschleunigung des sozialen, wirtschaftlichen und technologischen Wandels Wachstum in vielen Feldern mit sich gebracht. Die Zahl der durch neue Technologien geschaffenen Arbeitsplätze übertraf die der verschwundenen. Selbstständigkeit wurde erstrebenswerter, diverse Formen von Grundeinkommen eingeführt, und das Leitbild Ruhestand verschwand. Allgegenwärtiger Betrug im Internet und Informationskriege zwischen Staaten, Unternehmen und sozialen Bewegungen ließen das Vertrauen weiter schwinden. Staatenzerfall, Rezessionen und Klimawandel haben den Migrationsdruck hoch gehalten. Technologiesynergien haben riesige Konzerne geschaffen, die sich staatlicher Kontrolle entziehen.

In Szenario 2 – »Politische/wirtschaftliche Turbulenzen – Zukunft der Verzweiflung« – wurden das Tempo des technologischen Wandels und seine zerstörerische Kraft völlig unterschätzt. Wohlstandsgefälle und Vermögenskonzentration nahmen zu. Extreme politische Lagerbildung verhinderte konstruktiven Diskurs, und wichtige Entscheidungen wurden ständig vertagt. Der Anteil der Beschäftigten in der Schattenwirtschaft ist doppelt so hoch wie in Szenario 1, und weltweit sind von sechs Milliarden Arbeitsfähigen etwa gleich viele Menschen beschäftigt wie arbeitslos – letztere aufgrund eines stärker negativen Beschäftigungseffekts neuer Technologien. Alternde Gesellschaft und hohe Jugendarbeitslosigkeit sorgen für sozialen Sprengstoff, organisierte (Netz-)Kriminalität für permanente Bedrohung. Migrationsdruck aus »failed states« stärkte die politischen Ränder weiter. Soziale Normen und Regeln lösten sich auf, und Entfremdung und Zukunftsangst machten sich breit. Die Welt hat ihre Ordnung verloren.

Szenario 3 – »Wenn die Menschen frei wären – die Selbstaktualisierungsökonomie« – geht von gegenteiligen Effekten neuer Technologien und von breiter Auseinandersetzung mit dem Sinn des Lebens und möglichen Zukünften aus. In diesem dritten Szenario ist die Menschheit vom Broterwerb befreit und richtet sich auf Selbstverwirklichung aus. Voraussetzung dafür war die Einführung des bedingungslosen Grundeinkommens, das aufgrund sinkender Lebenshaltungskosten (technologische Effizienz) und des Anstiegs der Staatseinnahmen (Steuern auf unerwünschten Verbrauch sowie den Übergang zu künstlicher Intelligenz und Robotik) rechtzeitig finanzierbar wurde. Senioren erfreuen sich robuster Verfassung und bleiben länger Steuerzahler. Künstliche Intelligenz und menschliches Bewusstsein koexistieren friedlich. Wer arbeitsfähig ist, arbeitet auch. Der Begriff Arbeitslosigkeit hat keine Bedeutung mehr. Eine nachhaltige Weltwirtschaft deckt die Grundbedürfnisse fast aller Menschen.[13]

UTOPIE ODER DYSTOPIE?

Utopie oder Dystopie oder irgendein Mix dazwischen? Das Wunschszenario für die meisten von uns dürfte eindeutig das optimistische dritte sein. Den Autoren geht es genauso, und so legen sie Handlungsoptionen in fünf Feldern vor: Wirtschaft und Arbeit, Regierung und Governance, Wissenschaft und Technologie, Medien, Kunst und Kultur sowie Bildung und Lernen. Die meisten dieser Handlungsoptionen lesen sich als Aufforderungen an (internationale) Politik, Institutionen und (große) Unternehmen. Und es ist sicher richtig, dass auf dieser idealerweise globalen Ebene wesentliche Weichenstellungen erfolgen müssen. Allerdings, und das ist trügerisch an derlei Hoffnungen: Das dystopische Szenario 2 droht am Horizont, und die Vorboten des Zerfalls öffentlicher Stabilität und Ordnung können wir in unserer heutigen Realität deutlicher wahrnehmen als die Signale bereitwilliger Zusammenarbeit. Wir sind als Individuen nicht auf die Zuschauerrolle festgelegt. Es wäre sogar fahrlässig, sich zurückzulehnen und darauf zu warten, dass irgendein globales Machtgefüge das schon irgendwie regeln wird. Das scheinen auch die Autoren der Szenarien zu spüren: »Für zentral halten wir an den vorliegenden Ergebnissen insbesondere das ›positive‹ Szenario der Selbstaktualisierung, das die mögliche Zukunft eines neuen Arbeitsparadigmas ausmalt. Diese am Gemeinwohl orientierte Arbeit (und Wirtschaft) trägt wesentlich dazu bei, dass nicht nur wesentlich größere Teile der Weltbevölkerung 2050 gute Arbeit haben und ihre Arbeit Sinn macht, sondern eben auch dazu, dass globale Herausforderungen erfolgreich angegangen werden konnten.«[14]

Um es noch mal ganz deutlich zu sagen. Die wichtigste Frage, die wir uns alle stellen können, lautet: Was kann ich als Einzelne/r tun, um zum Eintritt des bevorzugten Szenarios beizutragen? Ob uns die Sinnfrage aus uns selbst heraus an diesen Punkt führt oder ein transformationsfreudiger Arbeitgeber, ob es die Gründung eines eigenen Unternehmens ist oder der nächste Jobwechsel, ist dabei völlig unerheblich. Hauptsache, die Frage wird gestellt und beantwortet. Wie kann sich meine künftige Arbeit (noch) stärker am Gemeinwohl orientieren? Übrigens: Sich diese Frage individuell zu stellen bedeutet ja nicht, dass man damit allein ist. Die Kraft jedes Menschen multipliziert sich in Gemeinschaft mit anderen. Diese Erkenntnis ist so alt wie die Menschheit. Und führt im modernen Wirtschaftsleben zur Sharing Economy – mit allen Nachhaltigkeitseffekten, die Ressourcenteilung mit sich bringt – und im modernen Arbeitsleben zu Kollaboration, in der kollektive Intelligenz nachweislich zu besseren, kreativeren Lösungen führt.

Was also hindert uns noch, gleich anzufangen mit der persönlichen Umorientierung auf Gemeinwohl und Enkelfähigkeit? Wir haben doch kein Erkenntnis-, sondern »nur« ein Umsetzungsproblem. Gut, der eine oder andere sendet Störsignale wie »Warum ich? Ich bin doch gar nicht Teil des Problems!« oder: »Wir hier sind doch nicht schuld am Elend dort. Die da sind doch nur zu faul/korrupt/kriminell/ungebildet/...«. Man hält Symptome für das Problem und interessiert sich nicht wirklich für die Ursachen. So stanzt man sich das Ende einer langen Geschichte heraus und ignoriert ihren Ursprung und Verlauf. Folglich werden nur die Symptome behandelt, denn ein gutes Gewissen ist im modernen (Öko-)Ablasshandel ja käuflich. Kurzfristige Akutmedikation verschafft Linderung. Das tägliche ärztliche Bulletin in den Massenmedien spiegelt das durch abflauende Klagen auch gleich wider. An der Wurzel, da, wo die Veränderung am dringendsten ist, passiert: nichts.

In Wahrheit wissen wir natürlich, dass uns vielfältige Probleme betreffen und dass es nichts bringt, nur auf andere zu zeigen. Wir wissen, dass wir selbst handeln müssen. Klar, dass wir nicht mal kurz das Artensterben aufhalten können. Oder soziale Gefälle zwischen Völkern verringern. Oder den Klimawandel stoppen. Sich kleine Ziele zu setzen und in überschaubare Projekte zu gießen ist dagegen sehr wohl machbar. Den wichtigsten Schritt zum Future Business gehen wir als Einzelne am besten direkt vor der eigenen Haustür. Die Aktivierung lokaler Gemeinschaften ist der Schlüssel zu nachhaltiger Veränderung unseres Wirtschafts-, Arbeits- und sozialen Lebens. Gruppen von Menschen, die ansetzen, wo es gerade brennt. In der Flüchtlingsarbeit der örtlichen Gemeinde, beim Naturschutzprojekt vor den Toren der Stadt – wenn es das Ehrenamt sein soll. Aber auch in der Erwerbsarbeit zählt die Gruppe aus Gleichgesinnten. Vielleicht ist dann das Dorf im Netz, ist es die Gemeinde der »LinkedIn«-Kontakte oder die Blogger-Community, die zu denselben Themen unterwegs ist. Der Schlüssel zur Versöhnung zwischen wirtschaftlicher und sozialer Wertschöpfung liegt in unserer Hand. Sage niemand, er wiege zu schwer. Jeder kann Kopföffner und somit Vorbild für andere sein, und daraus entsteht ein positiver viraler Effekt mit Resonanz im System, ob klein oder groß.

Ich hatte zu Beginn geschrieben, daß mich viele Kopföffner inspirieren und mich nachhaltig beeinflusst haben. Einige meiner Kopföffner, die mich beeindrucken, weil sie individuelle Wege eingeschlagen haben, möchte ich Ihnen nun vorstellen. Sie zeigen, dass jede und jeder von uns einfach anfangen und die Welt verbessern kann. Es sind natürlich auch prominente Gesichter darunter, auch solche, die über erhebliche finanzielle Mittel verfügen und diese für das Gemeinwohl einsetzen. Sage nun niemand, dass dann ja doch wohl nur »die Großen« etwas tun können. Erstens sind die meisten von ihnen auch mal klein gestartet, und zweitens bieten gerade namhafte und renommierte Initiatoren Möglichkeiten zum Andocken und Mitwirken. Als Vorbilder und Inspiration machen sie auf alle Fälle Mut.

180-GRAD-WENDE: KARL LUDWIG SCHWEISFURTH

Karl Ludwig Schweisfurth hat sein Leben um 180 Grad gedreht. Früher war er einmal Inhaber von Herta, Europas größtem Wurstwarenhersteller. Damals beschäftigte er mehr als 5500 Mitarbeiterinnen und Mitarbeiter in zehn Fabriken. Sie erwirtschafteten einen Umsatz von 1,5 Milliarden D-Mark. 1984 verkaufte er sein Imperium, um die Vision einer achtsamen Lebensmittelproduktion zu verwirklichen: eine biologische Landwirtschaft, in der verantwortungsvolle Herstellung das Maß der Dinge ist. Klingt erst einmal widersprüchlich und schwer nachvollziehbar, war aber konsequent. Schweisfurth wurde 1930 in eine Metzgerfamilie hineingeboren, die in zweiter Generation eine Wurstfabrik mit mehreren Filialen betrieb. Nach Metzgerlehre und BWL-Studium sowie einer Studienreise in die USA stieg er in den elterlichen Betrieb ein. Unter dem Eindruck der hochtechnologischen industriellen Arbeitsweise in den USA entstanden auch in Deutschland Fließbandschlachtung und -fleischverarbeitung. Das Geschäft boomte, Herta wurde Marktführer. In den 80er-Jahren verarbeitete Herta jede Woche bis zu 25 000 Schweine und 2000 Rinder. Der Preis dafür war hoch. Die Qualitätsmängel durch Massentierhaltung wurden offenkundig.

Karl Ludwig Schweisfurth sah das Metzgerkönnen in Vergessenheit geraten. Die Preisspirale drehte sich in der Standardisierung der Herstellung nach unten. Mitarbeiterfürsorge, die ihm als Familienunternehmer am Herzen lag, war kaum mehr finanzierbar. Als seine Söhne die Nachfolge im Geschäft verweigerten und eine gescheiterte Ehe die Lebenskrise zementierte, zog er die Reißleine. Schweisfurth musste

zurück zu den Wurzeln der Lebensmittelherstellung. Wie früher auf dem Dorf wollte er verschiedene Handwerksbetriebe unter einem Dach ansiedeln. Bäckerei, Käserei, Metzgerei, Brauerei, Hofladen und Restaurant sollten Lebensmittel in höchster Qualität herstellen, verarbeiten und anbieten. 1984 verkaufte er Herta an Nestlé.
Ein Jahr später gründete er in München eine Stiftung und stattete sie mit 15 Millionen D-Mark aus. Sie sollte die Erforschung des ökologischen Landbaus fördern. 1986 kaufte Schweisfurth ein großes Gut, 30 Kilometer südöstlich von München, und gründete die »Hermannsdorfer Landwerkstätten«. Neben ökologischer Landwirtschaft verwirklichte er hier seinen Traum der Handwerksbetriebe unter einem Dach. Vom Experiment des Vaters fasziniert, kehrten die Söhne zurück. Bis zum wirtschaftlichen Erfolg vergingen zehn Jahre, dann warfen die Hermannsdorfer Landwerkstätten Gewinn ab. Heute arbeiten dort fast 200 Mitarbeiterinnen und Mitarbeiter. Zwölf Geschäfte im Raum München erwirtschaften rund 15 Millionen Euro Umsatz im Jahr. Zudem experimentiert Schweisfurth auf zehn Hektar Land mit natürlichen und traditionellen Landwirtschaftsmethoden. Er beweist: Achtsamkeit, Ethik und Moral in der Lebensmittelherstellung sind unternehmerisch umsetzbar.

Kopföffner-Tipp: Wenn Sie in München leben oder einmal dort sind, dann besuchen Sie die Hermannsdorfer Landwerkstätten. Mit der Wendegeschichte des Gründers im Kopf sehen Sie die Landwirtschaft mit anderen Augen.[15]

SUPERREICHE SINNSTIFTER – BILL, MELINDA, WARREN & CO.

Bill Gates und Warren Buffett starteten 2010 die »Giving Pledge«-Initiative. Sie bewegt Milliardäre zu dem Versprechen, mindestens die Hälfte ihres Vermögens für philanthropische Zwecke zu spenden. Über 200 Unterzeichner weltweit haben diese Erklärung inzwischen abgegeben. Warren Buffett ging mit gutem Beispiel voran und sagte 99 Prozent seines Vermögens zu. Prominentester Neuzugang der Stifter- und Spenderriege 2019 ist MacKenzie Bezos, die ehemalige Frau von Amazon-Gründer Jeff Bezos.

Beispielhaft für das Engagement der Superreichen: Bill und Melinda Gates gründeten gemeinsam die gleichnamige, inzwischen größte Stiftung der Welt. Sie engagieren sich in der Bekämpfung von Krankheiten wie Polio und Malaria, die sie bis 2030 endgültig besiegen wollen. Auch das Aids-Virus soll weiter zurückgedrängt und die Sterblichkeitsrate von Kindern unter fünf Jahren mindestens halbiert werden. Das Geld stammt vor allem aus dem Privatvermögen von Gates und Warren Buffett. Die Investorenlegende ist ein »Treuhänder« der Stiftung. Die Organisation bewegt gewaltige Summen, seit ihrer Gründung 1999 fast 50 Milliarden US-Dollar, in Gesundheits- und Entwicklungsprojekte in mehr als 130 Ländern. Die Ideen sind vielfältig. Anfang 2019 überraschte die Stiftung mit einem ungewöhnlichen Schritt: Sie beglich nigerianische Staatsschulden. Statt dem Land direkt Geld zu geben, dessen Verwendung schwer zu prüfen ist, versprach die Stiftung, 76 Millionen US-Dollar reguläre japanische Kredite an Nigeria zu übernehmen, sobald festgelegte Ziele bei Impfkampagnen erreicht worden sind.

Kaum eine Stiftung stellt sich derart globalen Herausforderungen wie der Ausrottung von Kinderlähmung und Malaria. Das ist einerseits eine Frage der Größe und andererseits der Regulierung. Für deutsche Stiftungen ist es beispielsweise recht schwierig, über Ländergrenzen hinweg zu fördern. Stiftungen müssen nachweisen, dass ausländische Empfänger auch nach deutschen Standards gemeinnützig wären. Eine große Hürde, die dazu führt, dass die Arbeit deutscher Stiftungen an der Bundesgrenze endet – es sei denn, sie gründen mit entsprechendem Aufwand eigene Organisationen im Ausland. Schon die EU lässt einen »europäischen Binnenmarkt für Philanthropie« vermissen.

In Deutschland gibt es mehr als 20 000 Stiftungen bürgerlichen Rechts. Die Gründer widmen ihr Vermögen in der Regel bestimmten

Zwecken, häufig Mischformen aus Erhaltung des unternehmerischen Lebenswerks und gemeinnützigen Projekten. Das bekannte Stiftungskapital in Deutschland beträgt rund 68 Milliarden Euro. Eines steht fest: Wer stiftet, bleibt der Gesellschaft erhalten. Immer mehr Menschen nehmen sich das zu Herzen. Dass damit häufig auch der Nachhall des persönlichen Wirkens und der Erhalt des Namens angestrebt wird, führt zu einer zersplitterten Stiftungslandschaft mit vielen, teils unterkapitalisierten und in ihren Zielen ähnlichen Initiativen. Bündelung täte der Wirksamkeit gut. Nichtsdestotrotz: Stiften ist eines der erfolgreichsten Modelle, sich nachhaltig für die Gesellschaft zu engagieren.

Stiftungsaktivitäten sind häufig nicht auf den ersten Blick erkennbar. Sie pflegen in Deutschland zum Beispiel 154000 Hektar Naturschutzfläche und tragen über 300 Hochschulprofessuren, 270 Museen und 150 Krankenhäuser.[16] Auch als Arbeitgeber spielen sie für engagierte und gemeinwohlorientierte Menschen also eine wichtige Rolle.

ANSTIFTER UND AKTIVISTEN – AL, HANNES, FELIX & CO.

Neben den Stiftern sind auch Anstifter wichtige Motoren gemeinwohlorientierten Engagements. Einer der bekanntesten Klimaschützer ist Al Gore. Ja, Greta Thunberg, die inzwischen sogar für den Friedensnobelpreis vorgeschlagen ist, läuft ihm 2019 locker den Aufmerksamkeitsrang ab. Der ehemalige US-Vizepräsident in der Regierung Clinton und Präsidentschaftskandidat gegen George W. Bush ist allerdings schon deutlich länger dabei. Anfang der 90er-Jahre veröffentlichte Gore mehrere Bücher und Schriften über Umweltpolitik. Sein bekanntestes Stück ist aber wohl der Dokumentarfilm »An Inconvenient Truth – Eine unbequeme Wahrheit« (2006). 2017, nach zehn Jahren, ist der Film neu unter dem Titel »Immer noch eine unbequeme Wahrheit« mit aktueller Datenlage erschienen. Darin schwankt Gore zwischen Hoffnung und Verzweiflung bei der Frage, ob die Menschheit

den Klimawandel noch rechtzeitig aufhalten kann. Die immer noch zahlreichen Leugner – besonders Donald Trump, der prominenteste unter ihnen – nähren die Skepsis.
Der Schauspieler Hannes Jaenicke wurde schon »Indiana Jones der Mülltrennung« genannt und »Vielflieger gegen den Klimawandel«. Das ist ihm egal. Er bewundert amerikanische Kollegen wie Leonardo DiCaprio und George Clooney, die sich ebenfalls für die Umwelt einsetzen. Aktivist wurde er spätestens durch den Brand einer Fabrik des Chemiekonzerns Sandoz, den er 1986 in der Schweiz miterlebte – die Chemikalien töteten das Leben im Rhein auf fast 400 Kilometer Länge und ließen die Trinkwasserversorgung in einigen Regionen zusammenbrechen. Seitdem will Jaenicke mehr tun, als nur monatlich seinen Greenpeace-Beitrag zu überweisen. Immer wieder produziert er eigene Dokumentationen (»Im Einsatz für ...«) über bedrohte Tierarten und schreibt Bücher wie »Die große Volksverarsche« (2013), in dem er, ohne ein Blatt vor den Mund zu nehmen, Missstände aufzeigt.
Natur und Klima liegen auch Felix Finkbeiner am Herzen. Als Neunjähriger startete er 2007 die Baumpflanzungsinitiative »Plant for the Planet«, der er, inzwischen Anfang 20, ein sehr ehrgeiziges Ziel gesetzt hat: die »Trillion Tree Campaign«. Forscher um Tom W. Crowther von der Yale School of Forestry and Environmental Studies schätzten in einer 2015 erschienenen Studie[17] zur weltweiten Baumdichte, dass es derzeit rund 3000 Milliarden Bäume auf der Erde gibt. Und dass für weitere 1000 Milliarden Bäume problemlos Platz wäre, ohne Siedlungen und Landwirtschaft Konkurrenz zu machen. Diese Bäume könnten ein Viertel des jährlich von Menschen verursachten CO_2-Ausstoßes binden und damit einen wesentlichen Beitrag zur Bekämpfung des Klimawandels leisten. Die Spendenaktion steht mit 13,6 Milliarden gepflanzten Bäumen noch relativ am Anfang. Das ambitionierte Ziel und seine wissenschaftliche Fundierung sind gleichwohl ermutigend. Vor allen Dingen, wenn man das Alter von Felix beachtet, in dem er so etwas Beeindruckendes geschaffen hat, an

dem viele Menschen, Organisationen und ganze Regierungen bisher gescheitert sind.

Kopföffner-Tipp: Wer von Ihnen Kinder hat, aber auch unabhängig davon, kann sich bei den »Plant for the Planet«-Akademien mit ihnen engagieren. Eine Art Kopföffner-Ausbildung. Dabei arbeiten Jugendliche der Initiative mit Kindergruppen zwischen neun und zwölf Jahren sowohl theoretisch als auch praktisch am Verständnis und für Lösungen gegen den Klimawandel. Und lernen ganz praktisch, Bäume zu pflanzen. Kinder, die Lust haben, können danach selbst eine Kopföffner-Rolle übernehmen und bei anderen Akademien oder in der Schule aktiv werden. Ein nachhaltiges Bildungserlebnis. Für Kinder und Erwachsene. Infos finden Sie unter: https://www.plant-for-the-planet.org/de/mitmachen/akademien

EINHÄNDIG ZUM KREISLAUF – DAME ELLEN MACARTHUR

Mutig und visionär ist auch Dame Ellen MacArthur. Sie wurde 1976 in England geboren und begann schon in ihrer Kindheit zu segeln. Mit 21 nahm sie zum ersten Mal an einer Einhandregatta über den Atlantik teil, ein Rennen, das sie 1998 erstmals in ihrer Bootsklasse gewann. 2001 wurde die damals 24-jährige Seglerin berühmt, als sie beim damals härtesten Rennen für Einhandsegler rund um die Welt den zweiten Platz belegte. Fast 100 Tage war sie damals allein auf See. Später umrundete MacArthur Kap Hoorn und durchquerte die Eisgebiete im Südpolarmeer in Rekordzeit.

Nach Abschluss ihrer Profikarriere als Seglerin gründete Ellen MacArthur 2010 ihre Stiftung mit dem Ziel, den Wandel zur Kreislaufwirtschaft zu beschleunigen. Sie strebt für wichtige Materialströme einen grundlegenden Wandel an. Auf ihren Reisen sind ihr insbesondere der Müll und die Meeresverschmutzung immer wieder hautnah begegnet. Das hat sie nicht mehr losgelassen. Die Idee einer Kreislaufwirtschaft ohne Müll ist da nur folgerichtig. Ellen MacArthur engagiert sich beispielhaft für fundamentales Umdenken – vom linearen »nehmen, benutzen, wegwerfen« hin zu maximaler Wiederverwendung, die die Ressourcennutzung wieder unter die Nachhaltigkeitsgrenze des Planeten drückt. Eine Optimierung innerhalb des alten, linearen Wirtschaftsmodells gibt dafür keine ausreichenden Antworten. Es braucht eine vollkommen andere Art zu denken. Über die Jahrhunderte haben die Menschen viele Ideen und Konzepte aus der Natur übernommen. Kreislaufwirtschaft bedeutet eine Rückbesinnung darauf. Nichts, was stirbt, bleibt einfach als Müll zurück, alles wird in den Kreislauf des Lebens wieder eingespeist. Wer das zum Prinzip erklärt, wird kreative Lösungen für regenerative globale Liefer- und Handelsketten ersinnen, die mit Gebrauch und ohne Verbrauch endlicher Ressourcen auskommen. Eine unternehmerische Herausforderung, zu der viele kluge Köpfe beitragen können. Menschen wie Ellen MacArthur, die von der Erkenntnis zum Handeln kam und beweist, wie man ein neues ökonomisches Prinzip konkret leben kann.

Kopföffner-Tipp: Sehen Sie sich die beeindruckende Geschichte von Dame Ellen MacArthur in ihrem TED-Talk[18] an

(16:41 mins)

350 + 222 TIPPS FÜR UNS ALLE

Selbst wenn man nun die Erkenntnis gewonnen hat, dass es Zeit ist zu handeln, wenn der Entschluss, das eigene Future Business zu finden

und umzusetzen, gefasst ist, ja selbst wenn man Kopföffner gefunden hat, die einen bis ins Herz motivieren, so ist es nicht immer ganz einfach, einen Bereich zu finden, in dem man selbst aktiv werden möchte. Viele Menschen verlieren bei zu vielen Möglichkeiten den Überblick. Wo soll ich anfangen? Wie und wann? Vor der eigenen Haustür oder in Afrika, wo die Not so viel größer ist? Starte ich ein Projekt für Umwelt und Natur, im sozialen Bereich, oder bringe ich mich politisch und gesellschaftlich ein? Lindere ich Leid oder fördere ich Begabungen? Und vor allem: Wie wird daraus ein Geschäft, das mich und die Initiative trägt?
Zwei Tipps dazu, eigentlich 572 Tipps. Es sind Inspirationsquellen, die ich selbst gern und häufig nutze. Die beiden Autoren eines meiner Lieblings-Blogs »Nachhaltig sein – Veränderung kommt von innen« sind Leena Volland und Florian Schreckenbach. Sie haben 2016 in ihrem Buch »Dein Weg zur Nachhaltigkeit« 350 praktische Tipps für den Alltag zusammengestellt. Für fast jeden Tag des Jahres wird eine Möglichkeit vorgestellt, etwas am eigenen Verhalten zu ändern. Konsum, Ernährung, Energie, Kleidung, Kunststoffe und Entsorgung – die Tipps sind so vielfältig wie schnell umzusetzen. Beide leben nach ihren Prinzipien der Nachhaltigkeit: Fange bei dir selbst an, denke in Lösungen, informiere dich und handle, kritisiere nicht andere, bevor du keinen besseren Weg kennst und gehst. Und: Stelle dir stets die Frage: »Garantiert mein Lebensstil heute eine menschenwürdige Umwelt für meine Kinder und Enkel?«

Kopföffner-Tipp: Meine Leseempfehlung als kleiner Unterstützer für Ihre persönliche Umsetzung »350 praktische Tipps für den Alltag« finden Sie hier: https://nachhaltig-sein.info/dein-weg-zur-nachhaltigkeit-350-praktische-tipps-fuer-den-alltag

Die zweite Inspiration hängt in meinem Büro – stets im Blick: Mein Lieblingsposter »Die Nachhaltigen 222«, kreiert von der Agentur Hilfswerft aus Oldenburg. Das Unternehmen berät Firmen zu Social Business und hat auf dem Plakat die wichtigsten Akteure, Unternehmen und Initiativen für nachhaltigen Konsum in Deutschland zusammengetragen. Quer durch unseren täglichen und nicht alltäglichen Bedarf finden sich hier Anbieter nachhaltiger Produkte, die es ohne die Fleißarbeit der Hilfswerft-Recherche nicht so zusammengestellt gäbe. Viele sind so klein, dass sie in den Suchmaschinen-Rankings kaum eine Chance haben. Deshalb helfen mir die 222 sehr, sie tauchen in die Tiefe ein und geben einen sehr guten Überblick. Ich bin sicher, Ihnen auch.

Kopföffner-Tipp: Das Poster »Die Nachhaltigen 222« kann bei zahlreichen Onlineshops bestellt werden.[19]

Wem so viele Tipps auf einmal zu viel sind, nimmt sich einfach einen vor. Der lautet: »Fang an!« Thoughtstarter.org bringt das schön auf den Punkt. Das britische Start-up hat eine einfache Mission. Es will Menschen dabei helfen, etwas zu tun. Gründerin Daianna Karaian sagt:

▶▶▶For anyone who's thought about changing the world but isn't quite sure where to start: If you don't like the way something is, you have to make it better. There's not much more to it. To get things done, you do. Don't wait. Don't blame. Don't make excuses. Just act.◀◀◀[20]

Und ganz zum Schluss dieses Kapitels ein Satz, der Mut macht, gleich mit anzupacken: »Der beste Weg, die Zukunft vorauszusagen, ist, sie zu gestalten.« Gesagt hat ihn Willy Brandt.

---

1 Sinek, Simon: »How Great Leaders Inspire Action«, TEDxPuget Sound (November 2009), https://www.ted.com/talks/simon_sinek_how_great_leaders_inspire_action

2 Sinek, Simon: »Start With Why – How Great Leaders Inspire Everyone To Take Action«, Penguin Business (2019)

3 Maslow, Abraham H.: »A Theory of Human Motivation«, in: »Psychological Review«, 50 (1943), S. 370–396

4 Deaton, Angus M.; Kahnemann, Daniel: »High income improves evaluation of life but not emotional well-being« – published in Proceedings of the National Academy of Sciences of the United States of America, 2010 – https://www.pnas.org/content/107/38/16489

5 Al dente Entertainment: »Die Mutter aller Imagefilme«, https://youtu.be/DXIsTTH2wzg

6 Senge, Peter M.; Ross, Richard; Smith, Bryan; Roberts, Charlotte; Kleiner, Art: »The Fifth Discipline Fieldbook. Strategies and Tools for building a Learning Organization«, Crown Publishing Group (2014), S. 6

7 Bandura, Albert: »Psychological Modeling«, Chicago, Aldine & Atherton, Inc. (1971), S. 46 f.

8 Sander, Dirk: »Neue Start-up-Keimzelle: Impact Factory Duisburg«, Impact Factory Presseinformation vom 11.4.2019

9 »Detlef Scheele – Chef der Arbeitsagentur kritisiert solidarisches Grundeinkommen«, in: »ZEIT« vom 20.7.2019

10 Glenn, Jerome C.: »Future Work/Technology 2050 Global Scenarios«, The Millennium Project (2019), http://www.millennium-project.org/future-work-technology-2050-global-scenarios/

11 https://future-impacts.de/millenium-project/

12 Daheim, Cornelia; Wintermann, Ole: »Arbeit 2050: Drei Szenarien«, Bertelsmann-Stiftung, Gütersloh (2019)

13 Ebd., S. 12 ff.

14 Ebd., S. 26

15 https://www.herrmannsdorfer.de

16 Bundesverband Deutscher Stiftungen: https://www.stiftungen.org/stiftungen/zahlen-und-daten/statistiken.html

17 Crowther, T.W.: »Mapping tree density at a global scale«, https://www.plant-for-the-planet.org/media/download/cms/media/waldstudie/crowther-et-al.-2015-article.pdf

18 https://www.ted.com/talks/dame_ellen_macarthur_the_surprising_thing_i_learned_sailing_solo_around_the_world?language=de, 2015

19 https://www.hilfswerft.de/poster-nachhaltiger-konsum-die-nachhaltigen-222-deutschlands/, Version 0.2., September 2019

20 https://thoughtstarter.online/about

BILDUNG UND DAS EWIGE LERNEN

LEBENSLÄNGLICH – IST BILDUNG RESOZIALISIERBAR?

Neulich im Café. Gespräch am Nebentisch. Ich höre zwei jüngeren Damen halb unfreiwillig zu: »Also schreibt ihr euch erst mal noch?« – »Na klar. Und wenn der Interpunktion und Grammatik nicht wenigstens in Grundzügen beherrscht, dann kriegt der kein Date.« – »Krass!« Das wäre mir auch fast herausgerutscht. Und dann keimt Hoffnung auf in mir. Es ist auch in der Tinder- und Instagram-Welt perfekter Optik noch nicht alles verloren. Die inneren Werte zählen doch. Und die Fähigkeit, eigene Gedanken sprachlich korrekt in Worte zu fassen.

Die wird der Jugend ja allenthalben abgesprochen. Und zwar schon von frühester Kindheit an und mindestens bis zum Eintritt ins Berufsleben. Im Primarschulbereich haben sich die Schülerleistungen in den letzten Jahren nicht verbessert. Der Kompetenzrückstand zur Spitzengruppe im internationalen Vergleich der OECD-Staaten ist eher noch gewachsen. Gerade im Lesen diagnostiziert der Bildungsbericht 2018[1] einen steigenden Anteil besonders leistungsschwacher Kinder. Aufgrund solcher Befunde haben Kulturpessimisten Hochkonjunktur. Nicht weniger als der Untergang des Abendlandes, das Vergessen der Aufklärung und der Verlust der Muttersprache drohen.

Der Bericht konstatiert einen Zuwachs an Bildungsteilnehmerinnen und -teilnehmern aufgrund von Zuwanderung, wieder steigender Geburtenrate und zunehmender Erwerbstätigkeit von Müttern. Hinzu kommt die wachsende Heterogenität der Bildungseinrichtungen, die immer unterschiedlicheren Ausgangslagen und Bedürfnissen gerecht werden müssen. Dazu gehören die sich weiter spreizenden Unterschiede zwischen Bildungsbenachteiligten und der Leistungsspitze, die auf entsprechend höhere oder geringere Erwerbsbeteiligung, Einkommenschancen, zivilgesellschaftliches Engagement und Lebenszufriedenheit durchschlagen. Im Sekundarschulbereich sieht es etwas besser aus als auf der Primarstufe, aber auch nicht rosig. Im Vergleich zum Jahr 2000 liegen die Leistungen 15-jähriger Schülerinnen und Schüler inzwischen immerhin wieder über dem OECD-Durchschnitt. Nur reicht das ja wohl kaum für eine langfristige Spitzenposition unseres Landes im internationalen Vergleich.

SCHWANKENDE AUFMERKSAMKEIT

Allein an wenigen solcher Schlaglichter werden die vermeintlichen oder tatsächlichen Unzulänglichkeiten der Bildung in Deutschland deutlich. Kritik unter dem Schlagwort »Bildungskatastrophe« ist so vielfältig wie häufig wie wohlfeil. Fakt ist: Die Bedeutung lebenslangen Lernens wird in keinem ernsthaften Diskussionsbeitrag bestritten. Und trotzdem bekommen die verschiedenen Bildungsphasen in der Öffentlichkeit nicht die gleiche Aufmerksamkeit. Bei Kleinkindern ist sie gering ausgeprägt, während der Schulzeit dagegen sehr groß, später, am Ende der formalen Bildung und mit Eintritt ins Berufsleben, flaut sie wieder stark ab.

Im Elementarbereich, also dem Krippen- und Kindergartenalter, dreht sich alles um das Thema Betreuungsknappheit und -anspruch und wird eher noch mit Blick auf die betroffenen Erwachsenen diskutiert. Insbesondere unter Gleichstellungskriterien und beruflichen Entfaltungsperspektiven für Eltern. Welche Art und Intensität der Betreuung – und damit auch frühkindlicher Bildungsimpulse – besser oder schlechter und was mithin von mehr oder weniger persönlich engagierten Eltern zu halten ist, wird am häufigsten und oft ideologisch debattiert.

Spätestens der Primarbereich verschiebt dann aber die Aufmerksamkeit auf die Kinder und deren Fähigkeit, ihr individuelles Leben und ihre Teilhabe an der Gesellschaft selbstständig zu gestalten. Hierbei stehen Entfaltungsmöglichkeiten unabhängig von Herkunft, sozialem Status oder Geschlecht im Mittelpunkt. Chancengleichheit erscheint als wesentliches Ziel der Bildungspolitik, neben der Sicherung eines hinreichenden Zuflusses von Arbeitskräften mit den richtigen Skills in einem sich ständig wandelnden Arbeitsmarkt.

Und naturgemäß verschiebt sich über die Sekundarbereiche hinweg und in den Tertiärbereich hinein der Fokus der Bildung auf ebendiese Quantität und Qualität der potenziellen Arbeitskräfte – umso mehr, je näher der Schul- und später Studienabschluss rücken. Ach ja, ohne Abitur und Hochschulabschluss ist das Leben wohl sowieso zu Ende, bevor es richtig angefangen hat. Das belegen die elterliche Streitlust bei Empfehlung von Haupt- oder Realschule, die in den letzten Jahren stetig gewachsenen Schülerzahlen an Gymnasien (auf inzwischen 44 Prozent eines Jahrgangs) und das Ausbluten des Nachwuchses in Ausbildungsberufen, teuren Kampagnen zum Beispiel des Handwerks zum Trotz. Ungeachtet des Schul- oder Hochschulabschlusses: Über die generelle Eignung von Berufseinsteigern für den Arbeitsalltag wird quer durch alle Branchen ebenso kritisch geurteilt wie über Maß und Güte angeeigneten Allgemeinwissens, sprachlicher Ausdrucksfähigkeiten, mathematisch-technischer Kenntnisse und nicht zuletzt praxisnaher Problemlösungskompetenz. Von Teamfähigkeit wollen wir gar nicht erst reden. Schmähungen angesichts disparater Verhältnisse von Leistungsbereitschaft und Anspruchshaltung der Berufseinsteiger tun ein Übriges.

Neblig und gar nicht mehr recht fokussiert zeigt sich das Bild im Bereich der beruflichen Weiter- und Erwachsenenbildung. Hier ist schon die Datenlage problematisch, weil Zahl und Qualität der Anbieter ebenso unübersichtlich sind wie die Vielzahl an anerkannten oder auch nicht anerkannten Abschlüssen und Zertifizierungen – soweit es die im Weiterbildungsmarkt über Teilnahmebescheinigungen hinausgehend überhaupt gibt. Erhebliche Anteile der beruflichen Weiterbildung erfolgen darüber hinaus informell am Arbeitsplatz durch »Learning by Doing« und im Alltag. Zugleich setzen sich die Klagen der älteren über die jeweils nachwachsenden Generationen hinsichtlich ihres Bildungsgrads, der Eignung für den täglichen Job und der Einstellung dazu nahtlos fort. Diese Klagen sind nicht ganz neu.

SPERRIGE BEGRIFFE, TRANSPARENTE ENTWICKLUNGEN

In den verebbenden Nachbeben der Krise nach dem Platzen der Dotcom-Blase tauchte Mitte der Nullerjahre der sperrige und nicht leicht ins Deutsche übersetzbare Begriff der »Employability« in internen Diskussionen vieler Unternehmen, ihrer Arbeitnehmervertretungen und der Gewerkschaften auf. »Beschäftigbarkeit« oder »Arbeitsmarktfähigkeit« klingen nicht schön, aber genau darum ging es, seinerzeit erstmals unter veränderten Vorzeichen. Einige Bewegungen, beispielsweise das mehrfach ausgezeichnete Employability-Programm der Deutschen Bank oder die Employability-Initiative Selbst GmbH, deren Gründung ich Ende der 90er-Jahre begleitet habe und in deren Vorstand ich bis 2018 ehrenamtlich aktiv war, haben sich mit ganzheitlichem Blick um das Lernen mit dem Ziel der individuellen Arbeitsmarktfähigkeit gekümmert.

Die klassische Haltung zur Weiterbildung in Unternehmen – ein vom Arbeitgeber direktiv festgelegter Entwicklungsplan und seine Umsetzung durch Teilnahme an entsprechenden Schulungen – entwickelte sich zu einem eher arbeitsteiligen Ansatz weiter: Das Unternehmen legt seine Strategie nicht nur fest, sondern kommuniziert sie so offen und konkret, dass für die Belegschaft deutlich wird, welche Tätigkeiten und Jobs welche Zukunft haben – kurz-, mittel- und langfristig. Daraus leitet sich für die Mitarbeiterinnen und Mitarbeiter ab, was sie dazulernen und wohin sie sich entwickeln können oder sollten. Entsprechend klar kommunizierte Erwartungshaltungen der Arbeitgeber waren zunächst nicht ganz leicht verdaulich, öffneten aber auch neue Horizonte. Je nachdem, ob das eigene Glas halb voll oder halb leer gesehen wurde. Wie viele Veränderungsprozesse war auch dieser zäh, und in vielen Unternehmen rumpelte es. Schließlich signalisierte die Entwicklung: Schluss mit Vollkaskomentalität. Die Transparenz wuchs, mithin die Ehrlichkeit der Entwicklungsgespräche zwischen Führungskräften und Mitarbeitern. Das begünstigen inzwischen auch Mitarbeiter-Beurteilungssysteme, die nicht mehr nur rückwärts schauen, sondern vor allem auch den Entwicklungsbedarf für die Zukunft fokussieren. Instant Feedback nebst zugehörigen digitalen Lösungen oder Performance- und Zielmessungen aus dem agilen Umfeld wie die OKR-Methode (Objective-Key-Result) gehören heute in jeden New-Work-Werkzeugkoffer. Insofern mutieren die Dialoge zwischen Führungskraft und Mitarbeiter vom Beurteilungs- zum Perspektivgespräch. Die Verantwortung, die notwendige Weiterbildung dann auch anzugehen, verschob sich jedenfalls mehr und mehr zu den Mitarbeiterinnen und Mitarbeitern. Ob jemand beschäftigbar blieb, lag plötzlich vor allem in der eigenen Hand. Und wurde dort seither auch nicht wieder herausgenommen.

Das ist gut so. Denn Eigenverantwortung für selbstbestimmte Gestaltung und Teilhabe am Arbeitsmarkt hat heute mehr Bedeutung denn je. Die Dynamik des Arbeitsmarktes nimmt stetig zu. Neue Berufe entstehen, alte verschwinden mit wachsender Geschwindigkeit. Arbeit und Arbeitsverhältnisse werden volatiler. Mit allen Vor- und Nachteilen: Flexibilität und Gestaltungsfreiheit auf der einen, Unsicherheit und Schutzbedürftigkeit auf der anderen Seite. Die massiven Shifts in Geschäftsmodellen und -prozessen krempeln Unternehmen um. Neue Player erscheinen mit disruptiven Angeboten. Ihre überraschende Natur macht die Beschäftigungsprognosen der etablierten Marktteilnehmer immer schwerer – formulierte Strategie hin oder her. Die kann eben morgen schon von aggressiven neuen Wettbewerbern weggefegt werden.

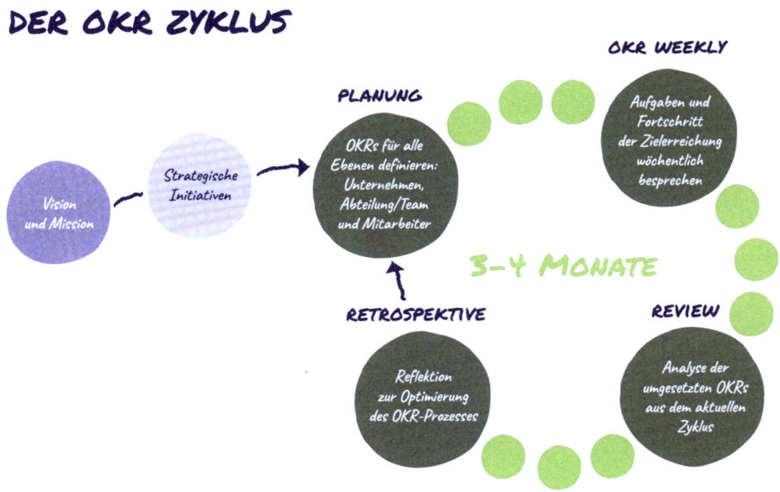

IMMER SCHNELLER, SCHNELLER, SCHNELLER

Heißt das nun, dass wir uns immer schneller anpassen müssen, niemals stehen bleiben, am Karussell festkrallen müssen, um ja nicht heruntergeschleudert zu werden? Ja, das heißt es, wenn das persönliche Sicherheitsbedürfnis und die Stabilität des Arbeitsverhältnisses hoch priorisiert sind, wofür es je nach Lebensphase und -situation ja auch gute Gründe gibt. Zwar haben die meisten Babyboomer längst gelernt, dass die rasch erzählten Berufsbiografien ihrer Eltern – ein Arbeitgeber bis zur Rente – für sie kaum noch funktionieren. Häufige Wechsel und im besten Sinne opportunistisches Verhalten am Arbeitsmarkt sind ihnen selbst nicht in die Wiege gelegt. So bleibt dem Einzelnen nichts anderes übrig, als im Wortsinn dazuzulernen, mit der Markt- und Unternehmensdynamik Schritt zu halten und stets bereit zu sein, Zeit und Energie in den Erwerb neuer Fähigkeiten, Fertigkeiten und Wissens zu stecken. Auch auf eigenes Risiko und eigene Kosten. Daneben gibt es weiterhin Vorruhestands-, Altersteilzeit- und ähn-

Quelle Grafik: workpath, 2019, dreimonatiger OKR-Zyklus, beispielhaft liche Modelle, die bei Wegfall bestimmter Tätigkeiten und mangelnder Anpassungsfähigkeit der betroffenen Mitarbeiter für einigermaßen sozialverträgliche vorgezogene Übergänge in die dritte Lebensphase sorgen.

Ganz anders sehen das die Generationen Y, Z & Co. In den jüngeren Alterskohorten herrscht eine andere Riskobereitschaft und Lust auf Abwechslung, selbst unter Hinnahme zeitweilig prekärer Verhältnisse. Es bleibt ja noch eine Menge Zeit für materiellen Distinktionsgewinn, Vermögensaufbau, Altersvorsorge und so weiter. Falls die nicht ohnehin niedriger priorisiert werden als bei den Babyboomern und der Generation X. Aus stabiler Beschäftigung heraus ist eine tragfähige Altersvorsorge ja durchaus leichter und konsequenter aufzubauen. Wie sich die gesamtgesellschaftliche Vorsorgelage angesichts der volatileren Natur der Arbeitsverhältnisse weiterentwickelt, bleibt abzuwarten. Vom andauernden Niedrigzinsniveau, welches die junge Generation eher weniger zu Rücklagenbildung motiviert, einmal ganz abgesehen. Vielleicht bekommt ja die Aktie als Investitions- und Anlageform so irgendwann doch noch den Rückenwind in Deutschland, den Anlageprofis schon lange anmahnen.

Zweifellos ist der lebenslange Bildungsbedarf bei den Jüngeren ganz unabhängig von solchen langfristigen Zielen erst recht groß. Gerade wenn ein oder mehrere Wechsel des Berufs gelingen sollen (und nicht nur der Wechsel der aktuellen Aufgabe oder des Jobs), ist Wissens- und Kompetenzerwerb unabdingbar. Hinzu kommen perspektivisch länger werdende Berufsbiografien. Denn zum einen drängen vermehrt jüngere Absolventen auf den Arbeitsmarkt. Der achtjährige Weg zum Abitur, verschult beschleunigte Studiengänge nebst positiv bewerteter Einhaltung der Regelstudienzeit und früh eingetrichterte Wettbewerbsorientierung verdrängen das besonders für den Aufbau von Sozialkompetenz wichtige entspannte Sich-Ausprobieren, das meine Generation vor dem »richtigen« Berufsleben noch genossen hat. Ketten-Praktika als Einstieg in eher prekäre Beschäftigungsverhältnisse stressen heute auch eher, als dass sie zur besonderen Persönlichkeitsbildung beitragen. Zum anderen steigt angesichts des durchhängenden Generationenvertrags das Renteneintrittsalter, sodass für die heutige Einsteigergeneration 45 bis 50 Arbeitsjahre ganz normal werden dürften.

VIEL ZEIT FÜR FORTSCHRITT

Das ist – bezogen auf individuelle Berufsbiografien – viel Zeit für allgemeinen Fortschritt und mehrere große Veränderungswellen, verbunden mit der geringer gewordenen Wahrscheinlichkeit, dass der einmal ergriffene Beruf auch bis zur Rente einigermaßen erhalten bleibt. Wahrscheinlicher sind also Biografien mit drei, vier oder mehr sehr verschiedenen Tätigkeiten sowie eine weitere Zunahme der Selbstständigkeit, Freiberuflichkeit, geringfügigen Beschäftigung sowie Leih- und Zeitarbeit anstelle von »Normalarbeitsverhältnissen«, die auf unbefristeten Verträgen, fester Arbeitszeit und geregelter Entlohnung fußen.

In den Unternehmen wachsen mit dem technischen Fortschritt, dem globalen Wettbewerb und dem zunehmenden Effizienzdruck die Anforderungen an die Mitarbeiterinnen und Mitarbeiter. Komplexere Zusammenhänge beispielsweise auf dem Dienstleistungsmarkt tun ein Übriges. So wächst insbesondere der Bedarf an Schlüsselqualifikationen wie Problemlösungskompetenz, Kreativität, Fokus auf den Menschen sowie Kollaborations- und Kommunikationskompetenz.

NEW WORK – BÄLLEBAD FÜR GROSSE?

Vorhang auf für New Work! Hinter diesem Schlagwort verbergen sich eine Fülle von freieren, weniger normierten Arten von Beschäftigung, neue Formen der Zusammenarbeit in und zwischen Unternehmen und Individuen sowie ganz generell die Verheißung einer sinnstiftenden Erwerbsarbeit in einer flexiblen, work-life-balancierten Umgebung. Als wichtigste Werte einer New-Work-Welt tauchen immer wieder

Selbstständigkeit, Selbstverwirklichung und Teilhabe an der Gemeinschaft auf. Schlagworte also, die nicht weit entfernt von den eingangs formulierten Bildungszielen liegen. Und tatsächlich: Mit Blick auf den immer rascheren Wandel der Arbeitswelt ist die tiefer liegende Frage die, die unsere Definition von Arbeit und ihres Werts jenseits von Leistungserbringung und Entlohnung wissen will. Der Sozialphilosoph Frithjof Bergmann, den ich im Rahmen der Employability-Initiativen Ende der 90er-Jahre kennenlernen durfte, gilt als Begründer der New-Work-Bewegung[2]. New Work umfasse smarten Konsum, hightechbasierte Selbstversorgung und vor allem »Arbeit, die man wirklich, wirklich will«. New Work manifestiert sich für Bergmann vor allem auch in einem neuen Lifestyle und einer neuen Kultur. Die Zentren der »Neuen Arbeit« wurden in den USA im sogenannten »Rust Belt« der Autoindustrie rund um Detroit, Cleveland und Pittsburgh Ende der 70er-Jahre aufgebaut. Warum? Weil es eine ähnliche Situation war wie heute. Produktivität und Technologisierung fraßen Arbeitsplätze. Menschen wie Frithjof Bergmann dachten das System Arbeit daraufhin neu.

Die aktuellen, hipstermäßig geführten Debatten bleiben in der Skizzierung von New Work allerdings meist an der Oberfläche der Arbeitsorganisation (weniger Bindung an feste Zeiten, flachere Hierarchien, kein Papierverbrauch, Coworking-Spaces und offene Architektur in Bürogebäuden), des Innovationsmanagements (agile Methoden und Prozesse, Kreativität aus Diversität) und des Umgangs mit eigenen Ressourcen (Achtsamkeit, Ernährung, Zeitmanagement). So entsteht leicht ein Zerrbild, das die Klischees des erwähnten disparaten Verhältnisses von Leistungsbereitschaft und Anspruchshaltung in der jungen Generation bedient. Stellenanzeigen mit New-Work-Anspruch und Feelgood-Management wimmeln jedenfalls nur so vor »Free Lunches«, Tischtennis, Kicker, Spielkonsolen, Fitness-Tickets und Team-Events. Und geduzt wird sowieso nach Kräften, wie beim Ikea-Einkauf am Wochenende, auch bevor man einander persönlich kennt. Krawatten ab und Sneaker an. Willkommen im Bällebad für Große.

WORUM ES EIGENTLICH GEHT

Diese Äußerlichkeiten kaschieren leider, worum es bei New Work eigentlich geht: nämlich ein anderes Verständnis von Arbeit zu erreichen, welches dem Hang zu Wachstum um jeden Preis, immer schneller und härter, etwas entgegensetzt: Sinnstiftung und Zukunftsfähigkeit. Denn nur so entsteht aus New Work tatsächlich Future Business. Eine nachhaltige Form des Wirtschaftens, die dem Menschen und seinen Fähigkeiten besser gerecht wird. In allen drei anderen Marschrichtungen auf meinem Future Business Kompass – individuell, in Organisationen und gesellschaftlich – ist das von elementarer Bedeutung:

Erstens für jeden von uns in unserem Streben nach Glück. Auf der individuellen Ebene steht früher oder später die Sinnsuche im Vordergrund. Sie ist aber auch ein zeitgeschichtliches Phänomen. Man könnte sagen, sie ist hochaktuell. Ob Nachkriegsgeneration, Babyboomer, Generation X, Y oder Z – in allen Alterskohorten unserer Gesellschaft finden sich Menschen, die auf der Suche nach sinnvoller, sinnstiftender Beschäftigung sind. Und die dafür etwas lernen, sich engagieren oder gleich komplette Neuanfänge wagen. Die Zahl der Ü40- und Ü50-Transformer – Menschen, die nach zwei oder drei Jahrzehnten im klassischen Karriere- und Berufsmodell noch mal neu starten – nimmt weiter zu. Ihr Treiber ist meist eine Unzufriedenheit mit den bestehenden Strukturen, ein als unbefriedigend und wenig sinnvoll empfundener Arbeitsalltag und Arbeitgeber oder Vorgesetze, deren Werte man nicht (mehr) teilt. Für sie macht New Work Angebote. Entweder durch Mitwirkung in Teams mit gemischten Erfahrungsschätzen und Hintergründen, die in Innovationsprojekten und -prozessen ihr Unternehmen voranbringen. Oder gleich durch neue Rollen und Tätigkeiten inner- oder außerhalb ihrer bisherigen Organisationen.

Zweitens aus unternehmerischer Perspektive mit Blick auf Zukunftsfähigkeit und Nachhaltigkeit. Auch hier finden sich mehr und mehr Beispiele für Sinnsuche und (Neu-)Definition von Zweckbestimmung, Haltung und Werten. New Work bietet hier sowohl einen methodischen Anker – in der gemeinsamen Erarbeitung und Legitimation solcher Festlegungen – als auch ein Aktionsfeld an sich. Denn die Einführung echter New-Work-Strukturen – offener, agiler, kollaborativer – ist immer auch Manifestation, sicht- und fühlbares Zeichen, dass etwas Neues, etwas Anderes gewollt ist. Mit der Einführung von New Work lässt sich an eingefahrenen, traditionellen Mustern rütteln. Dazu muss New Work ganzheitlich begriffen und in allen Dimensionen durchdacht und durchgesetzt werden: im Business (Geschäftsmodell- und Geschäftsprozessinnovation), beim Einsatz von Technologien (die zum Beispiel helfen, Raum- und Zeitbeschränkungen zu überwinden) und in der Anpassung der Kultur. Letzteres ist die wichtigste und schwierigste Disziplin bei der Realisierung von New Work. ▶▶▶**Culture eats strategy for breakfast**◀◀◀ hat Peter Drucker, einer der großen Vordenker für besseres Wirtschaften, gesagt. Hierarchien und traditionelle Führung aufzubrechen, indem zum Beispiel anstelle des rollenbasierten ein kompetenzbasiertes Rede- und Handlungsrecht eingeräumt wird, ist immer auch eine kulturelle Zerreißprobe für Unternehmen. Richtig haarig wird es, wenn dabei auch traditionelle Formen von Leadership infrage gestellt werden. Dazu gehört etwa das Umschalten auf dienende oder transformationale Führung, die, anstatt Mitarbeitern Druck zu machen, Kompetenzträgern Hindernisse aus dem Weg räumt, Netzwerke fördert und Führung auch als begleitendes Coaching versteht. Neue Formen der Zusammenarbeit und Innovation wollen erlernt werden, und dafür müssen Unternehmen Freiräume und entsprechende Weiterbildungsangebote schaffen. Den Weg zu neuer Arbeit zu gehen passiert nicht von heute auf morgen, sondern bedeutet kontinuierliches Lernen, hinfallen, wieder aufstehen, Krone richten und weiterlernen.

Drittens auf gesellschaftlicher Ebene. Hier lautet die Aufgabenstellung, Individuen und Unternehmen einen Rahmen für Bildung und Arbeit zu geben, der New Work ermöglicht und letztlich nachhaltigere und zukunftsfähigere Formen des Wirtschaftens propagiert. Jenseits dieses Klassikers der Forderungen an die Politik gilt es aber auch, einen gesellschaftlichen Zielkorridor zu bestimmen. Die Zivilgesellschaft muss für sich festlegen, wie sie mit Herausforderungen und Grenzen von Future Business – hier verstanden als volkswirtschaftliches Modell – umgehen will. Die Politik muss den entsprechenden Diskurs organisieren und so kanalisieren, dass Sinnstiftung und Zweckbestimmung auch auf gesellschaftlicher Ebene sichtbarer werden. Aufgabe der Bildungspolitik in diesem Kontext ist es, Angebote zu machen, die Komplexität, Abhängigkeiten und Zusammenhänge darstellen und den Umgang damit trainieren – jenseits des Faktenlernens. Kreativität und Problemlösungskompetenz sind so viel wichtiger. Gleiches gilt für die Wertschätzung fachübergreifender Zusammenarbeit in möglichst vielfältig besetzten Teams. Gesellschaftliche Offenheit und Toleranz sind so verstanden weit mehr als nur wünschenswerte Haltung. Sie sind konstituierend für eine moderne und zukunftsfähige Wirtschaft. Schließlich ist es an der Gesellschaft, den Übergang vom heutigen zum Future Business möglichst reibungsarm zu organisieren. Keine leichte Aufgabe, denn es ist ein rollierender Übergang mit einem sich stetig wandelnden Generationenmix. Darin soll jede und jeder Einzelne eine gerechte, mindestens aber sozialverträgliche Perspektive haben. Bildungsangebote müssen diesen Mix im Wandel permanent im Blick haben und sich entsprechend flexibel anpassen. In diesem Sinne brauchen wir eine Resozialisierung der Bildung. Lebenslänglich (Bildung) fürs ganze Volk ist gut, aber ihre (Wieder-)Eingliederung in unseren gesellschaftlichen Zielkorridor der Zukunftsfähigkeit noch wichtiger. Darauf baut meine dritte Future-Business-These auf, die ich eingangs beschrieben habe.

KOPFÖFFNER BEIM LEBENSLANGEN LERNEN

Wie lassen sich die Defizite heutiger Bildung und ihrer politischen Gestaltung beheben? Dazu einige Kopföffner aus allen Phasen des lebenslangen Lernens – zur Nachahmung und weiteren Verbreitung empfohlen. Dabei werfen wir noch einmal einen grundsätzlichen Blick auf den Wissens- und Fähigkeitenerwerb, seine Bedeutung und seine Bedrohungen in heutiger Zeit.

Wer sich näher mit dem lebenslangen Lernen auseinandersetzt, kommt an zwei zentralen Themen nicht vorbei: Digitalisierung und alternative Lernkonzepte. Beide erstrecken sich nicht nur auf den (institutionellen) Bildungsbetrieb und das Lernen im engeren Sinne, sondern auch auf die Vorbereitung und den Eintritt in das Berufsleben, das individuelle und gemeinschaftliche Lernen sowie die Art der Zusammenarbeit im täglichen Berufsleben und die dabei entstehenden Lern- und Entwicklungschancen.

Die Digitalisierung des klassischen institutionellen Lernens verengt den Blick zunächst auf die technische Ausstattung von Schulen. Zugang zu Laptop, Tablet und Smartphone sollten aus dem modernen Schulunterricht nicht mehr wegzudenken sein. Der Ausstattungsgrad mit Endgeräten wächst in der Tat sichtlich, vor allem da, wo »Bring Your Own Device« erlaubt wird, also die Nutzung privater Geräte im Unterricht. Verlage stellen Apps für das virtuelle Klassenzimmer zur Verfügung, und für Lehrer und Eltern finden sich zahllose Ratgeber und Empfehlungen für digitales Lernen und seine Unterstützung.

Das Handyverbot im Unterricht verschwindet nach und nach in der pädagogischen Mottenkiste. Widerstand dagegen kommt von Digitalisierungskritikern, die Konzentrationseinbußen besonders bei den leistungsschwächeren Schülern, mangelnde Steuerungs- und Aufsichtsmöglichkeiten der Lehrer und vor allem den Verlust analoger Lern- und Kulturtechniken beklagen. Dazu kommt die Sorge, dass die Chancenungleichheit angesichts unterschiedlichen Zugangs zu teuren Lehr- und Lernmitteln eher noch wachse.

Im Sinne der Chancengleichheit trifft schulische und elternfinanzierte Beschaffung auf eine förderwillige IT-Industrie, die erhebliche Bildungsrabatte auf Hard- und Software in Schüler- und Studentenhand gewährt – allem Generalverdacht zum Trotz, es gehe ihr dabei nur um frühzeitige Markenbindung. Neben diesem »Frontend« muss es aber auch im »Backend« stimmen. Netzzugang, Server und Schulclouds braucht es ebenso wie deren Wartung und Betrieb. Am 17. Mai 2019 startete der fünf Jahre laufende »DigitalPakt Schule«[3], der hier nach Jahren der bürokratischen Mühlen endlich für entsprechenden Schub sorgen soll. Immerhin unter notwendiger Änderung des Grundgesetzartikels 104 c, der dem Bund nun erlaubt, allen Ländern und Gemeinden, und nicht nur den finanzschwachen, »Finanzhilfen für gesamtstaatlich bedeutsame Investitionen … zur Steigerung der Leistungsfähigkeit der kommunalen Bildungsinfrastruktur« zu gewähren. Hierfür stehen durch den Bund fünf Milliarden Euro, inklusive Landesmitteln rund 5,5 Milliarden Euro bereit, umgerechnet 500 Euro pro Schüler in Deutschland. Immerhin. Hauptsache, die Investitionsmittel werden nun auch abgerufen und der vielerorts immer noch jämmerliche Zustand der Infrastruktur massiv verbessert. Und zwar schnell. Kleines Aperçu: Das Bundesministerium für Verkehr und digitale Infrastruktur fördert bereits seit 2017 in seiner »Offensive Digitales Klassenzimmer« den Anschluss von Schulen an das Glasfasernetz. Der geht dann zumindest schon mal bis in den Schulkeller. Da hörte die Förderung nämlich vor dem DigitalPakt auf. Nun kann also flächendeckend auch das passende WLAN-Netz und damit ein Breitbandanschluss bis zum Pult eingerichtet werden.

ALLHEILMITTEL DIGITALES LERNEN?

Aber bedeutet eine bessere Versorgung mit digitalen Technologien automatisch bessere Qualität der Bildung? Ja und nein. Hier müssen wir verschiedene Ebenen des Lernens auseinanderhalten. Die Digitalisierung der Schulen, der Hochschulen und der beruflichen Weiterbildung schafft zunächst einmal bessere Voraussetzungen für den Zugang zu Wissen. Sie erleichtert die Recherche und damit die Annäherung an Stoffe und Fragestellungen. Das »Weltwissen« ist immer nur ein paar Klicks entfernt, und wer Such- und Findestrategien beherrscht, kommt rascher zum Ziel. Diese Art der Quellenerschließung profitiert massiv von »always on«.

Mit der Verarbeitung der gefundenen Informationen hat das allerdings noch nichts zu tun. Die ist eine vom Informationszugang erst einmal unabhängige Fähigkeit. In Schulcurricula findet sie sich als »Lernen lernen«. Gleichwohl stellen sich im Zeichen der Digitalisierung erweiterte Fragen: Ist Wikipedia besser als das gute alte Lehrbuch oder Nachschlagewerk? Kann ich Nachhilfe-Videos auf YouTube vertrauen? Lohnen sich finanzielle Investitionen in kostenpflichtige Lehrvideos, zeitliche in »Massive Open Online Courses« (MOOC) und ähnliche Angebote? Und woran bemisst sich die Qualität all dieser Inhalte und ihrer Vermittlung? Lehrkräfte, ganz gleich auf welcher Stufe des lebenslangen Lernens, sind hier als Vermittler von aktueller Medienkompetenz und als inhaltliche Qualitätskontrolleure gefragt. Was zwangsläufig auch die Frage aufwirft, wie es eigentlich um die Aus- und Weiterbildung von Lehrkräften in derart dynamischer Umgebung bestellt ist.

Allenthalben befürchtet wird der negative Einfluss von »always on« auf eine ganze Reihe von Voraussetzungen und Techniken des Lernens. Und je jünger die Lernenden, desto kritischer sind in dieser Hinsicht die Eltern und Lehrenden. Laut Statista[4] nutzen 95 Prozent der 14- bis 49-Jährigen in Deutschland Smartphones. Unter Teenagern zählen Musik hören, Videos anschauen, Telefonieren und im Internet surfen für jeweils über 80 Prozent aller Befragten zu den beliebtesten Anwendungen. Das ist noch kein bildungsrelevanter Indikator, klingt aber ehrlich gesagt auch nicht danach, dass das Handy vor allem ein Lerngerät ist, sondern eher nach Ablenkung. Verlässliche Zahlen sind Mangelware, aber immer wieder geistern Beispiele wie dieses durch die – ausgerechnet – sozialen Medien: An der Hillsborough County Public School in Colorado verzeichneten 23 Schülerinnen und Schüler einer Mathematikklasse in einem 30-minütigen Versuch insgesamt 268 potenzielle Störungen der Aufmerksamkeit auf ihren Handys, darunter 58 Textnachrichten, 182 Social-Media- und 28 sonstige Benachrichtigungen.[5] Trotz der kleinen Stichprobe war das Experiment deutlich valider als die üblichere Erhebungsmethode der Selbsteinschätzung, die vor allem darunter leidet, dass Antworten nach sozialer Erwünschtheit verfälscht werden. Ein klassisches Problem der Medienwirkungsforschung, nicht erst seit der Erfindung des Smartphones.

HANDY-FLUCH UND HANDY-SEGEN

In einer jüngeren Untersuchung[6] kommen Sally Andrews und ihre Kollegen von der psychologischen Abteilung der Nottingham Trent University en passant zu dem Ergebnis, dass junge Erwachsene gut fünf Stunden täglich ihr Smartphone nutzen, es insgesamt mehr als 80-mal am Tag zur Hand nehmen und über die Hälfte dieser Interaktionen weniger als eine halbe Minute dauert. Die Autoren klassifizieren alles unter 15 Sekunden als »Check«, bei dem meist eine einzelne Nachricht angesehen wird. Smartphones sind seit 2007 auf dem Markt. Ihr Einzug in die Schule wurde unter Hinweis auf nämliches Störpotenzial vielfach blockiert. Inzwischen mehren sich aber die Befürworter, die sich vor allem für ungehinderten Informationszugang und alltagsnahen Erwerb von Medienkompetenz aussprechen.

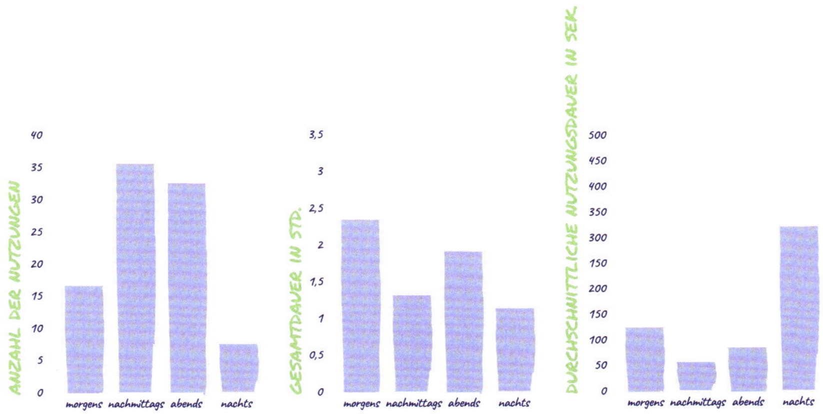

Quelle Grafik: Andrews, Sally; Ellis, David A.; Shaw, Heather; Piwek, Lukasz: »Beyond Self-Report: Tools to Compare Estimated and Real-World Smartphone Use«, in: PLOS ONE (Oktober 2015)

Die Besorgnis, dass digitale Werkzeuge das Lernen erschweren oder behindern, kommt dagegen noch aus einem ganz anderen Lager. Wer sich näher mit künstlicher Intelligenz befasst, landet sehr schnell bei der Frage nach dem Verhältnis zwischen Menschen und Maschinen. Und nur wenige Schritte später bei der Frage, ob letztere nicht bald erstere ersetzen werden. Oder ob Maschinen ein Bewusstsein entwickeln, sich dann entschließen, die Macht über den Menschen zu übernehmen und uns kurzerhand auszurotten. Diese dystopische Zukunftsvision eignet sich zwar prima für moderne Medienmärchen oder Scifi-Blockbuster, ist wissenschaftlich betrachtet allerdings eher Unfug. Es handelt sich um grobe Vereinfachungen theoretischer Überlegungen, die seit den späten 1950er-Jahren unter anderem durch John von Neumann, später Alvin Toffler und noch später Ray Kurzweil angestellt wurden. Ihren Thesen liegt die Annahme zugrunde, dass technologischer Wandel bei exponentiell zunehmender Fortschrittsgeschwindigkeit irgendwann die Aufnahmefähigkeit und das Verständnis des Menschen überfordere – wir kapieren dann einfach nicht mehr, was die Maschinen eigentlich machen. So seien zukünftige Entwicklungen jenseits dieses Punktes, der sogenannten Singularität, nicht mehr absehbar. Der angenommene Zeitpunkt der Singularität ist zwischenzeitlich immer wieder weiter in die Zukunft verschoben worden. Ray Kurzweil, Director of Engineering bei Google und Gründer der Singularity University, traut sich und legt sich auf das Jahr 2045 fest. Trans- und Posthumanisten hoffen weiter auf ihren baldigeren Eintritt und unterstellen einer sich eigenständig entwickelnden technologischen Intelligenz höhere, dem Menschen überlegene ethische Maßstäbe. Ausrottungsfantasien sind folglich ihre Sache nicht.

Folgt man der Hypothese einer wann auch immer bevorstehenden maschinellen Superintelligenz, schließen sich zwei Fragen an: (Wie lange) kann der Mensch Schritt halten, und lohnt sich das Lernen für den Menschen bei immer größer werdender künstlicher Intelligenz in Zukunft noch? Dieser Denkpfad führt erstens in einen Zirkelschluss.

Weil wir nicht wissen können, ob und wann es zur Singularität kommen wird und wie sich Fortschritt und Wissen unter eigenständigen und überlegenen Maschinen entwickeln, können wir auch nicht wissen, ob eigenständiges menschliches Wissen dann noch einen dem maschinellen überlegenen Wert besitzt. Zweitens führt der Pfad uns schnurstracks zurück zu der sehr gegenwärtigen Frage, was der Mensch heute am besten lernen sollte. Unbestrittenes Lernfeld Nummer eins angesichts des technologischen Wandels ist das Wissen um ebendiesen, die Fähigkeit, digitale Technologien zu nutzen, sie sinnvoll und bedürfnisorientiert einsetzen zu können. Das klingt nach nahtloser Fortsetzung der Diskussion um Medienkompetenz, die spätestens seit den 1980er-Jahren eingefordert wurde, angestoßen durch die Privatisierung des Rundfunks und später die Durchsetzung des Internets in der Breite der Bevölkerung. Es klingt aber auch nach gezielter Vorbereitung auf einen immer digitaler werdenden Arbeitsalltag.

KREATIVITÄT ENTSCHEIDET

Der Wissenschaftsautor und -journalist Stefan Klein sieht Kreativität als entscheidenden Faktor im Mensch-Maschine-Wettbewerb. Kreativität, so Klein in seinem Vortrag beim Open Source Congress 2019 in Düsseldorf, sei die Fähigkeit, Neues, Überraschendes und Wertvolles schaffen zu können. Das geschehe erstens kombinatorisch, zum Beispiel: Computer + Telefon + iPod + Touchscreen = iPhone. Was man prinzipiell auch künstlicher Intelligenz durchaus zutrauen könne. Zweitens unter Zuhilfenahme von Erfahrungswissen, bei dem der Mensch der Maschine eher überlegen sei, wie Klein mit netter Anekdote belegt: Ein Mann und eine Frau gehen in den Wald Beeren pflücken. Er kann zehn Kilogramm Beeren pro Stunde pflücken, sie acht Kilogramm. Als die beiden nach einer Stunde aus dem Wald kommen, lautet die Frage, wie viele Beeren sie gesammelt haben. Die Antwort der Maschine sei klar, aber mancher Mensch frage sich, ob die beiden wirklich Beeren gepflückt haben.

Das wiederum führe zur dritten Form, nämlich der transformativen Kreativität, die auf den Regelbruch setze. Damit täten sich Maschinen noch sehr schwer. Einsteins spezielle Relativitätstheorie überwand die bis dahin geltende Regel absoluten Raumes und absoluter Zeit und erweiterte so die klassische Mechanik um ein maßgebliches Theoriegebäude zum Verständnis der Äquivalenz von Masse und Energie. Ob Maschinen zu derlei kreativer Leistung jemals fähig würden, sei, so Klein, ungewiss.

Halten wir folglich und bis auf Weiteres einmal die Kreativität als ein vornehmes Bildungsziel fest. Zumindest erscheint das unter Gesichtspunkten der Konkurrenz zwischen Mensch und Maschine um Arbeit sinnvoll. In der digitalen Transformation unserer Wirtschaft klassischer Prägung macht uns ja genau diese Konkurrenz um das knapper werdende – weil unter Effizienzdruck stehende und deshalb zunehmend den Maschinen übertragene – Gut Arbeit Kopfzerbrechen. Und solange wir noch kein gesamthaft tragfähiges alternatives Konzept von Arbeit als solcher und ihrer sinnstiftenden Funktion, mithin noch kein Future Business in der Breite haben, ist das im größeren Kontext über die Bildungs- und Beschäftigungspolitik hinaus vonnöten. So viel ist sicher: Ohne transformatorische Kreativität werden wir zu alternativen Future-Work- und Future-Business-Konzepten nicht finden.

KARTENLESEN KOMMT UNTER DIE RÄDER

Noch einmal zurück zu Stefan Klein. Auch er zählt nicht zu den dystopisch veranlagten Beobachtern der Entwicklung künstlicher Intelligenz. Stattdessen erteilt er der aggressiven Machtübernahme durch Maschinen eine klare Absage. Allerdings unterwerfe sich der Mensch ja schon ganz freiwillig den Maschinen. Das hat ganz praktische Konsequenzen fürs Lernen und die Bildung. Wer googelt, fragt nicht. Also jedenfalls nicht richtig. Die Eingabe von Stichworten, meist noch mit mangelhafter Rechtschreibung, signalisiert mangelnde Präzision in

der Beschreibung des Gesuchten. Dabei ist präzises Problemverständnis eine Grundvoraussetzung erfolgreichen Lernens – man denke nur an Textaufgaben im Matheunterricht. Aber die Google-Suchmaschine versteht uns ja auch so, irgendwie. Die Nutzung von Navigationssystemen lässt unser räumliches Verständnis allmählich verkümmern. Auch wenn uns Navigationssysteme häufig noch Kartenansichten anbieten, den Weg von A nach B finden wir auch mit Pfeilen und Ansagen an Abzweigen. Die Fähigkeit, Karten zu lesen, kommt dabei unter die Räder. Überschlägiges Rechnen oder das Einschätzen von Entfernungen oder Zeiträumen sind weitere Kulturtechniken, die durch die digitalen Helfer verdrängt werden. Es leiden aber nicht nur solche handwerklichen Fertigkeiten, sondern auch Kompetenzen wie Konzentration, Ausdauer, Wissbegier, Merkfähigkeit, das Erkennen von Zusammenhängen, diese kritisch zu hinterfragen und eigene Lösungen zu entwickeln.
Letztlich erscheint das Verständnis für Möglichkeiten und Grenzen des menschlichen und des maschinellen Verstandes als entscheidend. Wenn wir alternative Beiträge des Menschen zu neuen Formen der Arbeit als Grundlage von Future Business erwarten, dann sind Fähigkeiten zum sinnvollen und bedürfnisorientierten Einsatz digitaler Techniken unabdingbar. In diesem Sinne kann es bildungspolitisch nicht nur um erweiterte, auch das Internet und soziale Kanäle umfassende Medienkompetenz gehen. Und diese darf schon gar nicht im Geiste der Selbstbeschränkung und Vermeidung gelehrt werden. Vielmehr muss neben die Kreativität eine umfassende und grundsätzlich positiv besetzte Digitalkompetenz als Bildungsziel treten. Denn zugleich wachsen die Anforderungen an mündige Bürgerinnen und Bürger, Arbeitnehmerinnen und Arbeitnehmer: Um eine enkelfähige zukünftige Wirtschaft zu gestalten, müssen alle Mitglieder der Gesellschaft komplexe Zusammenhänge verstehen und sich darauf einlassen, Abhängigkeiten zu begreifen und dabei ständig zu hinterfragen: Stimmt das, was ich hier gerade höre, lese oder sehe? Woher stammen die Daten und Informationen? Wer hat sie wie analysiert? Wel-

che Qualität haben meine Quellen? Welche Glaubwürdigkeit? Welche Konsequenzen haben verschiedene Entscheidungen, und – vor allem – welche Konsequenzen hat mein und unser Tun?

BILDUNGSZWECK UND BILDUNGSZIEL

Deshalb geht es bei zukunftsfähiger Bildung nicht nur um die Bereitstellung einer hinreichenden Anzahl zur wirtschaftlichen Entwicklung passender Arbeitskräfte mit entsprechendem Fachwissen. Es geht letztlich vor allem um die Befähigung für individuelles und kollektives lebenslanges Lernen in einem viel umfassenderen Sinne und somit um hinreichenden Nachschub an im besten Sinne des Wortes mündigen Staatsbürgern.

Damit ist der Mensch weniger Bildungsobjekt mit Zweckbestimmung, sondern Bildungssubjekt mit Zielsetzung. Alternative Lernkonzepte rücken aus genau diesem Grund den Menschen in den Mittelpunkt, auf die Gefahr hin, das eine oder andere Aufstöhnen zu provozieren – schließlich werden Debatten um alternative Bildung mit ähnlich religiös anmutendem Eifer geführt wie diejenigen um alternative Medizin. Und schon der Vergleich war jetzt vermutlich eine Umdrehung zu viel.

Sei's drum: Auffällig ist, dass alternative pädagogische Konzepte den Menschen und seine Rolle in Natur, Kultur und Gesellschaft als Ausgangspunkt und Richtschnur wählen. Das galt für Maria Montessori ebenso wie für Rudolf Steiner. Montessoris Leitsatz »Hilf mir, es selbst zu tun« stellt auf Eigenmotivation und Selbstkontrolle ab. Schülerinnen und Schüler agieren im jeweils eigenen Tempo und voneinander lernend. Steiner betonte in seiner anthroposophischen Lehre die Dreigliedrigkeit des Menschen im Denken, Fühlen und Wollen. Entsprechend wichtig sind kreative und künstlerische Fähigkeiten, besonders im musischen und Bewegungsbereich. Daher stammt das vielfach belächelte Klischee, jeder Waldorfschüler könne seinen Namen tanzen. Substanziellere Auseinandersetzungen gab und gibt es

mit Steiners Lehre nach wie vor, besonders sichtbar an Vorwürfen, ihr wohnten nationalistische und rassistische Überzeugungen inne.
Die reformpädagogischen Konzepte Montessoris und Steiners fanden zahlreiche Nachahmer und Weiterentwickler, unter anderem die Mehlhorn-, Freinet- und Jenaplan-Schulen, aber auch Waldkindergärten und -schulen. Letztere greifen meist die Montessori-Pädagogik auf und verbinden sie mit dem Draußen-in-der-Natur-Sein, im Kindergarten täglich, in der Schule häufig. Verbundenheit zu den natürlichen Ressourcen des Planeten vermitteln auch die Club-of-Rome-Schulen. Nachhaltigkeit in allen Bereichen steht in diesen teils staatlichen und teils staatlich anerkannten Freien Schulen im Zentrum. Vernetztes Denken und ein Verständnis globaler Verantwortung werden entlang der Agenda 2030 und des Leitmotivs der 17 UN Sustainable Development Goals (SDGs) vermittelt. Anhand der SDGs, so das Schulnetzwerk, »untersuchen und verstehen die Schüler*innen Phänomene in der global vernetzten Welt: Wirkketten, Abhängigkeiten und öko-soziale Entwicklungen werden diskutiert. Die Schulen schaffen Lernsettings für die Erfahrung der eigenen Wirksamkeit, in denen Schüler*innen sich selbstbestimmt für die Gestaltung zukünftiger Entwicklungen einsetzen können.«[7]
Ach ja: Einige der erfolgreichsten Firmengründer der Welt waren auf Montessorischulen, schrieb Reinhard Kowalewsky in der »Rheinischen Post«[8] und zählte auf: Larry Page und Sergej Brin (Google), Jeff Bezos (Amazon), Jimmy Wales (Wikipedia), Will Wright (Erfinder von Videospielen wie »Sim City« oder »Die Sims«). Und auch deutsche Beispiele fand Kowalewsky, unter anderem Henkel-Aufsichtsratschefin Simone Bagel-Trah. Nichts ist es also mit dem Vorurteil, dass Reformschulen nur etwas für diejenigen seien, die es auf den Regelschulen nicht schaffen. Die explizite Förderung von Kreativität und individueller Persönlichkeit scheint eher besonders erfolgreiche Ideengeber hervorzubringen, deren in der Schule erworbene Haltung auch ihr Unternehmerdasein nachhaltig prägt. Und diese Menschen können wohl beides: erfolgreiche Unternehmen führen und ihren Namen tanzen.

Damit sei übrigens auch nicht allein den reformpädagogischen Ansätzen als Allheilmittel das Wort geredet. Auch die klassische Regelschule erfährt eine Fülle von Impulsen und Anregungen zur Veränderung. So zum Beispiel aus der 2012 von Stephan Breidenbach, Gerald Hüther und Margret Rasfeld gegründeten Initiative »Schule im Aufbruch«[9]. Die drei waren zuvor Experten im Zukunftsdialog der Bundeskanzlerin im Themenfeld »Wie wir lernen wollen« und beschlossen, die Schultransformation nicht nur zu fordern, sondern von der Basis ausgehend zu initiieren und zu unterstützen. »Schule im Aufbruch« versteht sich als Netzwerk zur Bündelung zahlreicher Aktionen, als Inspirationsquelle und Aufforderung zum Mitmachen.

Eine Vielzahl von Unternehmen engagiert sich ganz direkt an und mit Schulen. Beispielhaft genannt sei »xStarters«[10], ein Programm der Volkswagen Group, die Workshops und Roadtouren anbietet, in denen sich Schüler unterrichtsergänzend für digitale und soziale Projekte einsetzen können. In Challenges, die sich ebenfalls an den UN Sustainable Development Goals orientieren, werden Team- und Wettbewerbsgeist gleichermaßen angesprochen, um zu kreativen Lösungen zu kommen.

Bei Konzepten wie dem bilingualen Unterricht geht es darum, vom Sprach- zum Kulturverständnis zu gelangen, oder, wie es die Kultusministerkonferenz 2011 in ihren Empfehlungen zur Stärkung der Fremdsprachenkompetenz[11] formulierte, um »die Stärkung der kulturellen Vielfalt Europas, die Förderung von Mobilität und Integration« sowie »die Vorbereitung auf eine international geprägte Wirtschafts- und Arbeitswelt«. Ähnliche Ziele verfolgen Programme wie Erasmus, das vor allem aufgrund seiner Förderung von Auslandsaufenthalten von Studierenden bekannt ist, aber auch Förderprogramme für Schüler sowie in der beruflichen und Erwachsenenbildung anbietet.

Eine Brücke aus der Schule in die berufliche und Erwachsenenwelt schlägt die Initiative Next Entrepreneurs[12]. Diese gemeinnützige GmbH habe ich gemeinsam mit vier weiteren Gründern ins Leben gerufen. Im Zentrum steht für uns eine ganz einfache Frage: Wieso werden Start-ups eigentlich erst mit 32 gegründet? Das ist nämlich das aktuelle Durchschnittsalter. Wir glauben, dass sich das dramatisch ändern sollte. Schon in Jugendlichen im Schulalter schlummert enormes Potenzial – und das sollte früher den Weg in unternehmerisches Handeln finden. Natürlich nicht unbedingt sofort und noch in der Schulzeit, aber vielleicht auch nicht so lange danach. Denn gerade junge Menschen verstehen die Digitalisierung ganz intuitiv, sie nutzen völlig selbstverständlich Methoden wie Design Thinking oder Lean Startup – wenn man sie lässt. Bei unseren Events bringen wir Schülerinnen und Schüler deshalb mit Mentoren aus der Gründerszene zusammen und freuen uns jedes Mal über ihren Spirit und die Kreativität. Wir zeigen Schülern, wie sie Probleme anders lösen können. Denn das sind Fähigkeiten, die jeder braucht.

WIE MAN DIE WELT RETTET

Der akademische Bereich zeichnet sich ebenfalls durch eine Vielzahl alternativer Konzepte aus, die zunehmend über die Hochschulen hinaus auch in die berufliche und Erwachsenenbildung ausstrahlen. Damit erweitern und öffnen sie die Hochschulbildung für das lebenslange Lernen. Ein Beispiel: Seit gut zehn Jahren gibt es MOOCs, »Massive Open Online Courses«. Sie bieten Lernwilligen offenen, das heißt nicht zulassungsbeschränkten Zugang zu meist universitären Lerninhalten. In Kanada entstanden und von den Stanford-Professoren Sebastian Thrun und Peter Nervig erstmals erfolgreich, also mit »massiver« Beteiligung umgesetzt, gibt es inzwischen auch in Deutschland entsprechende Angebote. Der Zugang ist einfach, kostenlos und erschließt eine Fülle von Fachinhalten aus praktisch allen gängigen Studienrichtungen, dargeboten von namhaften Professoren noch namhafterer Universitäten. Die bekanntesten Plattformen, über die MOOCs verfügbar sind, sind Coursera und Udacity – erstere sehr breit, letztere mit starkem Technologie-Fokus. In Deutschland hat sich iversity etabliert, interessante Angebote finden sich aber auch bei einzelnen Universitäten und Instituten wie zum Beispiel dem Potsdamer Hasso-Plattner-Institut, das auf seiner Plattform openHPI Kurse zum Beispiel zum Thema Design Thinking anbietet.[13]

Kopföffner-Tipp: Für alle, die sich mit dieser Methode auf den Weg zu ihrem Future Business machen wollen, übrigens ein hervorragender Einstieg …

Viele MOOCs gehen längst über die klassischen Formen der universitären Wissensvermittlung – Vorlesung, Lektüre, Abfrage des Gelernten – hinaus und bieten neben Übungs- auch Dialog-Anteile. Wer live an Kursen teilnimmt, kann Fragen stellen und sich mit Mitlernenden vernetzen, was trotz der teilweise hohen Teilnehmerzahlen erstaunlich gut funktioniert. Flankierende Angebote von Blogs oder Social-Media-Communitys werden häufiger. Die Kursanbieter stellen in aller Regel Zertifikate für die Teilnahme aus, oft auch Leistungsnachweise bis hin zu anerkannten Abschlüssen. Deren Erlangung ist dann allerdings häufig mit Kosten verbunden. Was sollten Lernende mitbringen? Vor allem Eigenmotivation und Durchhaltevermögen. Aktive Mitwirkung ist ausdrücklich erwünscht, »Lurking«, also nur passives Mitlesen und Konsumieren, ist verpönt. Die Abbruchquoten bei den meist mehrwöchigen Kursen, deren Inhalte nach und nach freigeschaltet werden, betragen bis zu 90 Prozent. Diejenigen, die durchhalten und sich engagieren, sind ganz überwiegend begeistert.

Ein zweites Beispiel für zukunftsfähigere akademische Bildung ist die Initiative »How to Change the World«[14] von Jason Blackstock, Associate Professor und Gründer des Department of Science, Technology, Engineering and Public Policy am University College London (UCL). Gestartet ist »How to Change the World« 2014 als zweiwöchiges Intensivprogramm für Studierende der Ingenieurwissenschaften. ▶▶▶**Unsere Absolventen waren aufgrund ihres technologischen Wissens immer sehr geschätzt. Allerdings mehrten sich die Klagen von Arbeitgebern, die Ausbildung bleibe zu theoretisch und Berufsanfänger seien überhaupt nicht in der Lage, echte Probleme in der wirklichen Welt zu verstehen, geschweige denn, ihre Lösung realistisch anzugehen**◀◀◀ sagt Blackstock. Außerdem sei die Fähigkeit zur interdisziplinären Zusammenarbeit im Team ebenso mangelhaft ausgeprägt wie die Bereitschaft, auf Stakeholder zuzugehen und diese einzubinden. ▶▶▶**Technische Kenntnisse sind aber heute einfach nicht mehr genug!**◀◀◀ Blackstock nahm sich deshalb vor, das grundlegend zu ändern und eine sehr viel anwendungsnähere Ingenieurausbildung zu entwickeln. Längst ist »How to Change the World« ein Pflichtkurs im UCL-Programm, und rund 5000 Studierende haben ihn in den letzten fünf Jahren absolviert.

Das Programm zeichnet sich in mehrerlei Hinsicht aus. Zum einen im starken Fokus auf das Problemverständnis: Mindestens die Hälfte der Zeit verbringen die Teilnehmer mit der Analyse des Problems. Die Neigung, immer gleich auf Lösungsideen zu springen, sei Ingenieuren ebenso eigen wie Beratern, sagt Blackstock. Dem setze seine Methode eine klare Grenze. Solange das Problem nicht sauber ausrecherchiert und zusammen mit Kriterien für späteres Lösungsdesign präzise formuliert sei, blieben Brainstormings verboten. Das ist ungewohnt und anstrengend für alle Teilnehmer, aber konsequent und erhellend.

Zweitens wird enorm viel Wert auf Interdisziplinarität gelegt. Obwohl die Arbeitsgruppen meist sehr klein sind, fünf bis sechs Teilnehmer arbeiten gemeinsam an einer Herausforderung, wird maximal möglich

gemischt. Schon bei der Auswahl und Beschreibung des konkreten Problems entstehen so interessante Erkenntnisse.
Drittens werden die typischen Herausforderungen, an denen die Teilnehmer arbeiten, dem Programmnamen gerecht, stehen doch die 17 UN Sustainable Development Goals im Zentrum. »Findet mal Ansätze für nachhaltige Energieversorgung, sauberes Wasser, Beendigung von Armut und Hunger oder die Angleichung von Lebensbedingungen – das klingt erst einmal unlösbar«, erläutert Blackstock. Deshalb erde das Vorgehen diese globalen Herausforderungen und mache sie anhand lokaler Gemeinschaften und spezifischer Ansprüche von Stakeholdern anfassbar.
Und viertens bindet »How to Change the World« externe Partner aus der Praxis ein – Politik, NGOs, Wirtschaft –, die sich mit Problemen, Methoden und Lösungen auskennen. Als »Challenge Partner« helfen sie beim Problemverständnis, als »Innovation Partner« beim Lösungsdesign und bei der Vorbereitung zur konkreten Umsetzung entwickelter Lösungen. So entsteht für beide Seiten, Studierende und Praktiker, früh ein intensiver Austausch mit konkretem Realitätsbezug. Das begeisterte die jährlich circa 40 Partnerorganisationen und Unternehmen so, dass sie »How to Change the World« als Methode auch selbst einsetzen wollten. Nach erfolgreichen Pilotprojekten mit verschiedenen angelsächsischen Ingenieurverbänden, aber auch mit NGOs wie der Global Solutions Initiative in Berlin gründet Jason Blackstock deshalb nun eine Non-Profit-Organisation, die den Austausch zwischen akademischer und praktischer Welt weiter vertiefen soll.

BRÜCKENSCHLAG INS LEBENSLANGE LERNEN

Ein hiesiges Kopföffner-Beispiel für ein soziales Unternehmen, das Brücken zwischen akademischer und praktischer Welt schlägt, ist die Hilfswerft gGmbH[15]. In ihrem »Wertschaffungskreislauf« werden die Hebel für Veränderung und die zielgerichtete Aktivierung von Akteuren überzeugend verknüpft.

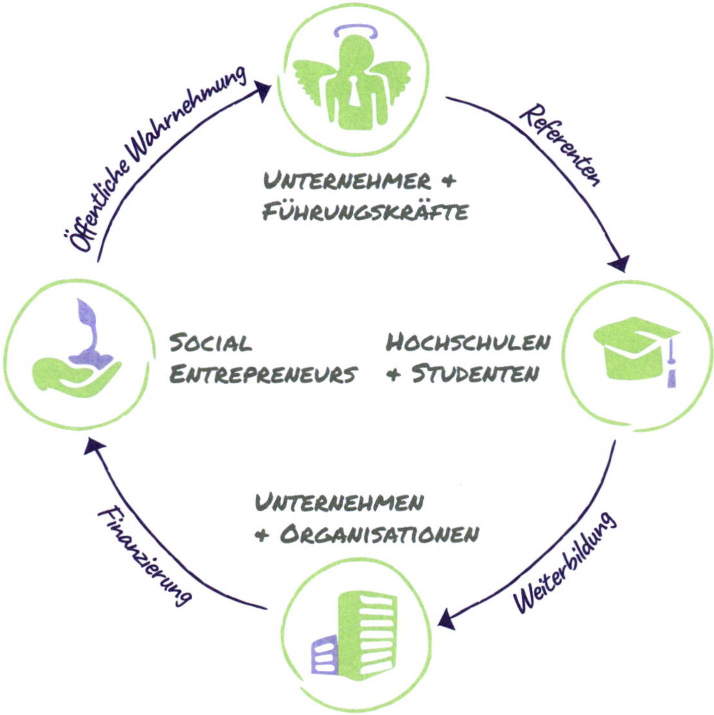

Hilfswerft hebt das Wissen und die Erfahrungen etablierter Unternehmer und Führungskräfte, stellt sie über Workshops und Vorträge Studierenden und Sozialunternehmern zur Verfügung. Unternehmen und Organisationen, die sich sozialer aufstellen wollen, profitieren umgekehrt von Weiterbildungsangeboten der Hochschulen und dem Erfahrungsaustausch mit Sozialunternehmern. Diese erschließen neue Finanzierungsquellen und danken es durch Promotion und öffentliche Sichtbarkeit – ein Gewinn für alle Beteiligten.
Eine bessere Vernetzung zwischen beruflicher Praxis und Zivilgesellschaft ist das Hauptziel moderner Konzepte beruflicher Weiterbildung. Wer im Beruf stehende Experten zukunftsfähig weiterbilden

Quelle Grafik: Hilfswerft gGmbH, 2019

will, dem muss an Horizonterweiterung in andere Sphären hinein gelegen sein. Das ist – neben sichtbarem Corporate-Responsibility-Engagement des betreffenden Unternehmens – meist der Treiber für die zahlreichen Freiwilligenprogramme, die es in vielen Unternehmen inzwischen gibt. Die Förderung von Sozialunternehmen ist dabei ein häufiges Aktionsfeld, beispielsweise als Mentor für Gründer hierzulande oder als Berater in einem entsprechenden Entwicklungsprojekt in Afrika. Von Aktionstagen über Pro-bono-Projekte bis zu Abstellungen sind viele unterschiedlich intensive Formen des Engagements umsetzbar und eröffnen auch lernentwöhnten langjährigen Mitarbeitern ganz informell und niederschwellig neue Entwicklungschancen.
Smart Mile, kurz: s.mile[16], ein Projekt der Haufe Akademie, ist ebenfalls ein niederschwelliges Programm, allerdings für einen kleineren Teilnehmerkreis. Fünfzehn Menschen erhalten für zwei Jahre unbeschränkten Zugang zu allen Lernangeboten – Seminaren, Trainings, E-Learnings und Tagungen – der Akademie und lassen sich währenddessen über die Schulter schauen. Startpunkte, Hintergründe, Herausforderungen und Zielsetzungen könnten verschiedener nicht sein. Von Work-Life-Balance bis Führungskraf, von beruflichem Neustart über Integration nach Migration bis zur Vorbereitung des nächsten Karriereschritts, von Prioritätensetzung und Selbstorganisation bis zur Klärung der wahren Leidenschaft reicht die Bandbreite. Alle 15 Teilnehmerinnen und Teilnehmer suchen ihr Future Business. Für die beiden Akademiegeschäftsführer Mario Kestler und Hansjörg Fetzer ist das Projekt eine Chance, viel weiter zum Kern ihrer Arbeit vorzudringen und deren Wirksamkeit intensiver zu erleben, als das bei der sonst üblichen punktuellen und sporadischen Betreuung ihrer Kunden der Fall ist. So hoffen sie, sich selbst und ihr Team näher an ihre Kunden, deren Motivation und letztlich Sinnstiftung heranzubringen. Einmal mehr Win-win in der Entwicklungsarbeit, die viel mehr ist als nur Lernen.
Auch »ada Fellowship«[17], die von der Publizistin Miriam Meckel initiierte Plattform, die Talente und Führungskräfte aus Wirtschaft und

Politik in einem gemeinsam mit Bildungsanbietern kuratierten Jahresprogramm mit digitalen Vordenkern zusammenbringt, geht über Lernangebote hinaus. Im Vordergrund steht die Vernetzung der ada Fellows (benannt nach der britischen Mathematikerin Ada Lovelace, die gemeinsam mit Charles Babbage in den 1830er- und 40er-Jahren an dessen Analytical Engine arbeitete, einer frühen lochkartenbasierten Rechenmaschine, und die deshalb als Pionierin des Computings gilt). Gemeinsam suchen Initiatoren, ada Fellows und Partner aus Wissenschaft und Wirtschaft Antworten auf zentrale Fragen der IT-Entwicklung und wollen so »das Land der Dichter und Denker*innen zu einer Gesellschaft digitaler Pionier*innen transformieren«. Ada wurde 2019 ins Leben gerufen und ist mit rund 400 Teilnehmern in das erste Jahr als Experiment gestartet.

Das Gros des lebenslangen Lernens findet heute noch nicht in solchen besonderen Initiativen, sondern eher innerhalb der Weiterbildungsprogramme von Unternehmen statt. »Upskilling« heißt das Signalwort für alle, die Mitarbeiterinnen und Mitarbeiter mit von digitaler Technologie bedrohten Jobprofilen beschäftigen – und mehr noch für die Beschäftigten selbst. Der Auftakt ist leider angstbesetzt. Wer befürchten muss, arbeitslos zu werden und vielleicht nie wieder eine Anstellung zu finden, egal zu welchem Zeitpunkt des aktiven Berufslebens, muss etwas tun.

Die von empirica im Auftrag der EU-Kommission vorgelegte Studie »High-Tech Leadership Skills for Europe – Towards an Agenda for 2020 and Beyond«[18] prognostiziert eine weiterhin wachsende Nachfrage nach IT-Fähigkeiten und ein dahinter zurückbleibendes Angebot entsprechender Experten auf dem Markt. Für 2020 wird eine Versorgungslücke von 500 000 IT-Spezialisten erwartet. Bis 2025 rechnet die Studie mit einem jährlichen Bedarf von 50 000 zusätzlichen hightecherfahrenen Führungskräften. Für sogenannte »E-Leadership Skills« entwickeln die Autoren ein Scoreboard, das den EU-Mitgliedstaaten ihre jeweilige Position im Vergleich zum EU-Durchschnitt anhand von »Lagging«- und »Leading«-Indikatoren vor Augen führt.

Im Index ist ein deutliches Nord-Süd-Gefälle in Europa sichtbar. Aber Ausruhen ist auch im Norden nicht angesagt: Beim mittelfristigen Ausblick wird schnell sichtbar, dass auch in Ländern, die heute über dem EU-Durchschnitt liegen, Absturzrisiken drohen, neben Schweden, Luxemburg und den Niederlanden auch hier in Deutschland.

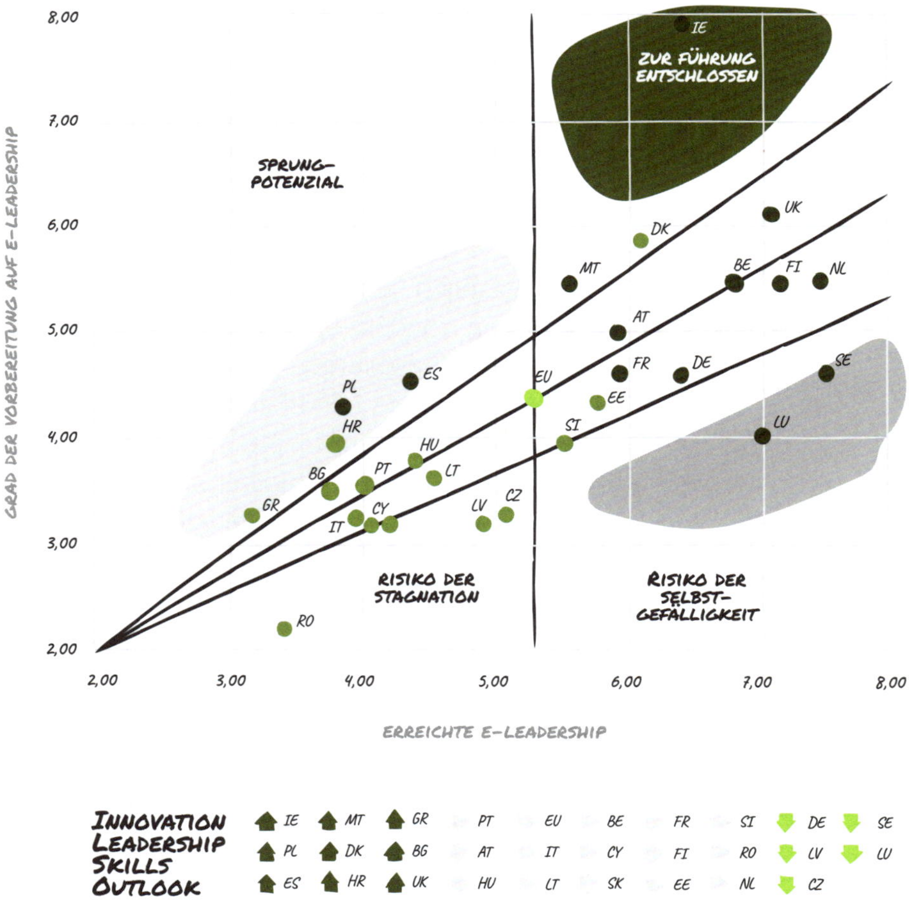

Quelle Grafik: empirica, 2016

Allen Stufen des lebenslangen Lernens ist eines gemein: Im Zeichen der (digitalen) Transformation von Wirtschaft und Arbeit steht die Stärkung des Individuums im Vordergrund. Um auch im Future Business zu bestehen und beschäftigbar zu sein, müssen wir uns alle ganz selbstverständlich und zuallererst als Lernende begreifen – und erst dann als (potenzielle) Arbeitskraft. Die Notwendigkeit lebenslangen Lernens ist eine Binse. Es ist Zeit, dass wir das einsehen. Alle.

Für jeden Future-Business-Entwickler – egal ob als Einzelner für sich selbst oder als Organisation, in Wirtschaft, Politik, Wissenschaft und Gesellschaft – bedeutet das, ein Stück Verantwortung für die Zukunftsfähigkeit aller Menschen zu übernehmen. Dazu gehört auch, für einfachere Tätigkeiten Perspektiven zu entwickeln und Anforderungen an »gute Arbeit« zu erfüllen. INQA, die 2002 vom Bundesministerium für Arbeit und Soziales ins Leben gerufene Initiative »Neue Qualität der Arbeit«[19], macht genau das zum Thema – Basic Work. Unter den zehn wichtigsten Anforderungen an gute Arbeit aus Arbeitnehmersicht finden sich vorwiegend Sicherheitsfaktoren (festes, verlässliches Einkommen, Arbeitsplatzsicherheit, unbefristetes Arbeitsverhältnis) und solche der Sinnstiftung und Kreativität (Arbeit soll Spaß machen, sinnvoll sein, Stolz ermöglichen, vielseitig und abwechslungsreich sein). Das wollen drei Viertel und mehr der Befragten. Entwicklungsmöglichkeiten (eigene Fähigkeiten weiterentwickeln, verantwortungsvolle Aufgaben, Fehler- und Ursachenanalysen) folgen im Ranking auf hinteren Plätzen und werden nur von rund zwei Dritteln der Befragten genannt. Hier wird es darauf ankommen, Eigeninitiative weiter zu fördern und zu fordern.

Deshalb erscheint es so wichtig, Kreativität und Kooperation zu erlauben, wo es nur geht. Die zahlreichen genannten alternativen pädagogischen Konzepte haben alle diesen Fokus. Räumen wir ihnen noch mehr Platz im Bildungsalltag auf allen Stufen ein. Wenn wir es schaffen, den angstbesetzten Anlass des lebenslangen Lernens in den Hintergrund zu rücken und die Freude an Wissbegier, Weiterentwicklung und Fortschrittlichkeit in den Vordergrund zu ziehen, wird die individuelle und kollektive Lernbereitschaft weiter steigen. Die Grundlagen dafür können und müssen schon in der kindlichen und jugendlichen Bildungsphase gelegt werden.

Natürlich ist auch die entsprechende inhaltliche Ausrichtung von Bildungsangeboten nicht zu vernachlässigen. Vermittlung und ständiges Frischhalten einer umfassenden Digitalkompetenz sind unabdingbar. Damit aber nicht genug. Das Verständnis für die komplexen Zusammenhänge in allen Lebensbereichen muss massiv verbessert werden. Lernen, das auf Komplexitätsreduktion angelegt ist, das lexikalisches Wissen in eng abgesteckten Fachgrenzen vermittelt und abfragt, ist nicht nur nicht zukunftsfähig. Es raubt Lernenden auch die Zeit und die Motivation, wirklich an den Kern von Problemen vorzudringen und im interdisziplinären Team zu kreativen Lösungen zu kommen. Das ist fahrlässige Versündigung an der Zukunft. Future Business wirklich und nachhaltig zu ermöglichen beginnt mit dem Freiraum, gemeinsam mit Gleichgesinnten auch komplexe Problemlösung zu lernen und immer wieder neu einzuüben. Bildung ist Wirtschaftsförderung. Alternative Bildung ist alternative Gesellschafts- und Wirtschaftsförderung! Damit zum nächsten Kapitel: der gesellschaftlichen Perspektive im Future Business Kompass.

---

1 Autorengruppe Bildungsberichterstattung (Hrsg.): »Bildung in Deutschland 2018«, https://www.bildungsbericht.de/de/bildungsberichte-seit-2006/bildungsbericht-2018/pdf-bildungsbericht-2018/bildungsbericht-2018.pdf

2 Bergmann, Frithjof: »New Work, New Culture – The briefest possible summary of New Work«, http://newwork.global

3 https://www.bmbf.de/de/wissenswertes-zum-digitalpakt-schule-6496.php, März 2019

4 Tenzer, F.: »Anzahl der Nutzer von Smartphones in Deutschland bis 2018«, Statista (2019), https://de.statista.com/statistik/daten/studie/198959/umfrage/anzahl-der-smartphonenutzer-in-deutschland-seit-2010/

5 https://m.facebook.com/HillsboroughSch/photos/are-cell-phones-a-distraction-in-class-to-prove-a-point-a-math-teacher-asked-her/2123417011041216/

6 Andrews, Sally; Ellis, David A.; Shaw, Heather; Piwek, Lukasz: »Beyond Self-Report: Tools to Compare Estimated and Real-World Smartphone Use«, in PLoS One (Oktober 2015), https://journals.plos.org/plosone/article?id=10.1371/journal.pone.0139004

7 https://www.club-of-rome-schulen.org

8 Kowalewsky, Reinhard: »Die Montessori-Elite«, in: »Rheinische Post« vom 10. Februar 2016

9 https://www.schule-im-aufbruch.de

10 https://xstarters.digital

11 »Empfehlungen der Kultusministerkonferenz zur Stärkung der Fremdsprachenkompetenz«, Beschluss der Kultusministerkonferenz vom 08.12.2011, https://www.kmk.org/fileadmin/veroeffentlichungen_beschluesse/2011/2011_12_08-Fremdsprachenkompetenz.pdf

12 https://next-entrepreneurs.org

13 https://www.coursera.org
https://eu.udacity.com
https://iversity.org/de
https://open.hpi.de

14 https://www.htctw.org/home

15 https://www.hilfswerft.de/ueber-uns/

16 https://www.haufe.de/personal/hr-management/experiment-zwei-jahre-unbegrenzt-weiterbildung-und-coaching_80_417138.html

17 https://join-ada.com

18 Empirica: »High-Tech leadership Skills for Europe«, Report to the European Commission Directorate-General for Internal market, Industry, Entrepreneurship and SMEs (2017), http://eskills-scale.eu/fileadmin/eskills_scale/all_final_deliverables/scale_e-leadership_agenda_final.pdf

19 https://www.inqa.de/DE/Startseite/start_node.html

DIE FUTURE-BUSINESS-GESELLSCHAFT

ES STEHT 6:2 NACH TICKETS

Greta Thunberg hat hehre Ziele. Sie setzt sich für eine andere, eine enkelfähige Welt ein. Sie will, dass wir endlich handeln und die Klimaerhitzung stoppen. Überall beliebt ist sie damit nicht. Die Schwedin polarisiert, und am besten verfolgen konnte man das im Sommer 2019, als sie mit ihrem Vater eine Segelyacht bestieg, um zur UN-Klimakonferenz nach New York zu fahren.

Einerseits wurde sie für ihre Konsequenz und ihren Mut gefeiert. Andererseits rechneten Kritiker beim Start vor, dass die CO_2-Bilanz ihrer Atlantiküberquerung schlechter abschneiden würde als ein Flug für zwei Personen: Fünf Segler müssten schließlich von Europa nach New York fliegen, um die Yacht wieder in den Heimathafen in der Alten Welt zu überführen, und der Skipper der Hinfahrt würde nach dem Trip wieder nach Europa zurückfliegen. Sechs Flugtickets statt zwei also, wenn Greta in Begleitung ihres Vaters geflogen wäre. Und all die Begleitboote mit Hunderten von Journalisten und Schaulustigen bei der Abfahrt in Plymouth hätten auch ihren Fußabdruck. So berichtete es – ausgerechnet – die »taz«. Und schrieb noch, dass die Yacht nach der Überquerung ja auch einigen Reparaturbedarf habe, der ebenfalls nicht CO_2-neutral sein könne.

Die »taz«-Leserschaft reagierte zum Teil so heftig, dass die Redaktion sich gezwungen sah, eine Stellungnahme in eigener Sache zu veröffentlichen und sich zu verteidigen. Wenn der vermeintlich klimaneutrale Trip mehr Emissionen als bei einem Flug erzeuge, könne man das Leserinnen und Lesern nicht vorenthalten, nur weil es vielen nicht gefalle. »Nur noch veröffentlichen, was beim eigenen Publikum gut ankommt, hätte mit Journalismus nichts mehr zu tun.«[1]

Die Angelegenheit hatte natürlich nicht nur eine publizistische Facette. Der Segeltörn der Klimaaktivistin war symbolischer Natur. Wie wenig praktikabel allerdings der Ersatz des globalen Flugverkehrs mittels Segelyachten ist, bedarf wohl keiner ernsthaften Erläuterung. Auch wird deutlich, dass globale Veränderung nicht allein auf individuelle Verhaltensänderung aus Einsicht bauen kann. Denkanstoß und Vorbild ja, echte Lösungen gelängen nur kollektiv. Dafür brauche es Regeln, die Probleme unabhängig von individuellen Entscheidungen lösen. Das stellte »taz«-Kommentator Malte Kreutzfeldt fest und plädierte beispielgebend für die Verbannung privater Pkw aus Innenstädten und forderte im Gegenzug funktionierenden kostenlosen Nahverkehr. Und ein Glyphosat-Verbot bringe auch mehr als »ein paar weitere KundInnen, die freiwillig aufs Biosiegel achten«.[2]

Damit wären wir am eigentlichen Kern der Geschichte: Welche Politik wollen wir, um welche Ziele zu erreichen? Die Antwort liegt naturgemäß im Auge des Betrachters. Wenn wir uns ihr mit Fokus auf Future Business nähern, ist der wirtschaftliche Blick unerlässlich. Springen wir dazu ans andere Ende des publizistischen Meinungsspektrums, zur Tageszeitung »Die Welt«. Dort fand sich ein Kommentar von Natalie Mekelburger, Geschäftsführerin des Automobilzulieferers Coroplast-Gruppe in Wuppertal und 2017 Entrepreneurin des Jahres. In ihrem Essay beklagte sie den neuen Klimaabsolutismus, dem sich Deutschland unterworfen habe.[3] Die industriepolitisch zerstörerische Klimapolitik in Deutschland und Europa bereite ihr große Sorgen. Politik und Industrie hätten ihren marktwirtschaftlichen Kompass völlig verloren. Aus Angst vor öffentlicher Schelte seien sie bereit, eigene Überzeugungen über Bord zu werfen. Dem 1,5-Grad-Erderwärmungsziel unser gesamtes wirtschaftliches Handeln zu unterwerfen, hält sie für einen großen Irrweg. Mekelburger nimmt die eigene Branche als Beispiel und erläutert, dass trotz schneller Anpassung der Automobilindustrie an die Forderungen nach E-Mobilität Strafzahlungen für Verbrennungsmotoren, auf die wir vorerst noch angewiesen sind, Ressourcen binden, die für die

Entwicklung alternativer Antriebe nötig wären. Das geschehe, weil die Feinde des Individualverkehrs das Zepter in die Hand genommen hätten. Die Politik nehme mit völlig überzogenen und in vorgegebener Zeit nicht erreichbaren CO_2-Emissionszielen für Europa die Deindustrialisierung bewusst in Kauf oder provoziere diese sogar. Der Klimabewegung gehe es derweil um die völlige Neuordnung der Gesellschaft, weg von marktwirtschaftlichen, kapitalistischen Strukturen, hin zum staatlich gelenkten planwirtschaftlichen System. Umverteilung solle unter der Tarnkappe des Klimawandels in Gang gesetzt werden. Dass sie sich mit ihrer Stellungnahme exponierte, war Mekelburger offensichtlich bewusst. Als unabhängige Familienunternehmerin könne sie sich im Gegensatz zu anderen autonomes Gedankengut aber leisten: »Kein Großkonzern, kein Politiker wird es im Umfeld der hochmanipulativen klima- und ökosozialen Medienlandschaft noch wagen können, die Fehlentwicklungen in der Energie-, Verkehrs- und Umweltpolitik infrage zu stellen. Die Gefahr, öffentlich an den Pranger gestellt zu werden, ist zu hoch.« Wenn konservative und liberale Parteien nicht wieder an Rückgrat und Verstand gewännen, sei die Welle des Wahnsinns nicht mehr zu stoppen.[4]

Auf Empörung und Zuspruch in der Leserschaft folgte wie bei der »taz« ein Kommentar der Redaktion, hier vonseiten ihres Chefs, Ulf Poschardt, der seiner Gastautorin zur Seite sprang: »Die Stichwortgeber aktueller gesellschaftlicher Debatten haben keine Ahnung von Marktwirtschaft, schlimmer noch: Sie verachten sie – und nicht sonderlich heimlich. Ohne Mittelstand und Familienunternehmer aber werden weder Energie- noch Mobilitätswende funktionieren. Klimaschützer brauchen die Modernisierungs- und Gestaltungsexpertise des Mittelstands. Und die bürgerlichen Parteien müssen kapieren, dass ihnen hier gerade der wichtigste Partner für eine soziale Marktwirtschaft wegbricht. Die Zeit des Opportunismus geht zu Ende.«[5]

VOM ENDE ETABLIERTER DEUTUNGSMACHT

Ein drittes Schlaglicht auf politische und gesellschaftliche Debattenkultur unterstreicht, dass den etablierten Parteien nicht nur ihre traditionelle Kernklientel abhandenkommt. Der Nachwuchs findet erst gar nicht den Weg zu ihnen. Die Rede ist von dem Video[6], das der YouTuber Rezo am 18. Mai 2019 online stellte und in dem er kurz vor der Europawahl vor allem die Politik der CDU nach allen Regeln der Online-Kunst zerlegte, mitsamt akribischer Quellendokumentation. Innerhalb von drei Monaten verzeichnete der Clip fast 16 Millionen Views, 1,2 Millionen »Thumbs up« (bei 58 000 »Thumbs down«) und mehr als 220 000 Kommentare.

Ersparen wir uns die detaillierte inhaltliche Analyse und den Faktencheck, die umgehend in den sozialen Medien einsetzten, und schauen auf die Rezeption und vor allem die Reaktion der angesprochenen CDU. Das Medienanalyse-Unternehmen Unicepta hielt dazu Folgendes fest[7]: Rezos Video erzielte eine nie dagewesene Reichweite. Neben den schon erwähnten Aufrufen, Likes und Kommentaren zählten die Forscher zwischen dem 18. Mai und dem 24. Juni 2019 480 000 Cross-Media-Beiträge, im Social-Media-Jargon »Buzz« genannt. 87 Prozent des mittelbaren verlinkten Diskurses fanden auf Twitter statt, nur vier Prozent der Beiträge erschienen auf klassischen Nachrichtenkanälen. 6,3 Millionen Nutzerreaktionen (Shares, Likes und Kommentare) zeigten: »Deutschland debattiert auf Social«. Zwei Drittel der Nutzerreaktionen erfolgten auf YouTube, ein Viertel auf Twitter und nur knapp drei Prozent auf Nachrichtenkanälen.

Noch spannender war die Reaktion der Angesprochenen. Zwar reagierte die CDU im Netz, stieß mit der Art und Weise aber auf empörte Kritik. Die Statements wirkten – so die Unicepta-Analyse – von oben herab. Die CDU-Vorsitzende Annegret Kramp-Karrenbauer stellte die Meinungsfreiheit infrage, Generalsekretär Paul Ziemiak warf Rezo die Verwendung von »Pseudofakten« vor, die Abgeordneten Matthias Hauer und Heribert Hirte griffen die Person Rezo an. Einzig Ruprecht

Polenz, bis 2013 für die CDU im Deutschen Bundestag, erntete Respekt, indem er Kritik akzeptierte und Inhalte offen diskutierte. Den sozial-medialen Sturm entfachte die CDU dann selbst, sechs Tage nach der Veröffentlichung des Rezo-Videos, als das von Philipp Amthor, CDU-MdB und zweitjüngster Abgeordneter der aktuellen Wahlperiode, angekündigte Antwortvideo ausblieb. Die Zahl der Kommentare ging durch die Decke. Die CDU, so die Analyse der Medienforscher, »leitet den medialen Machtwechsel selbst ein«.[8]

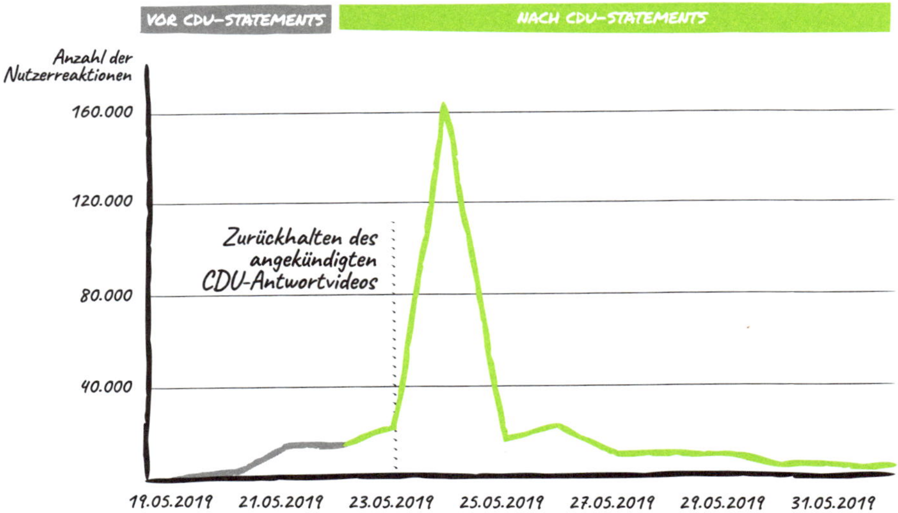

Was der Politik hier widerfährt, droht bei fortschreitender Klimadebatte auch Unternehmen, insbesondere solchen, die CO_2-intensiv wirtschaften oder mit ihren Produkten zum CO_2-Footprint unserer Gesellschaft beitragen: Energieversorger, Luftfahrt, Automobil- und energieintensive Industrie. Boykott-Hashtags erleben laut Unicepta einen Aufschwung. Mit #NieMehrCDU, #NieMehrCSU, #NieMehrSPD und #NiemalsAfD stehen die Parteien gegenwärtig im Fokus, aber mit

Quelle Grafik: Unicepta

#AlleGegenRWE, #EdekaBoykott und #StopPlasticPollution finden sich auch bereits erste Unternehmen und Branchen im Zielkreuz.[9]

IN WAS FÜR EINEM LAND LEBEN WIR EIGENTLICH?

Greta Thunberg, Natalie Mekelburger, Rezo – welche Muster lassen sich aus den Klimadebatten und ihrer medialen Verarbeitung ableiten? Zunächst stehen sie stellvertretend für eine ganze Reihe von politischen Großthemen der letzten Jahre. Denken wir zurück an den Atomausstieg als Vorboten der Energiewende. Während der Rest der Welt Fukushima vor allem als Seebeben und Flutkatastrophe wahrgenommen hat, gereichte es der Bundesregierung als Nuklearkatastrophe zum Anstoß des zügigen Ausstiegs aus der Kernenergie – ohne dass die Energiewende hin zu Erneuerbaren damit auch nur annähernd Schritt hielte. Komplettumstieg jetzt gleich bedeutet unweigerlich eine massive Aufgabe von Energie-Autonomie, Einkauf von Atom- und dreckigem, aus fossilen Energieträgern erzeugtem Strom bei unseren Nachbarn sowie Aufgabe von industrieller Wettbewerbsfähigkeit. Damit stellen wir Investitionsmittel für die Erforschung und Einführung alternativer Energieerzeugung und -verteilung zur Disposition. Die Rechnung geht nicht auf. Das ist offenkundig, und trotzdem ist die entsprechende Politik opportun.

Und nur um mal kurz ein Nicht-Umwelt-Thema zu nennen: Ganz ähnlich läuft es bei der Flüchtlingskrise, deren wirtschaftliche Bewältigung noch lange nicht abgeschlossen ist. Unter akuten humanitären Gesichtspunkten war die Grenzöffnung vollkommen nachvollziehbar. An den gesellschaftlichen und wirtschaftlichen Folgen tragen wir gleichwohl noch eine ganze Weile.

Die Komplexität der Zusammenhänge ist überall hoch, das ist ein zweites Muster aktueller Debatten. Wer versucht, die Integrationsaufwände für Geflüchtete und die Erträge der Zuwanderung sauber zu be- und verrechnen, nimmt sich eine wirklich komplizierte Aufgabe vor. Deren Lösung erreicht den Großteil der Gesellschaft mangels Verständnis und Bereitschaft, sich damit auseinanderzusetzen, erst gar nicht. Kurzatmige Empörung mittels grobschlächtiger Argumentation und persönlicher Verunglimpfung ist so viel einfacher. Das ist eine Belastungsprobe für den gesellschaftlichen Zusammenhalt. Und auch die strahlt auf die Wirtschaft und ihre (internationale) Wettbewerbsfähigkeit ab.

Ein drittes Muster aktueller Debatten zeigt sich in den Aufmerksamkeitsverschiebungen und Dominoeffekten des öffentlichen Diskurses. Erst wird die jugendliche Perspektive von den Erwachsenen in Politik, Wirtschaft und Gesellschaft kaum wahr- und dann kaum ernst genommen, bis sie überall übernommen und schließlich übertrieben wird. Dass bei diesem Parforceritt die Fakten aus dem Fokus geraten, stört nur wenige. Unter ihnen den ehemaligen Berliner Lehrer Rainer Werner, der in einem Beitrag für »Die Welt« darauf aufmerksam machte, dass die Öffentlichkeit an der quasireligiösen Überhöhung der Schülerbewegung fleißig mitwirke.[10] Und das, obwohl selbst Umweltorganisationen wie Greenpeace kein Klimamodell kennen würden, das auch nur annähernd die Weltuntergangsängste der demonstrierenden Schüler rechtfertige. Fakten würden bei klimabewegten Schülern leider nicht verfangen. Statt vor den Botschaften des Regenwaldabholzers Brasilien oder der Kohleverbrennungsausbauer China und Indien zu demonstrieren, schössen sich die Schüler lieber auf den Klima-Primus Deutschland ein. Grundsätzlich sei es mühsamer geworden, mit Schülern der gymnasialen Oberstufe rational über gesellschaftspolitische Themen zu diskutieren, sagt Werner. Ob es um die sich öffnende Schere zwischen Arm und Reich gehe oder die Steuerlast über die Einkommensverteilung hinweg – es gelte, so der Kommentarschreiber, die krude Botschaft: »Die Reichen sind stinkreich und geben nichts ab. Basta.«[11]

Es ist viel Unruhe und Erregung und wenig konstruktives Momentum spürbar. Als tiefer liegendes Problem bereiten die Aushöhlung der Mitte der politischen Willensbildung und mangelnde Bereitschaft, andere Perspektiven auch nur anzuhören, zunehmend Sorgen. Je schwächer das Faktenwissen und die eigene argumentative Basis, desto eher wird die Lautstärke erhöht und permanent geredet. Wer selbst dauernd spricht, muss ja nicht zuhören, so scheint die Devise. Die dabei entstehenden Echokammern Gleichgesinnter und die soziale Kontrolle, die nur Erwünschtes durchlässt – siehe die Empörung in der »taz«-Leserschaft nach der kritischen Beleuchtung des Segeltörns – verstärken das einseitige Meinungsbild. Je stärker eine Meinung vom Mainstream der eigenen virtuellen Hood abweicht, desto schriller wird sie niedergebrüllt. Und es geht immer noch extremer. Ein Ende ist nicht in Sicht. So entsteht ein gesellschaftliches Klima, das in sich selbst erfüllender Prophezeiung auf endgültige Zerstörung zusteuert, und das schneller und konsequenter als das Klima in der realen Welt, um das es vordergründig doch allen geht. Wenn Natalie Mekelburgers These stimmt, dass im Gewand des Klimaschutzes ein zivilgesellschaftlicher und wirtschaftlicher Umsturz im Anmarsch ist, dann ist es höchste Zeit, den Schleier zu lüften und in eine viel breitere Zukunftsdebatte einzusteigen. Die muss dann Zusammenhänge deutlich machen, Komplexität annehmen und erklären. Und bereitwillig ergebnisoffen geführt werden.

WERTE FEST VERANKERN

Eine Schlussfolgerung lässt sich daraus schon jetzt ziehen: Wie jeder Einzelne, jedes Unternehmen und jede Institution braucht auch die Gesellschaft einen Anker. Etwas, das ihr Ziel und Zweck verleiht, sie im Innersten zusammenhält. Verfassungen leisten das auf formale, rechtsverbindliche Weise und regeln Grundrechte und -pflichten, Staatsform und -gewalt, hier und da auch Staatsziele. In Deutschland findet zweifellos der allergrößte Teil öffentlicher Debatten nach wie vor auf dem Boden der Verfassung statt. Das ist keine Selbstverständlichkeit, wie wir aus eigener Geschichte wissen. Passen wir also darauf auf. Innerer Zusammenhalt speist sich aber auch aus tiefer liegenden Ankern, Werten zum Beispiel, als Ausdruck einer kollektiven Haltung und etablierten Grundsätzen des Zusammenlebens. Sie sind weniger explizit formuliert und deshalb schwerer zu debattieren als gesetzliche Vorschriften. Wenn sie aber von allen geteilt werden, haben sie enorme Kohäsionswirkung.

Vertrauen ist ein solcher Wert. Gerade für die Wirtschaft spielt er eine enorme Rolle. Für Future Business erst recht. In der jährlichen Führungskräftebefragung der Wertekommission – Initiative Werte Bewusste Führung e.V.[12] findet sich Vertrauen seit Jahren stets auf dem ersten oder zweiten Platz in der Rangliste der wichtigsten Werte. Dabei ist Vertrauen ein besonders anspruchsvolles Thema. Von allen abgefragten Kernwerten (Vertrauen, Verantwortung, Integrität, Respekt, Nachhaltigkeit und Mut) ist Vertrauen derjenige, der nur mittelbar beeinflussbar ist, durch Schaffung eines entsprechenden Klimas aus Verbindlichkeit und Verlässlichkeit. Vertrauen kann man nicht einfach für sich selbst erklären. Es wird von Dritten geschenkt: von Mitarbeitern, Kunden, Lieferanten, Investoren und anderen Stakeholdern.

Ein Beispiel zur Illustration: »To build trust in society and solve important problems« erklärt die Wirtschaftsprüfungs- und Beratungsgesellschaft PricewaterhouseCoopers (PwC) zum Purpose ihres globalen Netzwerks.[13] Dass das traditionsreiche Prüfungsgeschäft zum Aufbau von Vertrauen in Wirtschaft und Gesellschaft beiträgt, ist plausibel und leicht nachvollziehbar, bescheinigt es doch in wirtschaftlichen Beziehungen und Transaktionen die wechselseitige Vertrauenswürdigkeit der Akteure und ihrer Zahlenwerke. Ob die Gesellschaft allerdings dem Unternehmen PwC genauso uneingeschränkt vertraut, steht angesichts der steueroptimierenden Beratung von Mandanten auf einem ganz anderen Blatt. Die ist zwar fest auf dem Boden geltenden Rechts verankert, aber in ihren Auswirkungen – Konzerne zahlen weniger Steuern, schmälern so öffentliche Haushalte und tragen weniger zum Gemeinwohl bei, als sie könnten – unerwünscht. Der feine Unterschied von Legalität und Legitimität tritt hier zutage und sorgt dafür, dass die Gesellschaft eben ihr Vertrauen nicht einfach so herschenkt.

Die Wertekommission setzt sich als Initiative von Führungskräften quer durch alle Branchen auch für werte- und ethikorientierte Führung ein, besonders im digitalen Wandel. Der überwiegende Teil der Befragten in der Studie des Jahres 2018 assoziiert erfolgreiche Führung mit ethikorientierter Führung. Knapp 80 Prozent halten sie für einen wichtigen oder sehr wichtigen Erfolgsfaktor.[14] Anspruch und Wirklichkeit in der Werteorientierung klaffen allerdings auseinander, solange die Anreizkoordinaten der kapitalistischen Marktwirtschaft Egoismus, Gier, Neid und Geiz erlauben oder sogar voraussetzen. Dieser Widerspruch ist nicht nur ein Schönheitsfehler in unserer komplexen Welt, sondern eine kulturelle Zerreißprobe, eine Spaltung im Innersten – sowohl in Unternehmen als auch in der Gesellschaft.

DER KOMPASS UNSERES HANDELNS

Werte sind Fundament und innerer Kompass unseres Handelns und Zusammenlebens. Nach ihnen setzen wir unsere Lebensziele, halten uns selbst auf Kurs. Als soziale Wesen neigen wir zu Vertrauensbildung, Kooperation und Teilen. Im Wirtschaftssystem dreht die Kompassnadel auf das Gegenteil, auf Wettbewerb, Konkurrenz und Eigennutz. Dass hier nicht nur Kompassnadeln verrückt spielen, sehen wir an den Auswüchsen unserer Debatten in Wirtschaft und Gesellschaft. Sollen wir uns solidarisch und kooperativ verhalten? Oder immer zuerst den eigenen Vorteil im Auge haben? Adam Smith und Milton Friedman sind ja bereits zu Wort gekommen. Ihre Annahme, dass es der Markt schon zum Vorteil aller regelt, entpuppt sich als Mythos. Bedingungslose Leistungsorientierung richtet eben auch Schäden an – an den Beziehungen zwischen den Menschen und damit letztlich an der Gesellschaft.

Der ehemalige US-Vizepräsident Al Gore, einer meiner Kopföffner, der auch schon Erwähnung fand, betont immer wieder, dass die Gesellschaft ihre Definition von Wachstum ändern müsse. Wer an die Reformfähigkeit des Kapitalismus glaube, müsse dessen negative Effekte mit einem Preis belegen und damit die wachsende Ungleichheit oder die Ausbeutung natürlicher Ressourcen eindämmen. Notwendige öffentliche Investitionen in Bildung und Gesundheit seien aus diesen Mitteln zu stärken. Gore ist überzeugt, dass wir uns im frühen Stadium einer Nachhaltigkeitsrevolution befinden. Sie sei so weitreichend wie die industrielle und so schnell wie die digitale Revolution. Ich nenne sie die Sustainable Business Transformation.

Gerald Hüther gehört zu den bekanntesten Hirnforschern Deutschlands. Er setzt sich für Lebensbedingungen ein, unter denen sich menschliche Potenziale bestmöglich entfalten. Dazu gehöre, dass sich Menschen ebenbürtig verhielten. Das ist nicht einfach in einer Wirtschaftswelt, die von Hierarchie und Leistung bestimmt ist, in der Menschen zu Objekten werden. Für Hüther ist die Würde des Menschen, vor allem deren Bewusstwerdung, ein entscheidender Treiber. In seinem Bestseller »Würde. Was uns stark macht – als Einzelne und als Gesellschaft« legt er dar: »Kein Mensch kann die in ihm angelegten Potenziale entfalten, wenn er wie ein Objekt behandelt oder benutzt wird. Wir leben aber in einer Welt, in der wir ständig erleben, wie wir selbst oder andere zu Objekten der Absichten und Interessen, der Erwartungen und Bewertungen, der Maßnahmen und Anweisungen von anderen Personen gemacht werden, zu Hause, in der Schule, während der Ausbildung, an der Arbeit und im täglichen Zusammenleben. Und wir haben uns damit abgefunden, in dieser Weise ständig würdelos behandelt zu werden. Viele sind sogar bereit, sich selbst würdelos zu verhalten, weil sie sich auf diese Weise bestimmte Vorteile verschaffen wollen. Wer aber die Wahrung seiner eigenen Würde und der Würde anderer zur Grundlage seines Handelns macht, wird nicht mehr auf Kosten anderer leben und andere bei der Verfolgung seiner Absichten als Objekte benutzen wollen. Weil sie einen inneren Kompass besitzt, der sie führt, ist eine solche Person auch nicht mehr verführbar.«[15]

Kopföffner-Tipp: Ich empfehle Ihnen, das Buch »Würde. Was uns stark macht – als Einzelne und als Gesellschaft« von Gerald Hüther zu lesen, wenn Sie tiefer eintauchen wollen.

Der Initiator der Gemeinwohl-Ökonomie, Christian Felber, stimmt zu und bezeichnet die Würde als »den gleichen, bedingungslosen, unveräußerlichen Wert aller Menschen. Würde bedarf keiner ›Leistung‹ außer der nackten menschlichen Existenz.«[16] Aus dem gleichen Wert aller Menschen erwachse Gleichheit, in dem Sinne, dass alle Menschen die gleichen Freiheiten, Rechte und Chancen genießen. Felber widmet sich auch der Frage, ob Wettbewerb stärker als jede andere Methode motiviere, und verweist auf eine Metastudie, die der amerikanische Verhaltenswissenschaftler Alfie Kohn schon Mitte der 80er-Jahre des letzten Jahrhunderts dokumentierte[17]: Neun von zehn Studien mit einem klaren Ergebnis kämen zu dem Befund, dass Konkurrenz nicht die effizienteste Methode sei, die wir kennen, sondern Kooperation. Kooperation motiviere über gelingende Beziehungen, Anerkennung und Wertschätzung. Konkurrenz dagegen über Angst. In kooperativer Wirtschaft gewännen beide, in konkurrierender müsse es einen Verlierer geben. Konkurrenz strebe eine Win-lose-Situation an, Kooperation dagegen Win-win. Sobald Menschen intrinsisch motiviert und kooperativ vorgingen, kämen bessere Ergebnisse zustande. Den Wettbewerb brauche es dann nicht.

GESUCHT: EIN NEUES ÖKONOMISCHES BETRIEBSSYSTEM

Was es nun für Future Business ganz offenkundig braucht, ist ein neues ökonomisches Betriebssystem. Solange die kapitalistische Marktwirtschaft allein auf Gewinnstreben, Egoismus, Konkurrenz und den damit verbundenen Verhaltensweisen beruht, ist sie weder mit Würde noch mit Freiheit vereinbar. Sie zerstört systematisch gesellschaftliches Vertrauen und kooperatives Miteinander. Ein neues ökonomisches Betriebssystem muss genuin wertebasiert sein – so wie wir als Menschen von Beginn an leben wollen: vertrauensvoll, kooperativ, sozial, umweltbewusst, fürsorglich und würdevoll. So wie Purpose und Wertvorstellungen von Unternehmen und Individuen zusammenpassen müssen, so müssen sich die Werte von Gesellschaft, Wirtschaft und Einzelnen größtmöglich überschneiden.

System der nachhaltigen Gesellschaft

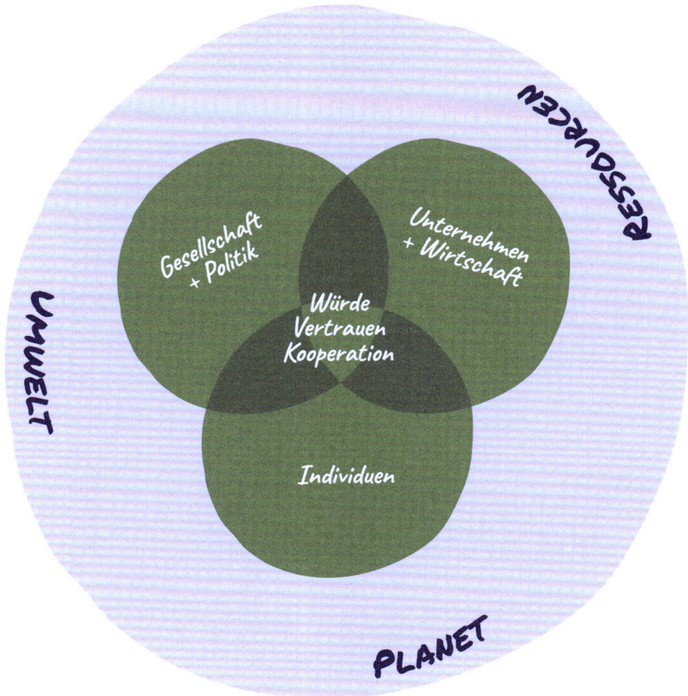

Wenn wir ein neues ökonomisches Betriebssystem, ein sozial-kooperatives schaffen wollen, brauchen wir auch eine andere Definition von Erfolg und vor allen Dingen andere Messkriterien. Auf allen Ebenen: der volkswirtschaftlichen Makroebene, der betriebswirtschaftlichen Mesoebene und bei jeder einzelnen Investition (Mikroebene). Heute wird wirtschaftlicher Erfolg auf allen drei Ebenen mit finanziellen Indikatoren gemessen: volkswirtschaftlich mit dem Bruttoinlandsprodukt, auf Unternehmensebene mit dem Finanzgewinn und auf

Quelle Grafik: Eigene Darstellung

der Ebene der einzelnen Investition mit dem Return on Investment bzw. Return on Equity. Alle drei Standard-Erfolgsindikatoren messen monetär. Geld ist jedoch nicht das Ziel des Wirtschaftens, sondern nur ein Mittel. Die Frage, die wir uns jedoch stellen müssen, lautet: Wäre es nicht wirkungsvoller, den Erfolg eines Projektes an den Zielen und ihrer Erreichung zu messen?
Neben der vor 250 Jahren entstandenen Trennung von Moral und Wirtschaft ist das aus meiner Sicht der zweite fatale Fehler unseres Wirtschaftssystems. Bei der Erfolgsmessung werden Ziel und Mittel verwechselt. Im Kapitalismus ist zweifellos die Mehrung des Kapitals das höchste Ziel. Die Erzeugung von Gemeinwohl kann dafür Mittel sein oder Nebeneffekt – muss aber nicht. In der sozial-kooperativen Ökonomie ist die Mehrung des Gemeinwohls das höchste Ziel. Kapital ist ein wertvolles Mittel dafür. In manchen Fällen kann es eingesetzt werden, um das Ziel zu erreichen; in anderen auch nicht, wenn es bessere Mittel und Wege zur Zielerreichung gibt.

TEILEN AUCH IM GROSSEN

Ein Beispiel: Die Sharing Economy ist ein sozioökonomisches System, welches auf dem Teilen von materiellen Ressourcen und menschlicher Arbeitskraft basiert. Materielle Dinge, wie beispielsweise Autos, Wohnungen oder Werkzeuge, werden dabei entweder kostenlos oder gegen eine Gebühr zwischen den Mitgliedern einer Community getauscht. Kostenersparnis, Zeitgewinn und Umweltschutz sind die drei Hauptvorteile für das Teilen von Produkten und Diensten anstelle des Kaufs nur selten benötigter Waren wie etwa Werkzeugen oder teuren Fortbewegungsmitteln, die meist ungenutzt herumstehen.
Dass es sich dabei nicht etwa um ein Lebensmodell handelt, das nur im Kleinen funktioniert, hat die südkoreanische Hauptstadt Seoul bewiesen – die immerhin zehn Millionen Einwohner hat, was der Bevölkerung von Schweden, Griechenland oder Portugal entspricht. Park Won-soon, der Bürgermeister von Seoul, hat die Sharing Eco-

nomy mit dem umfangreichen »The Sharing City, Seoul«-Projekt zur Priorität erklärt. Die Sharing City ist eine Alternative für soziale Reformen, die viele wirtschaftliche, soziale und Umweltprobleme der Stadt lösen kann und gleichzeitig neue Geschäftsfelder eröffnet. Sie stellt auf Vertrauen basierte Verhältnisse wieder her und bekämpft die Verschwendung von Ressourcen. Die Steuerung erfolgt auf zwei Wegen: Zum einen sollen öffentliche Ressourcen wie Gebäudeflächen, Straßen und Parkplätze sowie öffentliche Dienstleistungen zur Verfügung gestellt werden, zum anderen will die Stadt mit neuen Gesetzen Hürden abbauen und die Voraussetzungen schaffen, um Unternehmen den Einstieg in Sharing-Economy-Modelle zu erleichtern.

So werden zum Beispiel die Parkplätze für die Angestellten der Stadt abends und am Wochenende nicht geschlossen. Seoul stellt diese außerhalb der Bürozeiten allen Bürgern zur Verfügung. Am Tag sollen Anwohner ihre Stellflächen teilen. Werden nur fünf Prozent der leeren Parkplätze bereitgestellt, könnte die Stadt damit knapp 2000 neue Parkplätze schaffen, ohne einen Cent Steuergelder auszugeben. Sparen will Seoul aber trotzdem nicht, sondern Non-Profit-Organisationen und Unternehmen im Sharing-Economy-Bereich unterstützen, und zwar finanziell und organisatorisch. Die Verbindung zwischen Politik, Wirtschaft und privatem Sektor bildet das »Seoul Sharing Promotion Committee«, das die Stadt mit Juristen, Presse, Unternehmen, Non-Profit-Vertretern, Wissenschaftlern und Vertretern der Regierung besetzt. Zu den Aufgaben gehören unter anderem Verbesserungsvorschläge für Gesetze sowie Vorschläge für gemeinsame Marketingaktivitäten.

Dass die Regierung der Metropolregion Seoul überhaupt in der Lage ist, ein derartiges Programm durchzuführen, liegt auch an günstigen Voraussetzungen. Fast die Hälfte der Südkoreaner wohnt in der Hauptstadt. Ein zweiter Grund für den fruchtbaren Sharing-Economy-Boden ist die koreanische Mentalität. Das Teilen von Essen mit den Nachbarn oder das gegenseitige Ausleihen von Werkzeug und anderen Gütern ist kulturelle Tradition in dem asiatischen Land. Damit die Bürger der Hauptstadt einen Überblick erhalten, welche Dienste

aus dem Projekt hervorgegangen sind, liefert »Seoul Sharing« eine Übersicht. Da ist beispielsweise ein Busservice, den Unternehmen mit eigener Flotte zur Verfügung stellen können. Die vielen freien Plätze sollen von Älteren, Kranken oder Schwangeren, die weniger mobil sind, genutzt werden können, um leichter in das Zentrum der Stadt zu gelangen. Der »Seoul Car Sharing Service« bedient mit knapp 500 Autos den Markt für gelegentliche Autofahrten, ähnlich den hierzulande bekannten Modellen Car2go und DriveNow.
Für Events wie Flohmärkte liefert das Portal eine Übersicht öffentlicher und privater Plätze wie Innenhöfe privater Häuser, die zur Vermietung bereitstehen. Es stehen Alternativen zu Airbnb parat wie BnBHere und Kozaza, die Vermieter leer stehender Wohnungen und Wohnungssuchende zueinander bringen. Wer keine Wohnung sucht, sondern einen Arbeitsplatz mit Schreibtisch oder ein komplettes Büro, wird auf Co-up fündig. Gemeinsame Interessen bedienen die »Citizens' Library Shelves« – zu Deutsch etwa die »Bibliotheksregale der Bürger« – zum Austausch von Literatur. Die Beispiele ließen sich leicht fortführen, denn nach nur wenigen Jahren hat sich Seoul tatsächlich zu einer »teilenden Stadt« entwickelt und liefert täglich den Beweis, dass die Sharing Economy auch im Großen funktioniert.

IMMER SCHÖN IM KREIS HERUM

Ein zweites Beispiel für ein alternatives ökonomisches Modell ist das »New Plastics Economy Global Commitment«, das die Ellen-MacArthur-Stiftung in Zusammenarbeit mit UN Environment ins Leben gerufen hat. Mehr als 250 Unterzeichner, von Produzenten, Marken und Einzelhändlern bis hin zu Investoren, Recyclern, Regierungen und NGOs, haben sich hinter der Initiative der ehemaligen Profiseglerin und einer meiner Kopföffnerinnen zusammengefunden. Das Engagement basiert auf den Grundsätzen der Kreislaufwirtschaft, einem völlig anderen Ansatz für die wirtschaftliche Entwicklung, bei dem Abfall und Umweltverschmutzung vermieden, Produkte und Materialien weiterverwendet und natürliche Systeme regeneriert werden. Im Mittelpunkt des Engagements steht der Ansatz, Kunststoffe in der Wirtschaft und außerhalb der Umwelt zu halten. Durch die Einigung zwischen Unternehmen und politischen Entscheidungsträgern über konkrete, zeitgebundene Verpflichtungen wird eine beispiellose Zusammenarbeit bei der Bewältigung der globalen Kunststoffverschmutzung erreicht. Das Projekt bietet eine gemeinsame Vision und stellt einen Kurs dar, dem alle Beteiligten folgen können.

Auch große Unternehmen, die insgesamt rund ein Fünftel aller weltweit produzierten Kunststoffverpackungen produzieren und verwenden, haben unterschrieben. Dazu gehören bekannte Konzerne wie Danone, die H&M-Gruppe, L'Oréal, Mars Incorporated, PepsiCo, The Coca-Cola Company und Unilever sowie große Verpackungshersteller wie Amcor, Kunststoffhersteller wie Novamont und Ressourcenmanagement-Spezialisten wie Veolia und SUEZ. Wenn man ein Kreislaufsystem etablieren will, ist es nur folgerichtig, Unternehmen aus der gesamten globalen Kunststoff-Wertschöpfungskette zusammenzubringen. Aber ebenso wichtig für die Änderung eines gesamten Systems sind politische Entscheidungsträger, die die Rahmenbedingungen und Anreizstrukturen festlegen. Bisher haben bereits zwölf Regierungen unterzeichnet. Nichtregierungsorganisationen und die Zivilgesellschaft spielen ebenfalls eine entscheidende Rolle als Impulsgeber für Lösungen. Das Engagement und die Vision einer Kreislaufwirtschaft für Kunststoffe werden vom World Wide Fund For Nature (WWF) ebenso wie vom World Economic Forum unterstützt.

Dabei sind Veränderungen in den Bereichen Materialwissenschaften, Produktdesign und Recyclingtechnologie von entscheidender Bedeutung. Vierzig Universitäten, Institutionen und Wissenschaftler haben das Engagement und die Vision bestätigt. Die frühe Finanzierung dieser Innovationen und die Bereitstellung von Kapital für eine umfangreiche neue Infrastruktur zum Sammeln und Wiederaufbereiten von Kunststoff sind ebenfalls von entscheidender Bedeutung. Über ein Dutzend Finanzinstitute, die Vermögenswerte von mehr als 2,5 Billionen US-Dollar verwalten, haben die Initiative gebilligt. Mehr als 200 Millionen US-Dollar wurden von fünf Risikokapitalfonds zugesagt, um eine Kreislaufwirtschaft für Kunststoffe zu schaffen.

WAS WIR ALS GESELLSCHAFT WIRKLICH WOLLEN

Für die Weichenstellungen hin zum Future Business ist auf gesellschaftlicher Ebene der Wandel bei der Betrachtung der Wertschöpfung entscheidend. Er darf nicht nur auf betriebswirtschaftlicher Ebene stattfinden. Die bisherige Berechnung unseres volkswirtschaftlichen Wachstums und Wohlstands, das Bruttoinlandsprodukt, müssen wir weiterhin infrage stellen und es letztlich ersetzen. Weil das BIP als rein quantitative Größe lediglich die in einem Land getauschten Güter und Dienstleistungen erfasst, liefert es nur ein eingeschränktes Bild des Wohlergehens eines Landes und seiner Einwohner: So ist beispielsweise die Natur mitsamt ihrer Ressourcen nicht eingepreist, sondern gilt als kostenlose, allzeit verfügbare Grundlage für unser Wirtschaften. Dass ein endloser Umweltverbrauch allerdings nicht möglich ist, zeichnet sich immer deutlicher ab. Zugleich wirken sich Krankheiten und Unfälle von Menschen sowie Schäden oder Zerstörungen an der Natur nicht negativ auf das BIP aus, im Gegenteil. Sobald sie gelindert oder repariert werden, fließt diese Leistung als positiver Beitrag ein – wie beispielsweise die Explosion der BP-Bohrplattform »Deepwater Horizon« mitsamt der Ölkatastrophe am Golf von Mexiko im Frühjahr 2010 zeigte. Dass hierbei im besten Fall bloß ein bereits zuvor erreichter Status quo wiederhergestellt wird, ignoriert das BIP. Andere, sogenannte informelle Arbeiten dagegen finden sich nicht in der Statistik wieder: Die Erziehung von Kindern, das Pflegen von Eltern, ehrenamtliche Tätigkeiten, Hausarbeiten oder nachbarschaftliche Hilfen haben in dieser Rechnung keinen Wert. Deutlich wird mittlerweile auch, dass mehr Konsumausgaben keine Antwort auf drängende Probleme wie den Klimawandel oder die Sorgen vieler Menschen vor dem Verlust ihrer Arbeit infolge der Digitalisierung bieten. Salopp formuliert: Es ist möglich, dass uns die Entwicklung des BIP ein blühendes Land vorgaukelt – die Erde tatsächlich aber vor die Hunde geht. Andererseits wirkt die Fixierung auf diese eine Kennzahl inzwischen auch deshalb fremd, weil das Wachstum in westlichen, entwickelten Ländern nachlässt. Es ist eine gewisse Marktsättigung eingetreten, die Einwohnerzahlen schrumpfen, und die Gesellschaften werden immer älter – der Konsum spielt, auch wenn uns das im Alltag mitunter anders erscheinen mag, nicht mehr die Rolle, die er einst hatte.

Schon den US-Politiker und Bruder von John F. Kennedy, Robert Kennedy, hat diese Frage beschäftigt. In einer berühmten Rede an der University of Kansas sagte er 1968, zum Bruttosozialprodukt gehörten »auch Luftverschmutzung und Zigarettenwerbung und Rettungsfahrzeuge, die die Opfer von Verkehrsunfällen von unseren Highways abtransportieren, außerdem Spezialschlösser für unsere Haustüren und Gefängnisse für Leute, die sie aufbrechen. (...) Napalm gehört dazu und Atomsprengköpfe. (...) Was für das Bruttosozialprodukt andererseits keine Rolle spielt, sind die Gesundheit unserer Kinder, die Qualität ihrer Erziehung, die Freude, die sie beim Spielen haben. Die Schönheit unserer Dichtung zählt nicht, es zählen nicht die Stabilität unserer Ehen, die Intelligenz unserer Debatten oder die Integrität unserer Beamten. Es zählen nicht unsere Klugheit und unser Mut, weder unserer Weisheit noch unsere Ausbildung, weder unser Mitgefühl noch die Liebe zu unserem Land, kurz: Es zählt alles außer dem, was das Leben lebenswert macht.«[18]

In den vergangenen Jahrzehnten haben Politiker und Wissenschaftler weltweit deshalb immer wieder versucht, ergänzende oder alternative Indizes zu entwickeln. Ihr Ziel: eine größtmögliche Objektivierung des subjektiven Wohlstands. Sie wollten nicht mehr das quantitative Wachstum erheben, sondern das qualitative, das sich stärker an dem Wohlergehen des Einzelnen orientiert. Wirtschaft für den Menschen – und nicht eine Wirtschaft, die um sich selbst kreist. Die Liste der potenziellen BIP-Alternativen, die vorgeschlagen wurden, ist lang:

»Measure of Economic Welfare« (USA, 1972), »Index für Nettowohlfahrt« (Japan, 1974), »Gross National Happiness Indicator« (Bhutan, 1976), »Index for Sustainable Economic Welfare« (USA, Ende der 1980er), »Genuine Progress Indicator« (USA, Anfang 2000er), »Canadian Index of Wellbeing« (Kanada, 2009). Die OECD initiierte ein Projekt mit dazugehörigen globalen Konferenzen (»Measuring the Progress of Societies«), die Europäische Union diskutierte 2007 auf der Konferenz »Beyond GDP« über Alternativen, und in Deutschland stellten die Wissenschaftler Hans Diefenbacher und Roland Zieschank ihren »Nationalen Wohlfahrtsindex« vor.

Vor allem der Schock der globalen Finanzkrise, die 2008/2009 in den USA losgetreten wurde, führte zu einer Welle von neuen Initiativen. In Frankreich beauftragte Präsident Nicolas Sarkozy eine Kommission um Nobelpreisträger Joseph Stiglitz und Amartya Sen damit, ein neues Wohlfahrtsmaß vorzuschlagen. Der Deutsch-Französische Ministerrat bat die Wirtschaftsweisen, ein neues Indikatorensystem zu den Themen Wirtschaftsleistung, Lebensqualität und Nachhaltigkeit zu entwerfen. Von 2011 bis 2013 setzte der Deutsche Bundestag die Enquete-Kommission »Wachstum, Wohlstand, Lebensqualität – Wege zu nachhaltigem Wirtschaften und gesellschaftlichem Fortschritt in der Sozialen Marktwirtschaft« ein, um einen »ganzheitlichen Wohlstands- und Fortschrittsindikator« zu entwickeln. 2016 stellten Bündnis 90/Die Grünen ihren »Grünen Wohlstandsbericht« vor, der von den Autoren Zieschank und Diefenbacher verfasst und ursprünglich als jährliche Korrektur des BIP angekündigt wurde.

An Überlegungen und alternativen Vorschlägen mangelt es nicht. Trotzdem hat kein alternatives »Ökosozialprodukt« bislang auch nur annähernd die Bekanntheit und Bedeutung des Bruttoinlandsprodukts erlangt – auch die Nachhaltigkeitsindikatoren nicht, die das Statistische Bundesamt alle paar Jahre aktualisiert, damit die Bundesregierung ihre nationale Nachhaltigkeitsstrategie fortschreiben und veröffentlichen kann. Vielleicht erhält die Bewegung jetzt aber einen neuen Impuls. Im Mai 2019 stellte die Regierung Neuseelands ihr erstes

»Wellbeing Budget« vor. Der Haushaltsplan sieht vor, andere Prioritäten für künftige Ausgaben zu setzen. Folgten Investitionen bisher der Maßgabe, das »Economic Wellbeing« anzukurbeln, sollen jetzt der soziale Fortschritt und die Gesundheit der knapp fünf Millionen Einwohner in den Vordergrund rücken. Weil Neuseeland innerhalb der OECD mit die höchsten Quoten von Kinderarmut, häuslicher Gewalt und Suizidraten bei Jugendlichen hat, wurden die Budgets für »Mental Health«, Bekämpfung von »Domestic and sexual Violence« und für das Ministry of Housing deutlich erhöht, zum Teil wird so viel ausgegeben wie nie zuvor. »Wie kann es sein, dass die Wirtschaft boomt – wir aber die höchste Quote von Obdachlosen in der OECD haben? Dass man in den meisten Seen und Flüssen nicht schwimmen kann? Dass die Kinderarmut so hoch ist?«, fragte Finanzminister Grant Robertson im britischen »Guardian«. Seine Antwort: »Vorige Regierungen haben solche Dinge nicht wertgeschätzt, und was nicht wertgeschätzt wird, wird nicht gemessen. Und wenn etwas nicht gemessen wird, wird es nicht erledigt.«

Für Ministerpräsidentin Jacinda Ardern gilt der »Wellbeing«-Plan als Herzensprojekt. Ohnehin macht sie einige Dinge anders als ihre Vorgänger. Als zweite Regierungschefin überhaupt hat sie während ihrer Amtszeit ein Kind zur Welt gebracht und war im Anschluss sechs Wochen im Mutterschutz. Wenn sie jetzt ihren Regierungsgeschäften nachgeht, reisen ihr Mann und ihre Tochter schon mal mit – wie etwa zu den Vereinten Nationen in New York, wo Ardern beide mit in den Sitzungssaal nahm. Mit dieser Selbstverständlichkeit will sie künftig auch das »Wellbeing«-Programm voranbringen und ausbauen. Geplant ist, die Finanzierungs- und Bewertungslogik auch auf Schulen, Krankenhäuser und Infrastrukturprojekte zu übertragen. In ein paar Jahren wird man sehen – und messen – können, welche Fortschritte dieser neue Weg gebracht hat.

GESELLSCHAFTLICHE RUNDERNEUERUNG

Von Neuseeland lernen heißt, Rahmenbedingungen für Future Business auf der politischen Ebene zu schaffen, die das Gemeinwohl vor das Individualwohl schieben. Das bedeutet nun aber keineswegs, dass wir uns zurücklehnen und darauf warten können, dass es die Politik schon richten wird. Jede und jeder von uns trägt Verantwortung für einen erfolgreichen Wandel der Gesellschaft. Gemeinwohlorientiertes Future Business ist ein wesentlicher Schlüssel dazu. Wie das zu gestalten ist, dafür haben wir in den bisherigen Kapiteln schon einige eindrucksvolle Beispiele gesehen.

Hoffnung macht aber auch, dass der Mensch entwicklungs- und einsichtsfähig ist. »Spiegel«-Redakteur Stefan Schultz hat im Februar 2019 dazu in seinem Essay »Was nach der Leistungsgesellschaft kommt« ein optimistisches Zukunftsbild gezeichnet.[19] Schultz beruft sich darin unter anderem auf die inzwischen verstorbene US-amerikanische Entwicklungspsychologin Jane Loevinger, die auf Basis von Tausenden Tests ein einheitliches Entwicklungsmodell des Menschen entwarf. Danach entwickeln sich Denken, Fühlen und Handeln im Laufe des Lebens in einer festen Reihenfolge von Entwicklungsstufen.

Stufe	Hauptcharakteristika	Häufigkeit
E3: Selbstorientierte Stufe	Lebensmotto: Sich durchsetzen. Typisches Auftreten: Opportunistisch. Stark auf den eigenen Vorteil bedacht. Gutes Gespür für Gelegenheiten, die eigenen Interessen durchzusetzen. Teils aggressiv-einschüchternd. Typische Denkweise: Fühlt sich schnell angegriffen. Freund-oder-Feind-Logik. Sehr kurzfristiger Zeithorizont.	5%
E4: Gemeinschafts-bestimmte Stufe	Lebensmotto: Gemeinschaft. Typisches Auftreten: Loyal. Diplomatisch-vermittelnd. Stellt sich selbst zurück, um die Regeln und Normen der Bezugsgruppe zu befolgen. Argwohn gegenüber Menschen außerhalb der eigenen Gruppe. Teils blinder Gehorsam. Typische Denkweise: Schwarzweißdenken. Selbstwert hängt stark von der Akzeptanz anderer ab. Eher kurzfristiger Zeithorizont.	12%
E5: Rationalistische Stufe	Lebensmotto: Abgrenzung. Typisches Auftreten: Legt Wert auf die eigenen Besonderheiten und Meinungen. Pragmatisch. Auf klare Verhältnisse bedacht. Mitunter perfektionistisch. Typische Denkweise: Aufbau von Expertenwissen. Feste, mitunter starre Vorstellungen, wie die Dinge laufen sollten. Mitunter Probleme beim Priorisieren. Kurz- bis mittelfristiger Zeithorizont.	38%
E6: Eigenbestimmte Stufe	Lebensmotto: Eigene Ziele erreichen. Typisches Auftreten: Klar abgegrenzt, dennoch prinzipiell Beziehungen auf Augenhöhe angestrebt. Stark selbstoptimierend, dadurch mitunter gehetzt. Typische Denkweise: Hinterfragt Motive. Analytisch. Differenziert. Beginnend selbstkritisch. Zeithorizont von fünf bis zehn Jahren.	30%
E7: Relativierende Stufe	Lebensmotto: Individualität. Typisches Auftreten: Größere Offenheit für andere Meinungen und Lebensweisen. Selbstverwirklichung jenseits sozial vorgegebener Rollen. Typische Denkweise: Relativiert zunehmend eigene und fremde Ansichten. Hinterfragt die gesellschaftliche Prägung der eigenen Sichtweisen. Wachsendes Bewusstsein für die Komplexität und Einzigartigkeit eines jeden Moments	10%

Quellen: Thomas Binder, Susanne Cook-Greuter, Jane Loevinger, Zusammenstellung Stefan Schultz: in: »Was nach der Leistungsgesellschaft kommt«, in: »Spiegel« vom 9. Februar 2019

Kritiker wenden ein, diese Stufen seien recht schematisch, kein Mensch jeweils nur auf einer Stufe zu verorten. Dennoch – so Loevingers Theorie – verschiebe sich die Verteilung der Menschen in Richtung der späteren Entwicklungsstufen. Zurückzuführen sei das, so Stefan Schultz, unter anderem darauf, dass dank des Internets heute fast jeder an Informationen komme, die die eigenen kulturellen Prägungen infrage stellten. Das gelte insbesondere für Menschen auf der Stufe E7, die sogenannten Individualisten und Pluralisten, die die Stufe E6 – zielorientierte Macher und Prototypen der Leistungsgesellschaft – überwunden hätten. Der E7-Anteil in der Gesellschaft steige. Und wenn er eine kritische Größe übersteige, dürfte sich die Art unseres Zusammenlebens stark verändern. Politisch seien Pluralisten Verfechter von Diversität und Gerechtigkeit, was langfristig die Wirtschaftsstrukturen in Richtung Verteilgerechtigkeit verändere. Das Leistungsideal verliere dagegen an Reiz, während sich die Menschen auf der Stufe E7 verstärkt Sinn- oder Identitätsfragen stellten. Selbstverwirklichung werde wichtiger als Geld und Status. Die Arbeitswelt stelle das vor Herausforderungen, wenn sich Partizipation und Selbstorganisation stärker verbreiteten.

Mich stimmt diese Zukunftsvision sehr positiv. Da ist Licht am Ende des Tunnels, und es ist nicht der entgegenkommende Zug. Eine kritische Masse von Individuen zu bilden, die auf dem Weg einfach ein Stück weiter vorangeht und damit für gesellschaftliche Runderneuerung sorgt – das ist ein erstrebenswertes Ziel, zu dem Future Business und seine Gestaltung unbedingt beitragen kann und soll.

Natürlich – und das verschweigt auch Stefan Schultz in seinem Essay nicht – gibt es gegenläufige Tendenzen, vor allem die Gefahr, dass sich Menschen auf niedrigeren Entwicklungsstufen abgehängt fühlen und sich noch mehr als ohnehin schon Populisten zuwenden. Eine Schlüsselrolle dürfte dabei die Technologie spielen, die in ihrem Effekt auf Beschäftigung und Chancengerechtigkeit den Ausschlag geben könnte. »Eine kluge Regierung«, so Stefan Schultz, »wird all diese Aspekte in Zukunft berücksichtigen müssen. (…) Sollte unsere Gesellschaft ihren

Schwerpunkt irgendwann auf E7 verlagern, dann sollten führende Politiker und obere Führungskräfte sich am besten schon auf Stufe E8 befinden. Der Theorie zufolge wären das Menschen, die in der Lage sind, in hochkomplexen und auch widersprüchlichen Welten zu agieren. Menschen, die multiperspektivisch denken, sich selbst in hohem Maße hinterfragen und die Sichtweisen und Bedürfnisse unterschiedlicher Gruppen berücksichtigen.«

Das kann man zweifellos unterschreiben. Aber wieso sollte das eigentlich nur für Politiker und obere Führungskräfte gelten?

---

1 Kreutzfeldt, Malte: Kommentar, in: »taz«, vom 16.8.2019

2 Ebd.

3 Mekelburger, Natalie: »Der neue Klimaabsolutismus«, in: »WELT« vom 27.7.2019

4 Ebd.

5 Poschardt, Ulf: »Die gefährliche Verachtung der Marktwirtschaft«, in: »WELT« vom 28.7.2019

6 https://www.youtube.com/watch?v=4Y1lZQsyuSQ

7 Unicepta: »Das Rezo-Video: Zeitenwende in der medialen Kommunikation – und was Unternehmen daraus lernen können«, Impuls (Juli 2019) https://www.unicepta.com/fileadmin/user_upload/Impuls_Rezo_Zeitenwende_in_der_medialen_Kommunikation.pdf

8 Ebd., S. 7

9 Ebd., S. 14

10 Werner, Rainer: »Wahrheit basiert auf Tatsachen – gerade auch beim Klima«, in: »WELT« vom 18.7.2019

11 Ebd.

12 Wertekommission – Initiative Werte Bewusste Führung e.V. (Hrsg.): »Führungskräftebefragung 2018« (2018)

13 https://www.pwc.com/gx/en/about/purpose-and-values.html

14 Wertekommission: Führungskräftebefragung 2018, S. 29

15 Hüther, Gerald: »Würde. Was uns stark macht – als Einzelne und als Gesellschaft«, Albrecht Knaus Verlag, München (2018)

16 Felber, Christian: »Gemeinwohl-Ökonomie« Piper Verlag, München (2018), S. 15

17 Kohn, Alfie: »No Contest. The Case against Competition. Why we lose in our race to win«, Houghton Mifflin Company, Boston/New York (1986)

18 Kennedy, Robert F.: »Remarks at the University of Kansas, March 18, 1968«, zitiert nach http://www.jfklibrary.org/Research/Research-Aids/Ready-Reference/RFK-Speeches/Remarks-of-Robert-F-Kennedy-at-the-University-of-Kansas-March-18-1968.aspx

19 Schultz, Stefan: »Was nach der Leistungsgesellschaft kommt«, in: »SPIEGEL ONLINE« vom 9.2.2019

START IN DIE SUSTAINABLE BUSINESS TRANSFORMATION

FUTURE BUSINESS IN DIE UMSETZUNG BRINGEN

Sie lesen immer noch? Das freut mich. Denn jetzt geht es ums Machen. Nachdem wir die Handlungsfelder der vier Kompass-Richtungen betrachtet haben und einigen Kopföffnern begegnet sind, fragen Sie sich vielleicht, wie und wo Sie selbst anfangen sollen – zumal es Managementmethoden, Tool-Sets und Playbooks wie Sand am Meer gibt. Ich stelle Ihnen einen kleinen Teil meiner persönlich ausgewählten Methoden vor, mit denen ich gute Erfahrungen gemacht habe und die für Unternehmen geeignet sind, den Wandel anzustoßen.

In meiner Beratungstätigkeit mit Mitarbeitern, Führungskräften und Vorständen sehe ich immer wieder, dass viele längst verstanden haben, dass es so nicht mehr weitergehen kann. Aber sie haben Schwierigkeiten zu beschreiben, welche Strategie und Methodik sie für ihr Future Business verfolgen und wie sie starten sollen. Die wachsende Flut von Transformationsaktivitäten verlangt ihren Tribut. Die letzten 20 Jahre meiner Beratertätigkeit waren geprägt von Veränderungen zu New Work und damit verbunden mit neuen Arbeitsräumen und Gebäuden, agilen Methoden wie Scrum oder Kanban, human zentrierten Ansätzen wie Design Thinking, der neuen Gestaltung von Geschäftsmodellen durch Business Modell Canvas oder Lean Startup, dem Einsatz von Social Collaboration und Social Media, der Steuerung der Ambidextrie, also der Beidhändigkeit von Evolution und Innovation, sowie der radikalen Digitalisierung von allem, was sich digitalisieren lässt. Je nach Industrie und Reifegrad haben Unternehmen früher oder später mit Aktivitäten in diesen Themenfeldern begonnen. Die Beratungen Heads! und Deloitte Digital haben 2015 das Disruptionspotenzial verschiedenster Industrien in der Digitalisierung untersucht und sie mit Knallkörpern verglichen: Die Unternehmen mit kurzer

Lunte und einem großen Knall haben weniger Zeit als Unternehmen, deren Lunte länger brennt und deren Knall leiser ausfällt.[1]

DISRUPTION MAP NACH INDUSTRIEN

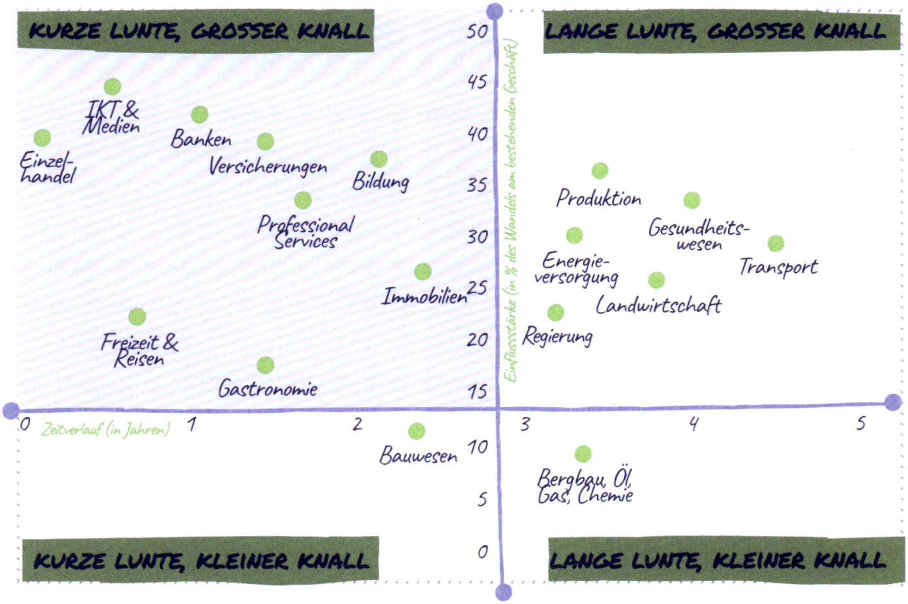

Jedes Unternehmen muss für sich entscheiden, wann es anfängt, sich selbst zu disruptieren. Einige haben es nicht geschafft. Jeder von uns kennt die Beispiele der ehemaligen Marktführer wie Kodak, Quelle oder Nokia. Zu meiner Zeit als Chief Innovation Evangelist in der Haufe Gruppe haben wir im Umgang mit radikalem Wandel stets die Haltung angenommen: Wir disruptieren uns lieber selbst, bevor es andere für uns tun. Das war kein bloßer Spruch, um ihn auf Plakate zu drucken und an Kantinenwände zu hängen, sondern gelebte Kultur. Nicht umsonst haben es Unternehmen wie die Haufe Gruppe geschafft, sich

Quelle Grafik: Deloitte, basierend auf Analysen von Heads! und Deloitte Digital, April 2019 als digitaler Champion neu zu erfinden und erfolgreich aus der digitalen Transformation hervorzugehen.

Neben der teilweise radikalen Veränderung der Geschäftsmodelle durch die Digitalisierung trägt die wachsende Zahl von Methoden zur weiteren Verwirrung bei. Wenn Sie ask-flip.com besuchen, werden Sie sehen, dass es dort aktuell eine Kategorisierung von 565 verschiedenen Frameworks und Tools für Innovationen und Business-Modell-Strategien gibt. Tendenz steigend. Der Bedarf ist groß. Denn viele Unternehmen haben den Übergang in die digitale Welt zu New Work, agilem, auf den Menschen fokussierten Arbeiten und neuen Unternehmenskulturen bisher noch gar nicht richtig begonnen, geschweige denn vollzogen. Ein klarer Fall von Umsetzungslücke – zwischen stabil und agil, zwischen prozessorientiert und netzwerkorganisiert, zwischen transaktionaler und transformationaler Führung, zwischen effizient und innovativ. Digitale Transformation ist dabei nur ein Ausschnitt eines viel größeren Veränderungsbedarfs, nämlich einer auf echte Nachhaltigkeit und Enkelfähigkeit ausgelegten Umformung – die Sustainable Business Transformation. Diese wird noch viel relevanter für Unternehmen, Individuen und Gesellschaften werden und uns alle fundamental fordern. Denn wenn wir die die Sustainable Transformation hin zu besserem Wirtschaften nicht schaffen, brauchen wir uns um die digitale Transformation oder New Work keine Gedanken mehr zu machen.

Wir haben keine Wahl. Wir müssen uns und unsere Unternehmen sozial, ökologisch und ökonomisch nach den SDGs und der Agenda 2030 ausrichten. Betrachten Sie die digitale Transformation als Übungsterrain und gute Vorbereitung. Vieles, was Sie hier lernen, lässt sich in der Sustainable Business Transformation fortführen. Darauf können Sie aufbauen. Das bedeutet, je höher der Reifegrad und die Kultur von Unternehmen in der digitalen Transformation, desto adaptiver sind diese Unternehmen bereits in ihrer Kultur und Organisationsstruktur, und umso leichter fällt der Schritt in die Sustainable Business Transformation. Wie vielen Unternehmen das bereits gelungen ist, zeigen die Beispiele Tausender Unternehmen der B Corporation, der Initiative von Conscious Capitalism, der Entrepreneurs for Future, der Gemeinwohl-Ökonomie oder der Purpose-Stiftungen. Das macht Mut. Das sind die Kopföffner, die zeigen: Es geht.

Bevor wir zu den Methoden kommen, eine kleine Gedankenübung. Nachfolgend finden Sie meine vier Thesen für Future Business und eine angedeutete Skala. Wo würden Sie den Schieberegler für sich und Ihre Organisation auf dem in meinen Thesen dargelegten Entwicklungspfad einordnen? Wie ausgeprägt ist Future Business bei Ihnen bereits?

These 1: Besseres Wirtschaften durch Impact-Finanzmanagement. Neue Standardinitiativen schaffen eine Grundlage für die nichtfinanzielle Leistungsrechnung. Eine breite, integrierte Berichterstattung aller sozialen, ökologischen und ökonomischen Treiber setzt sich durch und macht gesellschaftliche Folgen jenseits der gängigen finanziellen Kennziffern sicht- und vergleichbar.

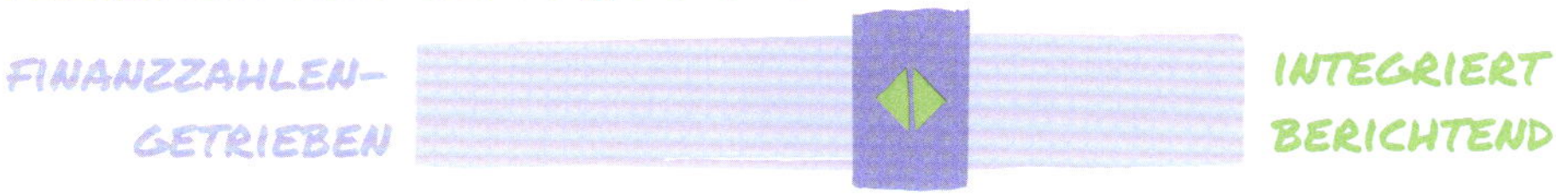

These 2: Die Kreislaufwirtschaft löst die Linearwirtschaft ab. Unser »Take-Make-Waste«-Wirtschaftssystem wird umgestaltet. In einer Kreislaufwirtschaft werden Ressourcenverbrauch, Abfälle, Emissionen und Energieverluste durch Schließung, Verlangsamung und Verkleinerung von Material- und Energiekreisläufen minimiert. Zugang und Nutzung von Produkten nehmen den Rang des heute dominierenden Besitzes ein.

These 3: Neues Lernen schafft bessere Wirtschaft. Selbstbestimmtes Lernen und die Freude an der Kreativität und Potenzialentfaltung jedes einzelnen Menschen stehen im Vordergrund.

These 4: Wir bekommen ein neues ökonomisches Betriebssystem. Die Marktwirtschaft wird neu gedacht und um sozial-kooperative Elemente angereichert. Der Homo cooperativus löst den Homo oeconomicus ab. Als Vorstufe genossenschaftlicher Verbünde werden aus Produzenten mehr und mehr Prosumenten.

Lassen Sie uns nach dieser kurzen gedanklichen Übung zu Ihrem Reifegrad eine weitere Frage stellen: Wie gelingen Innovationen? Wie erfinden Sie und Ihr Unternehmen sich neu?
Innovationen und grundsätzliche Neuerungen in Geschäftsmodellen oder in der Organisation von Unternehmen sind in zwei Stoßrichtungen zu unterscheiden. Es gibt nach innen und nach außen gerichtete Innovationen.

INNOVATION NACH INNEN

In der Innenperspektive geht es um Optimierung, Anpassung und kontinuierliche Entwicklung. Prozesse und Strukturen werden verschlankt und optimiert, die Kosten reduziert. Viele Unternehmen tauchten Mitte der 80er- und 90er-Jahre voll in diese Optimierungsprogramme ihrer internen Organisation ein: »Lean Management«, »Lean Manufacturing«, »Total Quality Management«. In den letzten zehn Jahren verlagerte sich der Fokus der Optimierung auf die Digitalisierung und die digitale Transformation, aktuell besonders auf die Felder der künstlichen Intelligenz, Robotik und Automatisierung. Wenn das Problem gut verstanden und präzise definiert ist, erledigen Methoden wie »Six Sigma«, »Lean Management« und generell Prozessverbesserungen die Optimierung gut. An Grenzen kommen solche Methoden, wenn das Problem unklar, komplex und verwirrend ist. Und vor allem, wenn es Menschen in gemeinsamer Interaktion betrifft. Dann sollten Sie einen »Human Centered Design«-Ansatz (HCD) in Betracht ziehen. Es gibt eine Vielzahl gut dokumentierter Methoden, um Innovationen und Problemlösungen auf diese Weise anzugehen. »Design Thinking« ist die prominenteste Human-Centered-Methode. Es ist keine Innovationsmethode im herkömmlichen Sinn, sondern ein ausgezeichneter Ansatz für kreative Problemlösungen mit dem Menschen im Zentrum. Ein chancenorientierter Innovationsansatz aus dem Inneren einer Unternehmung wirft in der Regel Fragen auf, die sich auf den Kern der Organisation und ihre Struktur, letztlich sogar auf ihre Existenz und Fähigkeit zum Fortbestand auswirken können. Fragen Sie sich: »Wie können wir unser eigenes Unternehmen oder unsere eigene Branche neu erfinden?« oder »Wie können wir ein neues Unternehmen gründen, das uns aus dem Geschäft drängen würde?« Methoden sind beispielsweise »War Gaming« oder »Build Your Own Enemy«. Designmethoden allein geben keine befriedigende Antwort auf diese Fragen. Dazu braucht es Methoden aus dem strategischen Werkzeugkoffer. Solche für radikale Geschäftsmodellinnovationen oder Branchenstörungen, die ich meist in der externen Innovationsarbeit einsetze.

INNOVATION NACH AUSSEN

Wenn es um nach außen gerichtete Innovationen geht, Sie Ihr Geschäftsmodell also neu erfinden bzw. zum nachhaltigeren Wirtschaften entwickeln wollen, ist eine der größten Barrieren die eingeschränkte Vorstellungskraft durch die jeweils dominante Branchenlogik. Das sind die Dogmen, die jeder für selbstverständlich hält, die Glaubensbekenntnisse und mentalen Modelle, auf denen jahrzehntelang Erfolge fußten. Es ist schwer, sie loszulassen. Deshalb ist es wahrscheinlich, dass ein branchenfremder Herausforderer ohne dieses Erfahrungsgepäck ein grundlegend anderes Geschäftsmodell entwickelt. Und deshalb tun sich Unternehmen so schwer damit, sich selbst zu kannibalisieren. Bisher haben das nur wenige geschafft. Die dafür aber sehr erfolgreich. Die Werkzeuge ihrer Wahl, um mit einem breiten und weiten Blick auf die Zukunft ihres Unternehmens zu sehen, sind »Strategic Foresight«, »Moonshot Innovation« sowie »Hacking Cultural Beliefs« und »Future Room«. Neben der klassischen Business Model Innovation (zum Beispiel mit dem »Business Model Canvas«) hilft hier der »Sustainable Business Model Canvas«, der Nachhaltigkeitsfragen praktisch ab Werk mitbringt. Je weiter Sie Ihre neuen Produkte und Dienstleistungen entwickeln, umso mehr werden Sie das Kundenerlebnis in Richtung Nachhaltigkeit verbessern. Dazu eignen sich wieder HCD-Methoden wie beispielsweise die »Empathie Map«, »Persona Method« oder »Customer Touchpoint Journey«.

Die Entwicklung originärer Produkt-, Dienstleistungs- oder Geschäftsmodellinnovationen ist viel anspruchsvoller als die bloße Verbesserung bereits bestehender Produkte und Dienstleistungen. Vor allen Dingen, wenn wir die Glaubensbekenntnisse des stetigen Wachstums und der reinen Profitmaximierung verlassen und grundsätzlich neue ökonomische Modelle denken. Es ist intellektuell herausfordernd und bedarf einer sehr langfristigen Strategie und Orientierung. In all Ihren Entwicklungen neuer Produkte, Services und Geschäftsmodelle sollte die Logik der Kreislaufwirtschaft Ihr Denken, Design und Handeln hin zu besserem Wirtschaften leiten.

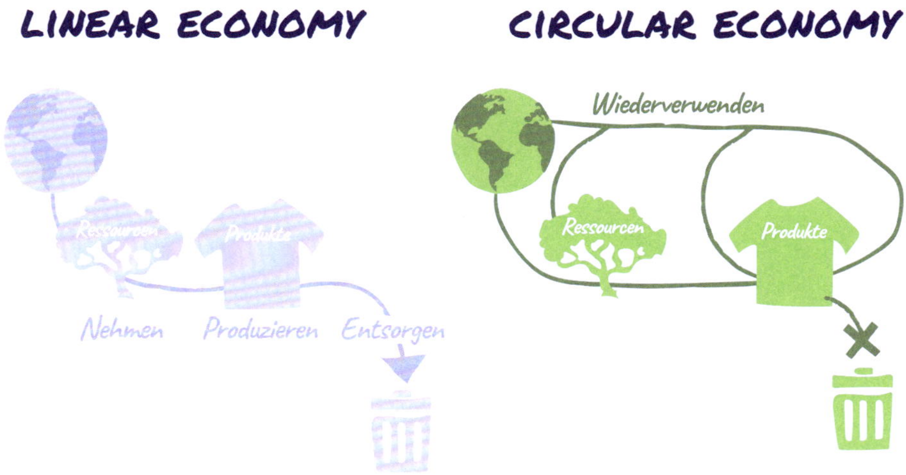

Ein Beispiel dafür, wie man es bei einem neuen Geschäftsmodell nicht machen sollte, sind die E-Scooter, die seit 2019 in europäischen Städten emissionsfrei die letzte Meile der Mobilität disruptieren sollen. Leider ist deren Geschäftsmodell das Gegenteil dessen, was uns die Kreislaufwirtschaft lehrt. E-Scooter haben eine sehr geringe Lebensdauer von nur rund drei Monaten. Nutzer gehen wenig sorgsam mit den Fahrgeräten um, stellen sie beispielsweise oft nicht in den dafür vorgesehenen Zonen ab und werfen sie irgendwo hin. Nachts fahren Einsammler, »Juicer« oder »Hunter« genannt, die Regionen ab, um in schädliches CO_2 ausstoßenden Transportern Hunderte von Scootern an die Ladestationen zu bringen. Von dort werden sie dann am nächsten Morgen wieder mit Transportern an die Stellstationen gebracht. Nachhaltig? Keineswegs. Am Nutzerverhalten orientiert? Auch nicht. Die Fehler, die hier gemacht werden, kennen wir seit Ende der 1990er-Jahre aus dem Bike-Sharing-Markt. Wieso lernen die heutigen Gründer so wenig daraus?

Quelle Grafik: Reset.org aus Artikel „Denken in Kreisläufen“ April 2017 https://reset.org/knowledge/denken-kreislaeufen-die-circular-economy-als-schluessel-fuer-nachhaltiges-wirtschaften-072

Ein Blick nach Singapur hätte genügt, um von einigen Jahren Erfahrung im E-Scooter-Markt zu profitieren. Sinnvoll wäre es beispielsweise gewesen, auswechselbare Batterien einzubauen, um das Einsammeln der Scooter zu vermeiden. Man hätte auch feste Abstellzonen definieren können, um eine hohe Quote an Rückläufern zu haben – wer sich nicht daran hält, muss mit hohen Strafen rechnen. Wenn Scooter abgeholt werden, dann mit emissionsfreien Lastenrädern. Und: Nutzerfreundlicher als die derzeitigen Ständer an den E-Scootern wären dreirädrige Modelle, die nicht so leicht umfallen und von alleine stehen bleiben. Diese Lösung würde auch das nächste Experiment ermöglichen, nämlich das autonome Einparken des Betreibers in die Stellzonen, die dann als Induktionsladefeld geplant werden können. Merken Sie, wie verschieden man ein Geschäftsmodell konzipieren kann? Bei uns sehen wir gierige Kapitalmaximierer mit Hunderten von Millionen Risikokapital im Rücken. Wall-Street-Cowboys öffnen die Konten für Geschäftsmodelle mit coolem Hipster-Anstrich. Mehr aber auch nicht. Enkelfähigkeit? Bisher Fehlanzeige! An anderen Orten denken nachhaltige Gründer in Kreisläufen und entwerfen ein alternatives Geschäftsmodell. Es ist alles eine Frage des Mindsets. Ob man enkelfähig wirtschaften will oder nicht.

Stichwort Mindset: Ich habe für mein Wirken meinen persönlichen Purpose definiert und daraufhin meine Design-Prinzipien entwickelt. Diese Übung kann jeder für sich machen, um dann abzugleichen, wie sehr eigener Purpose und Design-Prinzipien zum Purpose Ihres Arbeitgebers oder Ihrer Kunden passen, mit denen Sie arbeiten wollen. Nur wenn die Schnittmenge beider Seiten groß genug ist – erinnern Sie sich an das Bild des »Shared Purpose« –, entsteht Potenzialentfaltung. Nur so möchte und werde ich handeln.

Mein Purpose lautet: **»Ich inspiriere Menschen, sich selbst zu entfalten, um eine bessere Zukunft für die Welt gestalten zu können.«**
Wie lautet Ihrer? Meine Design-Prinzipien finden Sie unter:
https://stephangrabmeier.de/ueber-mich/

WIRKUNGSVOLLE HEBEL

Nun möchte ich Ihnen wie versprochen einige Methoden etwas näher vorstellen, von denen ich glaube, dass sie besonders wirkungsvolle Hebel für Ihr Future Business sein können und Ihnen helfen, Ihr Business zukunftsfähig zu gestalten. Ich arbeite seit Jahren erfolgreich mit diesen Methoden mit meinen Kunden und weiß um ihre positive Wirkung.
Die Beschreibungen helfen Ihnen, sich vorzustellen, worum es geht und wie und wofür Sie die jeweilige Methode anwenden können. Dann liegt es an Ihnen. Tauchen Sie selbst ein und experimentieren Sie damit. Für Rat und Tat bin ich jederzeit ansprechbar.

- Future-Business-Strategien entwickeln: mit Future Room
- Sinn und Werte designen: mit dem Werte Plan und Business Purpose Design
- Neue Business-Modelle bewerten: durch den Ideascanner
- Implementierung von Strategie- und Transformationsinitiativen: mit weffect
- Intuitive Analysen: mit Future Business Eigenland
- Messung sozialer, ökonomischer und ökologischer Nachhaltigkeit: durch die Gemeinwohlbilanz

FUTURE ROOM: FUTURE-BUSINESS-STRATEGIEN ENTWICKELN

»Future Room«[2] ist eine junge, aber sehr fundierte Methode, die vom Zukunftsinstitut unter der Leitung von Harry Gatterer entwickelt wurde und erstmals systemische Beratung mit Trend- und Zukunftsforschung verbindet. In Zeiten von grundlegenden Erneuerungen von Geschäftsmodellen wie in der digitalen und nachhaltigen Transformation ist Future Room ein Tool, an dem Sie zu Beginn kaum vorbeikommen.

Das Ziel der Methode ist es, das vorhandene implizite Mindset eines Unternehmens und seiner Mitarbeiter sichtbar zu machen und dieses in Einklang mit externen gesellschaftlichen Trends zu bringen. So erarbeite ich mit dem Future Room die Grundlagen für die Weichenstellung der Zukunft eines Unternehmens. Der Future Room benötigt je nach Umfang der Aufgabenstellung einige Tage Zeit für Workshops.
Jedes Unternehmen funktioniert nach seiner eigenen Logik, hat seine eigene Kultur, seine eigenen Werte und Codes. Diese sind fest in die DNA eingeschrieben. Im Management-Alltag ist es allerdings kaum möglich, sie zu entschlüsseln. Durch die Brille der Gewohnheit betrachtet lassen sich versteckte Muster nicht identifizieren – und damit auch nicht verändern. Die Future-Room-Methode macht das möglich.
In der sogenannten vierten Dimension blicken wir quasi von außen auf das Unternehmen, und gleichgültig wie komplex es ist: Am Ende lassen sich vier bis fünf zentrale Fragen herausfiltern, die über seine Zukunft entscheiden.
Die Einordnung zum Beginn der Strategieentwicklung gestalte ich mit der »Lazy Eight«, einem Element im Future Room und damit einem fundierten Blick auf die jeweiligen Lebens- und Innovationsphasen eines Unternehmens. Die Einstufung in der »Lazy Eight« zeigt ein systemisches Grundprinzip allen Lebens auf: das Loslassen von Altbekanntem und Erwünschtem sowie die Überwindung von Krisen als notwendige Voraussetzung für Regeneration. Dieser Kreislauf der Erneuerung ist in verschiedene Phasen unterteilt, die alle lebenden Systeme (organische, psychische oder soziale) immer wieder durchlaufen müssen, um sich erfolgreich weiterentwickeln zu können.
Für die Erarbeitung von Lösungen setze ich auf dem Framework des Soziologen Dirk Baeker und seiner holistischen Sicht auf Unternehmen mit dem Modell der »Form of firms« auf.
Form of firms kurz beschrieben: Eine Unternehmung erzeugt ihr Produkt und die dafür notwendigen Technologien und Verfahren innerhalb einer bestimmten Organisation inklusive ihrer Entscheidungswege und unter Berücksichtigung wirtschaftlicher, gesellschaftlicher

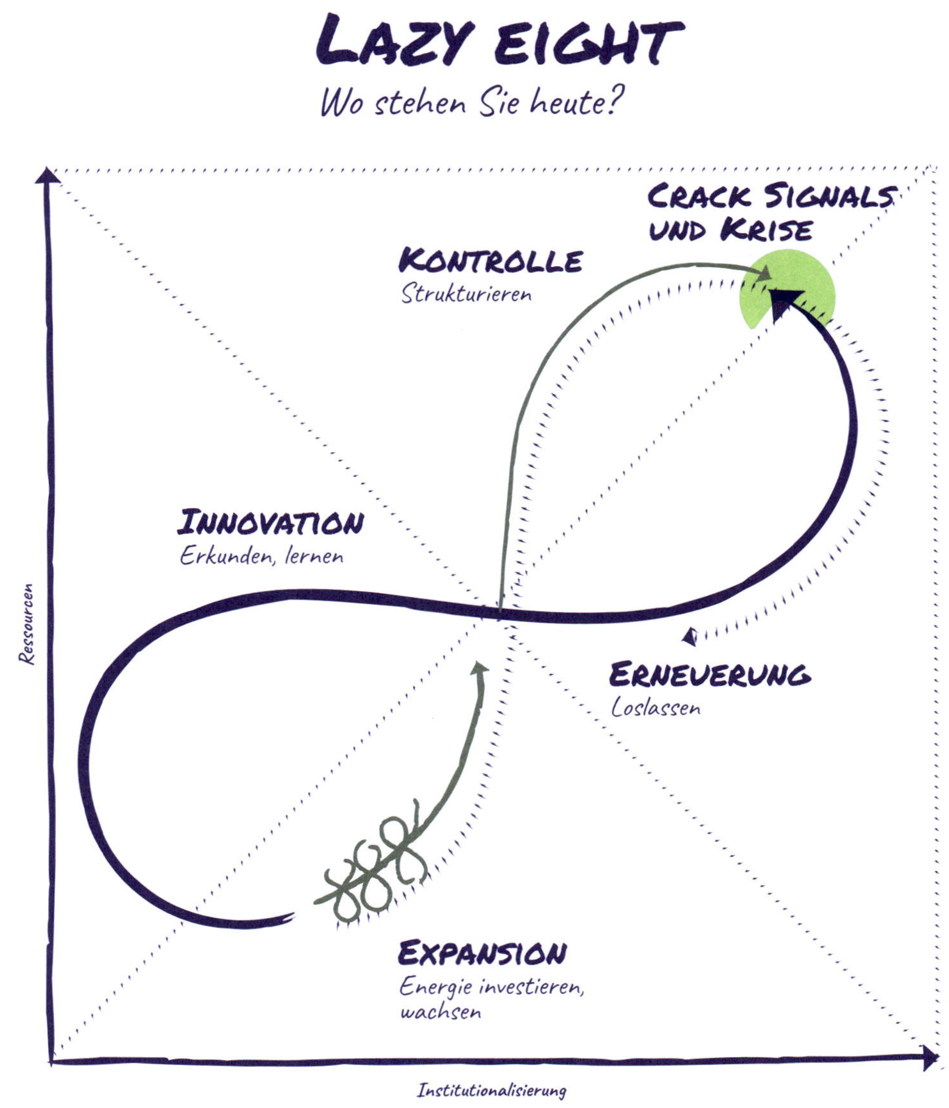

Quelle Grafik: Zukunftsinstitut, Buch Future Room, 2018

und individueller Kontexte. Dieses Modell berücksichtigt systemisch die Parameter sozialer, ökonomischer und ökologischer Treiber und eignet sich als Framework ideal für Future Business und besseres Wirtschaften. Diese Logik, umgesetzt in den Canvas des Big Picture, begleitet den gesamten Workshop und bringt die verschiedenen Perspektiven der Zukunftslösungen strukturiert zusammen.

Der Translator: Von den Spaces zum Big Picture

	Produkt	Verfahren	Organisation
Was beschreibt der Space?	Alles, was ein Unternehmen als Produkt und/oder Service auf einem zu definierenden Markt anbietet. Alles, was Umsätze bringt.	Die Fähigkeit oder die spezifische Art des Unternehmens, dieses Produkt zu erzeugen und zu vermarkten (das „Wie"). Die technologischen Mittel, welche die Erzeugung des Produktes ermöglichen.	Alles, was dazu führt, dass Entscheidungsverhalten organisiert wird und Strukturen entstehen: Hierarchien, Kultur, Team, Units, Verantwortungsbereiche und Prozessdesign ebenso wie Identität, Stil, Atmosphäre oder Branding. Aber auch Aussagen von führenden Individuen im Unternehmen.
Wie können wir nach diesem Space fragen?	Was bieten wir an?	Wie erzeugen wir unsere Produkte?	Was hält uns zusammen? Wie treffen wir unsere Entscheidungen?

Kopföffner-Tipp: Wenn Sie sich eingehender mit der Methode beschäftigen wollen, empfehle ich Ihnen das Buch »Future Room« (https://shop.murmann-verlag.de/de/item/future-room-harry-gatterer). Für die ersten Workshops und eine professionelle Begleitung ist es ratsam, einen Experten und Methodenkenner hinzuzuziehen.

Quelle Grafik: Zukunftsinstitut, Buch Future Room, 2018

	Markt	Wirtschaft	Gesellschaft	Mensch
	Kunden, Zielgruppen, potenzielle neue Märkte.	Wirtschaftliche und wirtschaftsrechtliche Bedingungen, das wirtschaftliche Grundverständnis, internationale Handelsabkommen. Strukturelle Entwicklungen (Sharing, Social Business, ...). Aber auch Kooperationen, direkte Interaktionen zwischen Unternehmen und Staat sowie Förderungen bilden sich in der Wirtschaft ab.	Alle gesellschaftlichen Entwicklungen, national und global, sind hier verortet. Wie überhaupt die Subsysteme der Gesellschaft: Politik, Religion, Bildung, Gesundheit. Auch Mobilität oder Ökologie, soweit diese nicht direkt das Geschäftsfeld des Unternehmens betreffen.	Alles, was den Menschen an sich beschreibt. Also nicht den Kunden – der befindet sich im Markt. Auch nicht gesellschaftliche Trends wie Alterung oder Individualisierung – diese zählen wir zum Space „Gesellschaft“.
	Wer ist unser Kunde? Welche Bedürfnisse erkennen oder wecken wir in der Gesellschaft?	Was sind die wirtschaftlichen Bedingungen? Wie gestaltet sich die Umwelt des Unternehmens?	Wo und wie leben wir?	Was ist der Mensch? Was bewegt den Menschen?

PURPOSE DESIGN: DAS »WARUM« FORMULIEREN

Den Purpose eines Unternehmens zu entwickeln kann Zeit in Anspruch nehmen – oft sind es Wochen oder Monate, je nachdem, wie groß ein Unternehmen ist, wie viele Stakeholder man einbindet und

wie transformativ so ein Prozess aufgesetzt ist. Hier stelle ich Ihnen eine Methode vor, die ich mit einem Team in einem Tagesworkshop umsetzen kann. Die Leitfrage lautet: Was ist der Sinn Ihres Unternehmens? Was würde dem Markt fehlen, wenn es Ihr Unternehmen nicht mehr gäbe? Die Antworten darauf sollten von jedem Mitarbeiter spontan gegeben werden können. Und wenn Ihr Unternehmen darauf keine Antworten hat, sollten wir dringend zusammenarbeiten.
Die genannten Fragen gelten auch für die Mitarbeiter: Was bewegt dich, jeden Morgen für deinen Arbeitgeber aufzustehen? Was bewirkst du mit deiner Arbeit? Wenn Ihre Kollegen darauf keine Antwort finden, ist die Passung infrage gestellt. Ohne Schnittmenge von individuellem und Unternehmenspurpose kann nicht dauerhaft und erfolgreich zusammengearbeitet werden. Mit dem Purpose beginnt alles und hört alles auf. Ich nutze für die Entwicklung das Framework des Business Purpose Design[3]. Es ist ein Leitmodell, das durch eine ganzheitliche Betrachtung eine Orientierung für Organisationen, Führungskräfte und Projekte bietet. Es ermöglicht, bereichsübergreifende Zusammenhänge zu erkennen, Stärken und Entwicklungspotenziale zu identifizieren und vergleichbar zu machen.

Wie arbeitet man mit der Business Purpose Design Canvas?
Starten Sie zu Beginn des Workshops immer von innen nach außen. Beginnen Sie direkt im Kern beim Purpose. Nur Mut, trauen Sie sich, der Purpose kann im Nachgang immer noch geschärft werden. Sobald Sie den inneren Bereich inklusive Trends, Technologie und Mensch bearbeitet haben, gehen Sie über zu den Herausforderungen und dem Planeten. Bevor Sie direkt beim Perspektivenwechsel durchstarten, empfiehlt sich eine kurze Pause. Nehmen Sie sich Zeit. Gehen Sie in sich, manchmal hilft es, kurz die Augen zu schließen oder tief durchzuatmen. Dann füllen Sie, ganz spontan, wie beim Brainstorming, die Gedanken ein, die Ihnen jetzt kommen.
Zum Finale geht's um die Zukunftsszenarien, die Sie jetzt möglicherweise sehen. Denken Sie hier »out of the box«, unkonventionell, zu-

kunftsweisend. Wenn Sie nun den Purpose noch mal anpassen möchten, nur zu! Der lebt so lange, bis Sie sagen, dass er fertig ist. Dafür braucht es Zeit und viele Iterationen, im Team, durch externe Partner und durch Kunden.
Am Anfang gilt: Fokussieren Sie jeweils auf die wichtigsten strategischen Faktoren und verzichten Sie auf Vollständigkeit. Zum Schluss soll es aber schon ein bisschen mehr Detail sein! Versuchen Sie, alles so präzise wie möglich zu definieren, sodass auch ein Dritter nachvollziehen kann, was damit gemeint ist. Grundsätzlich gilt: Setzen Sie sich Zeiten für die Bearbeitung der Themenfelder. Sie können auch mit einer wilden Brainstormingphase beginnen, wo es zunächst einmal um die Quantität geht. Nehmen Sie sich für jedes Feld drei Minuten und entwickeln Sie so viele Ideen, wie Sie können. Sind Sie mit der ersten Runde fertig, dann priorisieren Sie die beiden wichtigsten Punkte, verwerfen die anderen und machen das Gleiche noch mal. Sie werden merken, dass Sie in der zweiten Runde anfangen, qualitativer zu werden. Je nachdem, wie zufrieden Sie sind, wiederholen Sie den Durchlauf noch mal.
Wenn Sie im Team arbeiten, startet jeder erst einmal für sich alleine. Tauchen Sie selbst ein in die Themenfelder. Erst wenn Sie ein klares Bild haben, sollten Sie öffnen und alle Sichtweisen zusammenbringen. In Workshops bündele ich die rund 30 Themen in sechs Themenfelder, die dem Framework zugrunde liegen. In einem eintägigen Workshop können Sie bereits ein erstes gutes Ergebnis erarbeiten. Wenn Sie ein kleines Unternehmen haben, brauchen Sie keine weiteren Abstimmungen, dann kommen Sie schnell damit in die Umsetzung. Je größer das Unternehmen, umso mehr Zeit sollte man sich für Purpose-Workshops zur Ausarbeitung für das ganze Unternehmen nehmen, um weitere Stakeholder miteinzubeziehen.

Infos zum Business Purpose Design finden Sie hier:
https://www.business-purpose.com

Business Purpose Design Canvas

Perspektiven
Was sind die Stärken Ihres Unternehmens?

Technologie
Welche Rolle nimmt Ihr Unternehmen in der Digitalisierung ein?

Organisation
Welche Rolle nimmt die Organisation der Zukunft für den Mensch und die Gesellschaft ein?

Wie stellen Sie als Führungskraft und/oder Organisation den Menschen in den Mittelpunkt?
Commerce

Herausforderungen
Welche Hindernisse stehen derzeit im Weg? Welche könnten zukünftig auftreten? Was hält Sie als Leader und Organisation zurück oder was hält Sie auf?

Quelle Grafik: Smith, Monika: Business Purpose Design, 2018

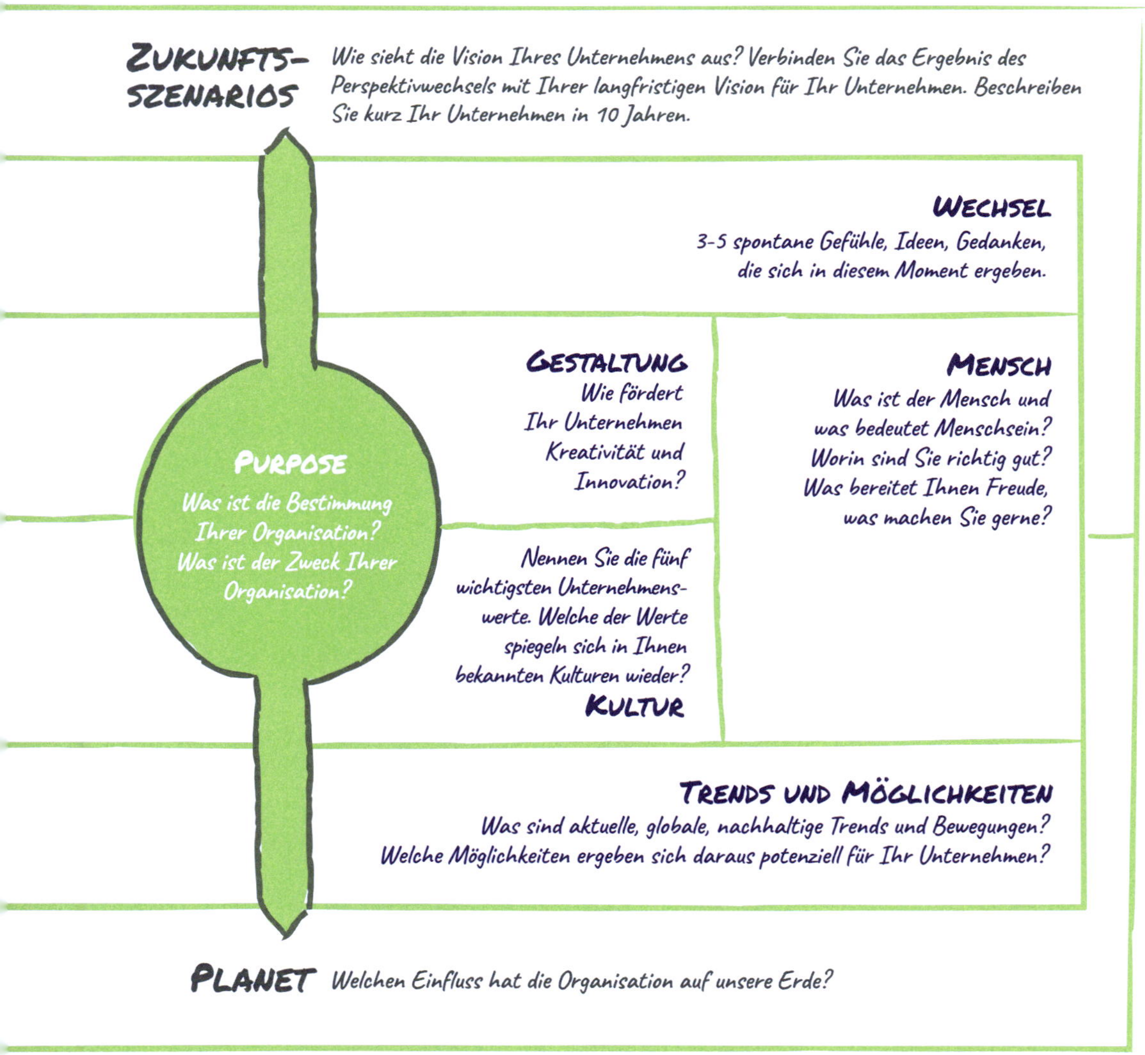

Zukunfts-szenarios
Wie sieht die Vision Ihres Unternehmens aus? Verbinden Sie das Ergebnis des Perspektivwechsels mit Ihrer langfristigen Vision für Ihr Unternehmen. Beschreiben Sie kurz Ihr Unternehmen in 10 Jahren.
Wechsel
3-5 spontane Gefühle, Ideen, Gedanken, die sich in diesem Moment ergeben.
Purpose
Was ist die Bestimmung Ihrer Organisation? Was ist der Zweck Ihrer Organisation?
Gestaltung
Wie fördert Ihr Unternehmen Kreativität und Innovation?
Mensch
Was ist der Mensch und was bedeutet Menschsein? Worin sind Sie richtig gut? Was bereitet Ihnen Freude, was machen Sie gerne?
Nennen Sie die fünf wichtigsten Unternehmens-werte. Welche der Werte spiegeln sich in Ihnen bekannten Kulturen wieder?
Kultur
Trends und Möglichkeiten
Was sind aktuelle, globale, nachhaltige Trends und Bewegungen? Welche Möglichkeiten ergeben sich daraus potenziell für Ihr Unternehmen?
Planet
Welchen Einfluss hat die Organisation auf unsere Erde?

WERTE PLAN: DAS »WIE« ENTDECKEN

Werte sind die Glaubenssätze, Attribute, Prinzipien und Definitionen, nach denen wir leben wollen. Der »Werte Plan« ist eine einfache und effiziente Methode, seine individuellen Werte besser kennenzulernen und sich ihrer bewusst zu sein. Dieser Plan kann für Sie als Person, möglicherweise in der Familie, aber auch in Teams und in Unternehmen entwickelt werden. Jeder, der sich im Klaren über seine Werte ist, kann weniger beeinflusst und instrumentalisiert werden und positiver für sich und andere an seiner Potenzialentfaltung arbeiten. Egal, ob die folgende Übung im Team durchgeführt oder – größer gedacht – auf eine Abteilung, Business Unit oder das gesamte Unternehmen bezogen wird: Man beginnt immer mit dem Einzelnen. Für die folgenden Schritte auf dem Weg zu Ihrem Werteplan kalkulieren Sie bitte rund 60 bis 90 Minuten ein.

Erster Schritt

Nehmen Sie einen DIN-A4-Zettel und einen Stift zur Hand. Suchen Sie aus folgender Liste die 20 Werte aus, die Ihnen besonders wichtig sind. Schreiben Sie diese untereinander auf. Dabei geht es nicht darum, Werte zu finden, von denen Sie denken, dass Sie Ihnen gut stehen würden. Sondern Werte, die Sie ausmachen und definieren. Werte, bei denen Sie ein warmes Gefühl im Bauch bekommen. Werte, die man an Ihnen spürt, sieht und erkennt. Werte, mit denen Sie sich identifizieren.

Akzeptanz	Intuition	Gerechtigkeit
Spiritualität	Gleichheit	Realismus
Verantwortung	Kreativität	Wohlstand
Balance	Wissen	Kooperation
Gemütlichkeit	Qualität	Schönheit
Ruhm	Liebe	Selbstständigkeit

Effizienz	Loyalität	Aufregung
Zeit für mich	Überlegenheit	Stabilität
Engagement	Leidenschaft	Dankbarkeit
Einfachheit	Mitgefühl	Zuneigung
Flexibilität	Achtsamkeit	Vertrauen
Fortschritt	Natürlichkeit	Toleranz
Freiheit	Neugierde	Treue
Nähe	Sicherheit	Großzügigkeit
Herausforderung	Fröhlichkeit	Objektivität
Nachhaltigkeit	Optimismus	Transparenz
Gesundheit	Ordnung	Bescheidenheit
Hilfsbereitschaft	Verlässlichkeit	Offenheit
Hoffnung	Beliebtheit	Authentizität
Humor	Erfolg	Ehrlichkeit

Es gibt natürlich noch viel mehr Werte – schreiben Sie auch Ihre eigenen dazu. Wichtig ist nur, dass es am Ende 20 sind, nicht mehr. Und seien Sie sich bewusst, dass es nicht bedeutet, dass Sie einen Wert ablehnen, nur weil er nicht ausgewählt wurde. Es geht bei dieser Technik um Ihre persönlichen Prioritäten, nicht um Pro oder Contra.

Zweiter Schritt

Nun kommt der spannende und manchmal knifflige Teil. Wägen Sie jeden Wert gegen jeden anderen im Kopf ab. Starten Sie beim ersten Wert auf der Liste. Ist er Ihnen wichtiger als der zweite auf der Liste? Wenn ja, machen Sie einen Strich beim ersten Wert. Wenn der zweite Wert wichtiger ist, machen Sie dort einen Strich. Danach vergleichen Sie den ersten Wert mit dem dritten Wert. Ist der erste wichtiger, machen Sie dort einen Strich, ist der dritte wichtiger, dann dort. Vergleichen Sie also den ersten Wert mit allen anderen 19 Werten. Haben Sie das erledigt, starten Sie beim zweiten Wert. Mit dem ersten Wert müssen Sie ihn nicht mehr vergleichen, das haben Sie ja eben schon getan. Sie vergleichen ihn also nun mit dem dritten Wert. Dann mit dem vierten und so weiter. Tun Sie dies für alle 20 Werte auf Ihrer Liste. Die Anzahl der Striche zeigt Ihnen letztlich, welche Werte Ihnen am wichtigsten sind. Schreiben Sie Ihre Top Fünf untereinander auf. Vielleicht haben einige Werte die gleiche Anzahl an Strichen, diese teilen sich dann den Platz. Wenn es Ihnen schwerfällt, abstrakte Werte wie Spiritualität und Kreativität zu vergleichen, versuchen Sie, sich konkrete Situationen vorzustellen. Also Situationen, in denen Sie sich zwischen den Werten entscheiden müssten. Zum Beispiel: Stellen Sie sich vor, Sie hätten eine Stunde mehr Freizeit am Tag. Würden Sie eher Ihrer spirituellen Findung oder einem kreativen Hobby nachgehen? So ungefähr könnte Ihre Liste aussehen:

Quelle Grafik: Eigene Darstellung

Dritter Schritt

Nun haben Sie Ihre Werte definiert. Fühlen Sie sich wohl mit ihnen? Fragen Sie sich, ob Sie wirklich stolz auf diese Werte sind. So stolz, um sie auch mit anderen zu teilen. Schreiben Sie diese Werte nun groß auf ein Blatt Papier. Für eine Teambestimmung von Werten würde die Übung in ähnlicher Logik mit Ihren Kollegen und Kolleginnen weitergeführt werden. Dieses Ergebnis ist die Grundlage für viele weitere Dinge, beispielsweise die Definition Ihres Purpose, die Ableitung von Design-Prinzipien oder schlicht die Grundlage für die Wertebasis der Zusammenarbeit.

IDEASCANNER: GESCHÄFTSMODELLE SMART BEWERTEN

Sofern Sie Ideen, Innovationen oder neue Geschäftsmodelle für Ihr Future Business bewerten müssen, empfiehlt sich der »Ideascanner«[4]. Dieses Tool wurde von Andreas und Melanie Stütz über viele Jahre entwickelt und ist heute ein wirkungsvolles Instrument, um Geschäftsideen zu bewerten. In meiner Arbeit bewerte ich viele Ideen aus Start-ups oder neue Geschäftsmodelle, zum Beispiel beim Aufbau von Innovation Labs, bei Intrapreneurprogrammen, bei der direkten Beteiligung an jungen Unternehmen oder wenn wir mit unseren Next-Entrepreneurs-Programmen Ideen von Schülern bewerten. Dabei ist es ganz egal, ob eine Idee für ein neues Business aus dem Silicion Valley, Israel oder China kommt, ob diese Idee riesiges Potenzial hat oder nur ein kleines Problem löst. Ideen und Geschäftsmodelle müssen strukturiert bewertet werden. Der Ideascanner ist für mich und meine Kunden ein objektiver Schnelltest zur Einschätzung. Die Anwendung vergleicht anhand eines strukturierten Fragenkatalogs neue Geschäftsideen mit der Datenbank bereits analysierter Geschäftsideen. Dadurch werden potenzielle Stärken und Schwächen früh aufgezeigt. Nach wie vor scheitern die meisten Start-ups innerhalb der ersten 20 Monate, obwohl sie eine Finanzierung von durchschnittlich 1,3 Millionen US-Dollar erhalten haben und meist bereits Umsatz generieren (CB Insights, 2018). »Lean Startup« konnte dies bisher nicht wesentlich verbessern. Der Verkauf eines »Minimum Viable Product« (MVP) ist zwar ein erstes Indiz für Kundeninteresse, jedoch kein Beleg für eine Marktchance, um darauf ein ganzes Unternehmen aufzubauen. In mehr als zehn Jahren analysierte das Team des Ideascanners über 200 000 Start-ups auf verdeckte Muster von Erfolgsfaktoren. Daraus wurde eine umfangreiche Wissensdatenbank. Ich nutze den Ideascanner als algorithmusbasierte Entscheidungshilfe unter anderem für die Bewertung des Innovationspotenzials, für die Pre-Due-Diligence früher Geschäftsideen sowie für Trainings in Entrepreneurial Thinking. Neben der strukturierten Bewertung in der App finde ich den sogenannten »Triangel Dialog« besonders spannend. Dieser methodische Baustein bedeutet, dass eine Idee zuerst unabhängig von drei Beurteilern zeitgleich mit den 40 Attributen bewertet wird. Danach teilen die drei Beurteiler ihre Ergebnisse untereinander, und es entsteht ein Dialog aus den verschiedenen Blickwinkeln.

Die Grafik zeigt die Einsatzmöglichkeiten des Ideascanners im Verlauf verschiedener Unternehmensphasen und damit methodischer Schwerpunkte. Beginnend bei der Ideenfindung (Ideate), über die Prototypen-Entwicklung (Lean Startup) bis zur kontinuierlichen Entwicklung (Agile) des Produktes.

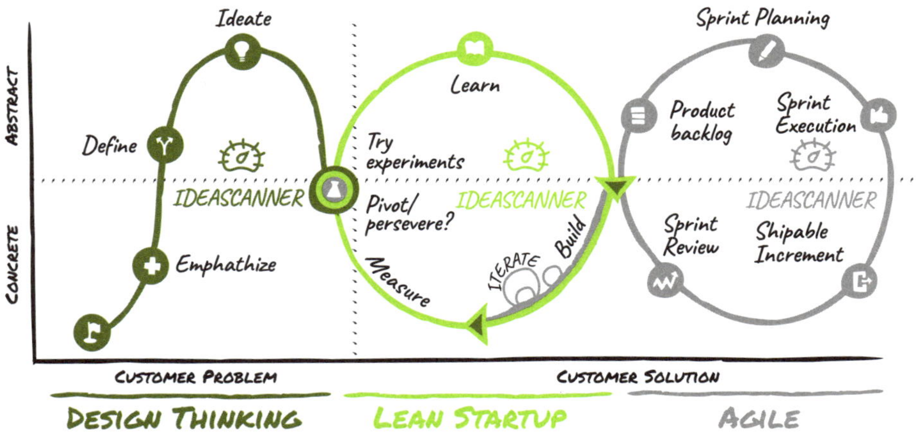

Infos zum Ideascanner finden Sie unter: https://www.ideascanner.com

Quelle Grafik: Eigene Darstellung

WEFFECT: STRATEGIEN IMPLEMENTIEREN

Seit über 20 Jahren begleite ich Vorstände und Geschäftsführer bei Transformationsprojekten. Die größte Herausforderung dabei ist die Umsetzung. Wir wissen, dass die wirkungsvollsten Faktoren für Erfolg Handlungen, Vorbilder und Konsequenz in der Umsetzung sind. Keine Absichtserklärung, kein Leitbildposter, Townhall-Meeting oder Tschakka-Incentive kann das erreichen. Alleine Sichtbarkeit und Stolz auf etwas Erreichtes wirken. Doch so einfach das klingt: In der Praxis erlebe ich im Methodenset von Change-Managern, Digital Officers, Unternehmensstrategen, Transformation Officers, CSR-Treibern und Learning-Experten meist zu wenig Fokus auf umgesetzte Handlungen. Stattdessen gibt es eine spektakuläre Veranstaltung nach der nächsten, Learning Journeys rund um den Globus, Bootcamps, »Working out loud«-Zirkel und Strategiekaskaden, und das häufig mit demselben Ergebnis: hohe Motivation zu Beginn, tolle Show und viele PowerPoints, aber letztlich nicht das gewünschte Ergebnis, weil es oft bei Ankündigungen oder Absichtserklärungen in Maßnahmenkatalogen bleibt. Der darauf folgende Schritt, diese Maßnahmen in die Tat umzusetzen, rückt zu selten in den Fokus.

Als Berater nutze ich bei meinen Kunden deshalb die Software weffect[5]. Sie hat nur ein Ziel: Umsetzungen anstupsen, sichtbar machen und den Impact messen. Das methodische Konstrukt, auf dem weffect aufbaut, fußt auf den 15 wichtigsten wissenschaftlichen Change- und Strategiemethoden. Die KI-basierte Architektur lernt mit jedem neuen User und seinen Handlungen dazu. Auf Basis guter Durchdringung des Erfahrungsschatzes aus verhaltensökonomischer Sicht erhalten Mitarbeiter ihre täglichen »Stupser«, sogenannte »Nudges«, die ihnen sanft helfen, von der Erkenntnis zur Handlung zu kommen.

Die Unternehmen, die weffect nutzen, verzeichnen innerhalb kürzester Zeit wirkungsvolle Ergebnisse: schnellere Umsetzung von Strategieansätzen ins Business, hohe Anerkennung der Nutzer durch Transparenz der Maßnahmen und tägliche »Content Nudges« durch das System. Der Vorstand erhält ein Cockpit, mit dem der kumulierte Impact der Maßnahmen für das Unternehmen sichtbar wird und dadurch die richtige Steuerung von Strategieprojekten ermöglicht. Jedem Unternehmen, das sich in der digitalen oder nachhaltigen Transformation befindet, sei empfohlen, die Wirkung aller Beteiligten zu ermöglichen, anzustoßen und zu messen. So erhöhen Sie die Chance auf eine erfolgreiche Transformation.

Infos zu weffect finden Sie hier: https://weffect.app

EIGENLAND: INTUITIVE ANALYSEN UND PRIORISIERUNGEN

Es ist nicht leicht herauszufinden, wie und wo man bei einem Problem anfangen soll. Oft ist die Lage unübersichtlich. Viele Beteiligte haben viele verschiedene Ansichten und bewerten und priorisieren diese unterschiedlich. Um Themen schnell und effektiv zu analyisieren und viele Menschen von Beginn an mitzunehmen, nutze ich die Methode »Eigenland«. Das Instrument basiert auf der intuitiven Analyse und hebelt negative gruppendynamische Prozesse aus. Eigenland wurde 2015 gegründet, seitdem setze ich dieses Verfahren bei meinen Kunden ein. Ich war ein früher Entdecker des Teams und Instruments. Entweder in kleineren Konstellationen oder auch mit bis zu mehreren Hundert Menschen parallel.
Für mein Buch habe ich mit dem Team von Eigenland eine eigene Version entwickelt, um Ihnen eine leicht anwendbare Methode anbieten zu können. Wie funktioniert die Eigenland-Analyse »Future Business – besser wirtschaften«?
Sie ist in sechs Themenfelder und darin jeweils zehn Ausprägungen, also insgesamt 60 Aussagen, untergliedert. Eigenland nutzt man in einem Workshop von einem halben bis zu einem Tag. Die Teilnehmer in einer Gruppe (6–10 Personen) bewerten dann, inwieweit der Idealzustand dieser 60 Aussagen bereits erreicht ist, wo Gemeinsam-

keiten und Unterschiede liegen. Sind alle Thesen bewertet, werden sie gemeinsam diskutiert, Perspektiven geteilt und Ideen für die Umsetzung entwickelt. Eigenland ist ein haptisches Spiel, dessen Ergebnisse parallel in einer App ausgewertet werden. Somit nutzt man die analoge und digitale Welt parallel.
Die hier beschriebene Version habe ich für Interessenten entwickelt, die nach dem Lesen des Buches einen leichten Einstieg suchen. Darüber hinaus wende ich Eigenland auch in anderen Zusammenhängen an. In den letzten drei Jahren sind bis zu 600 verschiedene Anwendungsfelder entstanden, beispielsweise zu »Digital Leadership«, »Culture Change«, »New Work«, »Digital Transformation« und vielen weiteren Themen.

Infos zu Eigenland finden Sie hier: https://stephangrabmeier.de/formate/eigenland/

GEMEINWOHLMATRIX: MESSUNG DES IMPACTS

Die Gemeinwohlmatrix ist ein Modell zur Organisationsentwicklung und Bewertung von unternehmerischen wie auch gemeinnützigen Tätigkeiten. Sie beschreibt 20 Gemeinwohlthemen inhaltlich und gibt Anleitungen zur Bewertung nach Gemeinwohlmaßstäben. Die Matrix wird nicht in einem einzelnen Workshop, sondern über einen längeren Erhebungsprozess hinweg erarbeitet, der sich über Wochen oder Monate erstreckt.
Die Matrix kann auf zwei Ebenen genutzt werden:

1) Freiwillig, um zu prüfen, wie Sie in Ihrem Unternehmen die Themen adressieren und umsetzen. Die Ergebnisse nutzen Sie dann nur im Unternehmen und arbeiten an der Verbesserung.

2) Die Matrix ist die Basis für die Erstellung eines Gemeinwohlberichts, einer umfassenden Dokumentation der Orientierung einer

Organisation. Dies ist die umfassendste Lösung und mit weiterem Aufwand verbunden.

Gemeinwohl-Matrix

Wert / Berührungsgruppe	Menschenwürde	Solidarität und Gerechtigkeit	Ökologische Nachhaltigkeit	Transparenz und Mitentscheidung
A: Lieferant*innen	A1 Menschenwürde in der Zulieferkette	A2 Solidarität und Gerechigkeit in der Zulieferkette	A3 Ökologische Nachhaltigkeit in der Zulieferkette	A4 Transparenz und Mitentscheidung in der Zulieferkette
B: Eigentümer*innen + Finanz-partner*innen	B1 Ethische Haltung im Umgang mit Geld-mitteln	B2 Soziale Haltung im Umgang mit Geldmitteln	B3 Sozial-ökologische Investitionen und Mittelverwendung	B4 Eigentum und Mitentscheidung
C: Mitarbeitende	C1 Menschenwürde am Arbeitsplatz	C2 Ausgestaltung der Arbeitsverträge	C3 Förderung des ökologischen Verhaltens der Mitarbeitenden	C4 Innerbetriebliche Mitentscheidung und Transparenz
D: Kund*innen + Mitunternehmen	D1 Ethische Kund*innen-beziehungen	D2 Kooperation und Solidarität mit Mitunternehmen	D3 Ökologische Aus-wirkung durch Nutzung und Entsorgung von Produkten und Dienst-leistungen	D4 Kund*innen, Mitwirkung und Produkttransparenz
E: Gesellschaft-liches Umfeld	E1 Sinn und gesellschaftliche Wirkung der Produkte und Dienstleistungen	E2 Beitrag zum Gemeinwesen	E3 Reduktion ökologischer Auswirkungen	E4 Transparenz und gesellschaftliche Mitentscheidung

Der Beitrag zum Gemeinwohl wird auf Basis der Matrix definiert und bewertet: In den vertikalen Spalten sind jene Werte angeführt, die das Gelingen von Beziehungen sowie ein gutes Leben fördern. Diese Werte sind weltweit auch in den meisten Verfassungen verankert. In den horizontalen Zeilen sind die fünf Gruppen zu finden, mit denen eine Organisation meistens in Kontakt steht (gesellschaftliches Umfeld, Mitarbeitende etc). In den Schnittpunkten von den Werten und Berührungsgruppen entstehen 20 Gemeinwohl-Themen, die den Beitrag der Organisation zum Gemeinwohl beschreiben und bewerten. Bei der

Quelle Grafik: ecogood.org

Erstellung des Gemeinwohl-Berichts wird sichtbar, wie der jeweilige Wert in Bezug auf die jeweilige Berührungsgruppe gelebt wird, welches Potenzial in dem Thema steckt und welche Ziele erstrebenswert sind. Fragen, die Sie als Unternehmen zu beantworten haben, ergeben sich beispielsweise aus den Themenfeldern »Ökologische Nachhaltigkeit in der Zulieferkette«, »Ethische Haltung im Umgang mit Geldmitteln«, »Innerbetriebliche Mitentscheidung und Transparenz« oder »Kooperation und Solidarität mit Mitunternehmen«.

Ziel der Bewertung ist es, die Wirkung von unternehmerischen Aktivitäten auf das Gemeinwohl sichtbar zu machen. Im Bewertungsprozess stuft sich die berichtende Organisation auf einer Skala ein, je nachdem, wie stark der jeweilige Wert in der Organisation gelebt wird. Der Prozess der Bilanzierung fördert somit eine werteorientierte Weiterentwicklung der Organisation.

Zusätzlich zur Bewertung auf Themenebene wird eine Gesamtbewertung, die Gemeinwohl-Punktezahl, ermittelt. Maximal können 1000 Punkte erreicht werden, das Minimum liegt bei –3600 Punkten. Die Gemeinwohl-Bilanz wurde so entwickelt, dass sie für Unternehmen jeder Branche, jeder Größe und jeder Rechtsform anwendbar ist – vom gemeinnützigen Verein über den mittelständischen Familienbetrieb bis zum börsennotierten Konzern oder auch in Schulen und Universitäten. Die Ausgangsbasis stellen alle 20 Themen dar, die zu jeweils 50 Punkten gleich gewichtet werden. Abhängig von den folgenden Faktoren werden die Themen für die Ermittlung der Gesamtpunktezahl im Bilanzrechner unterschiedlich gewichtet nach der Unternehmensgröße, den Finanzströmen zu und von »Lieferant*innen«, »Geldgeber*innen« und »Mitarbeiter*innen«, den sozialen Risiken in den Herkunftsländern der wichtigsten Vorprodukte der Branche und den damit verbundenen ökologischen und sozialen Risiken. Die erreichbare Gesamtsumme bleibt in jedem Fall gleich, lediglich die Höhe des Anteils der einzelnen Themen variiert je nach Bedeutung für das jeweilige Unternehmen.

Kopföffner-Tipp: Zum Start und für eine erste Orientierung haben die Initiatoren der Gemeinwohl-Ökonomie den »Schnelltest 5.0« entwickelt, den Sie selbstständig oder gemeinsam mit einem Gemeinwohl-Berater während eines Informationsgespräches machen können.

Den Schnelltest können Sie hier herunterladen: http://bit.ly/2KedfdM. Zum weiteren Vertiefen gibt es ein Handbuch, das Sie dabei begleitet und hier zu bestellen ist: https://koloopublishing.at/produkt/arbeitsbuch-zur-gemeinwohl-bilanz-5-0. Alle Infos zur Initiative finden Sie hier: https://www.ecogood.org/de/unsere-arbeit/gemeinwohl-bilanz.
Die Veröffentlichung der Gemeinwohl-Bilanzen findet sowohl auf den jeweiligen Webseiten der Unternehmen statt als auch gesammelt über die Seite der Initiative. Alle Inhalte werden als Open-Source-Dokumente zur Verfügung gestellt: https://balance.ecogood.org.

GUTE REISE

Und nun aber wirklich los. Danke, dass Sie mit mir gemeinsam meinem Nordstern bis hierher gefolgt sind und sich mit den Ursachen der heutigen Probleme und möglichen Lösungen auseinandergesetzt haben. Nachhaltigkeit und Enkelfähigkeit, das ist deutlich geworden, sind der Schlüssel zu einem zwingend notwendigen, längst überfälligen und nachdrücklich erfolgreichen Umbau unserer heutigen Wirtschaft zu Future Business. Die Ziele, die sich die Weltgemeinschaft gesetzt hat – die UN Sustainable Development Goals und die Agenda 2030 – gilt es auf allen Ebenen in die Tat umzusetzen. Das nimmt uns niemand ab. Ob als Unternehmerin, Gründer, Mitarbeiterin, Politiker, als Einzelner, als Team, als Organisation oder Gesellschaft – wir sind gefordert, unseren Beitrag zur Zukunftsfähigkeit unseres Daseins zu leisten. Ich freue mich, wenn ich Ihnen den einen oder anderen Impuls mitgeben konnte und Sie sich zuversichtlich auf den Weg zur Gestaltung Ihres Future Business machen. Gute Reise und viel Erfolg! Über

Ihre Anregungen und Erfahrungen bei der Nutzung der einzelnen Methoden und über Ihr Feedback freue ich mich. Schreiben Sie mir unter stephan@stephangrabmeier.de

---

1 Heads! und Deloitte Digital: »Überlebensstrategie ›Digital Leadership‹«, https://www2.deloitte.com/content/dam/Deloitte/at/Documents/strategy/ueberlebensstrategie-digital-leadership_final.pdf, April 2015

2 https://futureroom.network

3 Smith, Monika: »Business Purpose Design«, 2nd edition (2018), https://www.business-purpose.com

4 https://www.ideascanner.com

5 https://weffect.app/#TheApp

DANKSAGUNG

Ich möchte mich von ganzem Herzen bei all den Menschen bedanken, die es mir ermöglicht haben, dieses Buch zu schreiben, und die es zu dem gemacht haben, was daraus geworden ist. Da es im Leben keine Zufälle gibt, hat jeder Mensch zum richtigen Zeitpunkt seinen Anteil daran. Aus dem Verlagsteam haben Yannika Ebert, Michel Kreuz und Marc Winkelmann mit ihrer Expertise und Kreativität für das Gelingen beigetragen. Vielen Dank dafür, es hat viel Spaß gemacht, mit euch zu arbeiten.

Von ganzem Herzen und mit großem Respekt gilt mein ganz besonderer Dank Peter Gerdemann. Peter und ich kennen uns über gemeinsame Projekte seit 2010 aus unseren damaligen Rollen, Peter bei IBM und ich bei der Deutschen Telekom AG. Wir sind uns zu diesem Buchprojekt wiederbegegnet. Ohne den Kommunikationsprofi Peter Gerdemann hätte ich dieses Buch nicht realisieren können. Vielen Dank, lieber Peter.

Bedanken will ich mich zudem bei den 32 Autoren, die sich an meiner Blogparade »Future Business« beteiligt haben. Ich habe die Blogparade im Vorfeld der Bucherstellung gestartet, um Ideen und Anregungen außerhalb meiner Filterblase zu erhalten. Binnen vier Wochen haben diese Autoren mit Artikeln und Beiträgen mitgewirkt. Manche Beiträge haben mich für mein Buch inspiriert, und ich konnte Gedanken dazu verarbeiten. Die Bertelsmann Stiftung hat mich dabei unterstützt, daraus das »Future-Business-E-Book« zur Blogparade zu erstellen. Vielen Dank dem Team rund um Anja Schlenk und der gesamten Bertelsmann Stiftung, die grundsätzlich fantastische Arbeit für eine bessere Gesellschaft und besseres Wirtschaften leistet.

Kopföffner-Tipp: Das E-Book finden Sie hier zum Download: https://stephangrabmeier.de/future-business-e-book-kopfoeffnende-gedanken-zum-wirtschaften-von-morgen/

CO_2-Kompensation
Für Internetrecherchen benutze ich die Suchmaschine Ecosia anstatt Google. Die Server von Ecosia werden zu 100 Prozent aus erneuerbaren Energien gespeist, und das Unternehmen verwendet seine Gewinne, um Bäume zu pflanzen. Im Schnitt wird alle 0,8 Sekunden oder ungefähr alle 45 Suchanfragen ein Baum gepflanzt. Für meine Recherchen zu diesem Buch sind durch meine Suchanfragen rund 38 Bäume durch die Nutzung von Ecosia gepflanzt worden.

Kopföffner-Tipp: Auf Google lässt sich einfach verzichten und gleichzeitig Sinnvolles tun. Auf www.ecosia.org können Sie sich auch Ihre neue Suchmaschine downloaden.

ÜBER DEN AUTOR

Purpose: »Ich inspiriere Menschen, sich selbst zu entfalten, um eine bessere Zukunft für die Welt gestalten zu können.«

Stephan Grabmeier zählt zu den führenden Thought Leadern für New Work, Innovation sowie Sustainable und Digital Transformation.
Seit über 25 Jahren ist Grabmeier in Management-Rollen entweder in großen Konzernen wie HypoVereinsbank oder Deutsche Telekom AG, in spannenden digitalen Grown-ups oder bei Hidden Champions wie Consorsbank oder der Haufe Gruppe oder in Beratungsunternehmen, zuletzt als Chief Innovation Officer bei Kienbaum Management Consultants, tätig. Aktuell ist er als Purpose Contributor selbstständig. Zu seinen Kunden zählt die deutsche Wirtschaftselite, darunter viele Vorstände und das Top-Management namhafter Unternehmen. Er ist Start-up Business Angel und unterstützt globale Social-Business-Aktivitäten.
Grabmeier hat an über 20 Büchern mitgeschrieben und mit dem Future Business Kompass nach 2012 wieder ein eigenes Buch herausgegeben. Sein Blog www.stephangrabmeier.de zählt seit Jahren zu einer spannenden Inspirationsquelle in seinen Themenfeldern.
Mit rund 30 bis 40 ausgewählten Auftritten als Keynote-Speaker pro Jahr liefert er inspirierende Impulse bei Kongressen, Summits oder Führungskräftetagungen. Vortragsanfragen richten Sie gerne direkt an stephan@stephangrabmeier.de.